中国法院2024年度案例

国家法官学院　最高人民法院司法案例研究院／编

房屋买卖合同纠纷

中国法制出版社
CHINA LEGAL PUBLISHING HOUSE

《中国法院2024年度案例》通讯编辑名单

刘晓虹　北京市高级人民法院
王　凯　北京市高级人民法院
张　荷　天津市高级人民法院
徐翠翠　河北省高级人民法院
崔铮亮　山西省高级人民法院
杨智勇　内蒙古自治区高级人民法院
周文政　辽宁省高级人民法院
苏　浩　吉林省高级人民法院
王　妍　黑龙江省高级人民法院
牛晨光　上海市高级人民法院
缪　芳　江苏省高级人民法院
左一凡　江苏省高级人民法院
谷昔伟　江苏省南通市中级人民法院
宋婉龄　江苏省无锡市中级人民法院
杨　治　浙江省高级人民法院
蒋　莹　浙江省高级人民法院
刘伟玲　安徽省高级人民法院
林冬颖　福建省高级人民法院
李智芹　江西省高级人民法院
李　宁　山东省高级人民法院
张　琦　河南省高级人民法院
宋淼军　湖北省高级人民法院
黄　娅　湖北省宜昌市中级人民法院
唐　竞　湖南省高级人民法院
李　雪　广东省高级人民法院
邹尚忠　广西壮族自治区高级人民法院
韦丹萍　广西壮族自治区高级人民法院
黄文楠　海南省高级人民法院
吴　小　重庆市高级人民法院
任　梦　四川省高级人民法院
杨俊杰　云南省高级人民法院
赵鸿章　云南省昆明市中级人民法院
颜　源　贵州省高级人民法院
戚　雷　贵州省贵阳市中级人民法院
王丽萍　西藏自治区高级人民法院
郑亚非　陕西省高级人民法院
张旦旦　甘肃省高级人民法院
王　晶　青海省高级人民法院
康　莹　宁夏回族自治区高级人民法院
石孝能　新疆维吾尔自治区高级人民法院
洪超胜　新疆维吾尔自治区高级人民法院生产建设兵团分院

序

党的二十大擘画了全面建成社会主义现代化强国、以中国式现代化全面推进中华民族伟大复兴的宏伟蓝图，强调全面依法治国是国家治理的一场深刻革命，必须更好发挥法治固根本、稳预期、利长远的保障作用，在法治轨道上全面建设社会主义现代化国家。为落实习近平总书记“一个案例胜过一打文件”的重要指示精神，人民法院始终把完善中国特色案例制度，加强司法案例研究作为推进全面依法治国、支撑和服务中国式现代化的重要途径，通过发布具有普遍指导意义的典型案例，统一法律适用、提高审判质效，提升司法公信力，努力让人民群众在每一个司法案件中感受到公平正义。为更好满足社会各界和人民群众多元化司法需求，把习近平法治思想落实到人民法院审判工作全过程各方面，人民法院案例库于2024年2月27日正式上线并向社会开放，这是进一步完善中国特色案例制度的重要举措，是最高人民法院推出的新的“公共法律服务产品”。

“中国法院年度案例系列”丛书以及时记录人民法院司法审判工作新发展、新成就为己任，通过总结提炼典型案例的裁判规则、裁判方法和裁判理念，发挥案例鲜活生动、针对性强的优势，以案释法，以点带面，有针对性地阐释法律条文和立法精神，促进社会公众通过案例更加方便地学习法律，领悟法治精神，发挥司法规范、指导、评价、引领的重要作用，大力弘扬社会主义核心价值观，积极服务人民法院案例库建设，加强案例库案例研究，促进统一法律适用、提升审判质效，丰富实践法学研究，增强全民法治意识和法治素养，展现新时代我国法治建设新成就。

“中国法院年度案例系列”丛书自2012年编辑出版以来，已连续出版13年，受到读者广泛好评。为更加全面地反映我国司法审判执行工作的发展进程，顺应审判执行实践需要，响应读者需求，丛书于2014年度新增金融纠纷、行政纠纷、刑事案例3个分册，2015年度将刑事案例调整为刑法总则案例、刑法分则案例2个分册，2016年度新增知识产权纠纷分册，2017年度新增执行案例分册，2018年度将刑事案例扩充为4个分册，2022年度将土地纠纷（含林地纠纷）分册改为土地纠纷（含环境资源纠纷）分册。自2020年起，丛书由国家法官学院与最高人民法院司法案例研究院共同编辑，每年年初定期出版。在全国各级人民法院的大力支持下，丛书编委会现编辑出版《中国法院2024年度案例系列》丛书，共23册。

“中国法院年度案例系列”丛书以开放务实的态度、简洁明快的风格，在编辑过程中坚持以下方法，努力让案例书籍“好读有用”：一是高度提炼案例内容，控制案例篇幅，每个案例字数基本在3000字左右；二是突出争议焦点，尽可能在有限的篇幅内为读者提供更多有效、有益的信息；三是注重释法说理，大多数案例由法官撰写“法官后语”，高度提炼、总结案例的指导价值，力求引发读者思考，为司法审判提供借鉴，为法学研究提供启迪。

“中国法院年度案例系列”丛书编辑工作坚持以下原则：一是以研究案例库案例为首要任务。自今年起，“中国法院年度案例系列”丛书优先选用人民法院案例库案例作为研究对象，力求对案例库案例裁判要旨的基本内涵、价值导向、法理基础、适用要点等进行深入分析，增强丛书的权威性、参考性。二是广泛选编案例。国家法官学院和最高人民法院司法案例研究院每年通过各高级人民法院从全国各地法院汇集上一年度审结的典型案例近万件，使该丛书有广泛的精选基础，通过优中选优，可提供给读者新近发生的全国各地多种类型的典型性、疑难性案例。三是方便读者检索。丛书坚持以读者为本，做到分卷细化，每卷案例主要根据案由（罪名）分类编排，每个案例用一句话概括裁判规则、裁判思路、裁判理念、裁判方法或焦点问题作为主标题，让读者一目了然，迅速找到目标案例。

中国法制出版社始终全力支持“中国法院年度案例系列”丛书的出版，给了编者们巨大的鼓励。2024年，丛书将继续提供数据库增值服务。购买本书，扫描前勒口二维码，即可在本年度免费查阅往年同类案例数据库。我们在此谨表谢忱，并希望通过共同努力，逐步完善，做得更好，探索出一条充分挖掘好、宣传好人民法院案例库案例和其他典型案例价值的新路，为广大法律工作者和社会公众提供权威、鲜活、精准的办案参考、研究素材，更好地服务司法审判实践、服务法学教育研究、服务法治中国建设。

“中国法院年度案例系列”丛书既是法官、检察官、律师等法律工作者的办案参考和司法人员培训辅助教材，也是社会大众学法用法的经典案例读本，同时也为教学科研机构开展案例研究提供了良好的系列素材。当然，编者们在编写过程中也难以一步到位实现最初的编写愿望，客观上会存在各种不足甚至错误，欢迎读者批评指正。我们诚心听取各方建议，立足提质增效，不断拓宽司法案例研究领域，创新司法案例研究方法，助推实现中国特色司法案例研究事业的高质量发展。

国家法官学院　最高人民法院司法案例研究院

2024 年 5 月

目　录

Contents

三、商品房销售合同纠纷

（一）合同的效力

（二）订立、变更与解除

（三）合同的履行

（四）违约金与违约责任

六、其 他

一、商品房预约合同纠纷

1

预约合同违约赔偿范围的界定

——任某诉房地产开发公司商品房预约合同案

【案件基本信息】

1. 裁判书字号

北京市第一中级人民法院（2022）京 01 民终 770 号民事判决书

2. 案由：商品房预约合同纠纷

3. 当事人

原告（上诉人）：任某

被告（被上诉人）：房地产开发公司

【基本案情】

2016 年 10 月 9 日，任某（认购人）与房地产开发公司（出卖人）签订《北京市商品房认购书》（以下简称《认购书》）及《〈北京市商品房认购书〉补充协议》（以下简称《补充协议》），约定有如下内容：任某认购房地产开发公司开发的位于北京市海淀区某小区 502 号房屋，房屋总价款为 16268843 元，认购定金 100 万元。认购人同意在支付定金之日起 15 日内，与出卖人协商商品房买卖合同的相关条款；认购人在约定的期限内与出卖人协商商品房买卖合同的相关条款，但双方未能达成一致的，自约定期限届满次日起超过8日的，本认购书自动解除，双方也可以协商解除本认购书，出卖人应在本认购书解除之日起7日内将已收取的定金退还认购人。出卖人在认购人自支付认购定金之日起至本认购书解除之日止，将该商品房另行出卖给第三方的，出卖人应当向认购人双倍返还定金。《补充协议》中约定如下内容：认购人签署协议并支付定金后，应前往项目签约中心办理网络认购书文本下载打印和签署手续。在办理正式签约手续时，认购人应首先支付首期款，然后双方在网上签订《北京市商品预售合同》主合同文本，认购人已交定金计入该房屋价款（不计利息）。

《认购书》及《补充协议》签订后，任某缴纳认购定金100万元。2017年3月4日，任某向房地产开发公司支付购房首付款5518843元。此后，由于房地产开发公司无法为任某办理认购房屋后续网签及签订商品房买卖合同等手续，双方产生纠纷。经释明，任某主张房地产开发公司支付首付款利息817892.53元及赔偿金5518843元，但未提供其他相关证据。

任某向一审法院起诉请求：（1）解除其与房地产开发公司于2016年10月9日签订的《认购书》及其《补充协议》；（2）房地产开发公司向其双倍返还定金200万元；（3）房地产开发公司返还其购房款5518843元，并支付利息817892.53元；（4）房地产开发公司支付其赔偿金5518843元。

【案件焦点】

涉案商品房预约合同解除后，任某主张的违约损失赔偿范围应如何界定。

【法院裁判要旨】①

北京市海淀区人民法院经审理认为：当事人所签《认购书》及《补充协议》应属商品房预约合同，合同签订后，房地产开发公司至今未能履约，已构成根本违约，应承担相应的违约责任。现任某要求解除合同，于法有据，法院

---

① 本书【法院裁判要旨】适用的法律法规等条文均为案件裁判当时有效，下文不再对此进行提示。

予以支持。关于任某主张房地产开发公司双倍返还定金及购房款，请求合理，于法有据。关于任某主张房地产开发公司支付首付款利息之请求，缺乏事实与法律依据，考虑资金实际占用损失，房地产开发公司应当承担给付任某自合同解除起至实际返还购房款时止的利息损失，具体给付方式，法院依法予以判处。关于任某主张房地产开发公司支付赔偿金，于法无据。

北京市海淀区人民法院依照《中华人民共和国民法典》第五百六十三条、第五百六十五条第二款、第五百七十七条、第五百八十七条，《最高人民法院关于审理商品房买卖合同纠纷案件适用法律若干问题的解释》第一条、第四条，《中华人民共和国民事诉讼法》（2017 年修正）第六十四条第一款、第一百四十四条之规定，判决如下：

一、确认房地产开发公司与任某于 2016 年 10 月 9 日签订的《认购书》及其《补充协议》于 2010 年 7 月 15 日解除；

二、房地产开发公司于判决生效后 7 日内向任某返还购房款 5518843 元，并以购房款 5518843 元为基数，按全国银行间同业拆借中心公布的贷款市场报价利率标准给付任某自 2021 年 7 月 15 日起至实际支付之日止的利息损失；

三、房地产开发公司于判决生效后 7 日内双倍返还任某购房定金共计 200 万元；

四、驳回任某的其他诉讼请求。

任某不服，提起上诉。

北京市第一中级人民法院经审理认为：本案中，任某与房地产开发公司签订的《认购书》及《补充协议》中并未明确约定房屋交付使用条件、日期以及办理产权登记等相关事宜，且明确约定双方将另行协商商品房买卖合同的相关条款。故一审法院认定涉案合同为商品房预约合同正确，任某要求房地产开发公司支付一倍购房款的赔偿，缺乏依据，法院不予支持。

因房地产开发公司构成根本违约，应承担相应的违约责任。首先，房地产开发公司构成违约，双倍返还定金系对任某遭受损失的补偿。其次，双方未在约定的时间内签订商品房买卖合同，而任某在未签订本约的情况下依然支付了购房款，且于付款后长达三年半时间才提起诉讼要求解除合同。最后，《认购书》及《补充协议》对于交房时间并无约定，任某主张的赔偿房屋差价损失的起算点并无法确定。一审判决房地产开发公司自合同解除后向任某支付购房款利息、房地产开发公司不应支付购房款一倍的赔偿金，处理并无不当，法院予以维持。任某关于购房款利息及赔偿损失的上诉请求，缺乏依据，法院不予支持。

北京市第一中级人民法院认为一审判决认定事实清楚，适用法律正确，应予维持。依照《中华人民共和国民事诉讼法》（2021年修正）第一百七十七条第一款第一项之规定，判决如下：

驳回上诉，维持原判。

【法官后语】①

本案是典型的预约合同当事人违约引发的纠纷。《中华人民共和国民法典》第四百六十五条虽规定了预约合同，但是对于违反预约合同的违约责任形式，并未予以规定。而对于违反预约合同后应承担的损害赔偿责任范围，实践中存在分歧。

1. 预约合同损害赔偿范围

合同法上违约损害的种类可以区分为履行利益和信赖利益。履行利益，也称为期待利益、可得利益，是指合同正常履行的情况下债权人可以获得的利益。信赖利益，是一方当事人由于信赖法律行为的有效性，却因合同不成立、无效、被撤销或不被追认的结果所蒙受的不利益。有观点认为，预约合同当事人违反预约义务不订立本约时，因本约尚未订立、生效，对方当事人只能请求赔偿信赖利益。也有相反观点认为，信赖利益损失系缔约过失责任赔偿的范围，预约合同是独立的合同形式，如仅将预约合同损害赔偿范围限定于信赖利益，则挤压了预约制度的生存空间。

---

① 本书【法官后语】对此类法律问题涉及的法律规范等内容进行了时效性更新，下文不再对此进行提示。

笔者同意后一种观点，预约合同违约责任不应等同于缔约过失责任，其损害赔偿范围不应限于信赖利益损失。缔约过失责任成立的前提为违反法定的先合同义务而产生的违约责任，其以过错为要件。而预约合同作为独立的合同形式，违反预约合同的行为即违反合同义务，在考察预约合同的具体内容后，如果可以认定双方所订立的预约合同已经表明双方从磋商缔约阶段过渡到更为信赖的状态，双方对于未来缔约都具有更强烈和合理的期待，那么在这种情况下，在信赖利益损失之外，守约方仍可主张因不能履行预约合同而发生的其他损失。

2. 预约合同履行利益的范围

根据《中华人民共和国民法典》第五百八十四条的规定，守约方可主张履行利益损失。而对于预约合同，如何理解预约合同履行后可以获得的利益，学界观点不一，司法实践中也存在分歧。有观点认为，预约合同的履行利益限于直接损失，不包括机会利益的损失；[①] 有观点认为，预约合同的损害赔偿应根据不同的缔约阶段来区别认定，既要区别于信赖利益损失，也不应完全赔偿本约的履行利益。[②]

笔者认为，预约合同的目的在于当事人对将来签订特定合同的相关事项进行规划，其主要意义就在于为当事人设定了按照公平、诚信原则进行磋商以达成本约合同的义务；本约合同则是对双方特定权利义务的明确约定。对于预约合同的违约赔偿范围应当与达成本约的违约赔偿范围有所区分，在履行利益的赔偿方面并非指依照本约的内容履行所能获得的利益，在预约合同中不应赔偿基于交易成功才可能得到的利益。在考量预约合同的违约责任时，一方面，应当区分于本约；另一方面，应当基于公平原则，结合守约方的实际履行金额、信赖程度、缔约过程的时间跨度、违约方获利以及守约方受损等情况综合判断守约方应获得的赔偿。本案中，双方当事人签订的《认购书》及《补充协议》中并未明确约定房屋交付使用条件、日期以及办理产权登记等相关事宜，且

---

① 汤文平：《德国预约制度研究》，载《北方法学》2012 年第 1 期。

② 王利明：《预约合同若干问题研究：我国司法解释相关规定述评》，载《法商研究》2014 年第 1 期。

《认购书》及《补充协议》明确约定双方将另行协商商品房买卖合同的相关条款。而守约方主张的可得利益损失系本约的违约赔偿范围，但该预约合同尚不具备确定性和可履行性，此种情况下，可得利益已超出了双方所签订的预约合同保护的对象范围，故对于买受人主张的房屋差价损失（赔偿金）缺乏依据，法院对此不予支持。

编写人：北京市第一中级人民法院　李正

2

因开发商的债务危机及房屋销售价格原因被暂停网签手续的责任认定

——周某诉房地产投资公司商品房预约合同案

【案件基本信息】

1. 裁判书字号

广西壮族自治区北海市中级人民法院（2022）桂05民终2118号民事判决书

2. 案由：商品房预约合同纠纷

3. 当事人

原告（被上诉人）：周某

被告（上诉人）：房地产投资公司

【基本案情】

2021年5月28日，周某（乙方、买受人）与房地产投资公司（甲方、出卖人）签订《认购书》一份，主要约定乙方向甲方认购某楼盘18幢1314号房，建筑面积共47.8平方米，单价为4680元，总金额为223704元。乙方同意签署本《认购书》时，支付3万元作为定金，该《认购书》第二条第二款约定："乙方须于2021年6月28日前支付全部房价款173704元，并签署《商品房买卖合同》，如乙方未能按约定日期支付相应房款，则每天按未交房款的万分之一向甲方支付违约金。"《认购书》还对其他条款作了明细约定。2021年5月28日，周某一次性向房地产投资公司转账支付了5万元款项，房地产投资公司收款后向周某出具了内容为"兹收到周某交来某楼盘18幢1314号房定金3万元"和"兹收到周某交来某楼盘18幢1314号房团购费2万元"的《收据》各一张；2021年7月5日，周某向案外人房地产代理公司支付了173704元款项，房地产投资公司收款后向周某出具了"兹收到周某交来某楼盘18幢1314号房房款127740元"和"兹收到周某交来某楼盘18-1314房团购费45964元"的《收据》各一张。周某交款后，房地产投资公司未能与周某签订《商品房买卖合同》。

【案件焦点】

1. 原、被告签订《认购书》后，周某向房地产投资公司支付了购房款后，因开发商的债务危机及房屋销售价格原因被房地产登记中心暂停网签手续而未能按约签订《商品房买卖合同》，上述原因是否属于不可抗力；2. 房地产投资公司是否属于违约，需要双倍返还定金；3. 周某支付房地产投资公司购房的钱款最终流向了开发商，是否应由开发商承担退款和赔偿责任。

【法院裁判要旨】

广西壮族自治区北海市海城区人民法院经审理认为：原、被告之间签订的《认购书》系双方当事人的真实意思表示，未违反法律、行政法规的强制性规定，为合法有效的合同，双方均应按约定履行各自义务。周某已按约定将全部房价款支付给了房地产投资公司，房地产投资公司也出具了相应的收据予周某，周某已履行完毕支付房价款的义务，但房地产投资公司未能按约与周某签订《商品房买卖合同》，致使周某的合同目的无法实现，已构成根本性违约，应当承担相应的违约责任，周某因此请求解除认购书及请求房地产投资公司退还购房款合法有据，同时，依据《中华人民共和国民法典》第五百八十七条的规定和《认购书》的约定，周某请求房地产投资公司双倍返还定金差额3万元亦具备事实、法律依据。

关于房地产投资公司抗辩的未能签订正式合同系因开发商与其母公司的债务危机及房屋销售价格低于备案价格，被暂停网签手续属于不可抗力，法院认为，房地产投资公司的该抗辩不符合法律有关不可抗力的规定，故不予采纳。房地产投资公司还抗辩其仅是代表案外人收取房款，且房款最终流向了开发商，应由开发商承担退款和赔偿责任，法院认为，房地产投资公司抗辩的对象并不是案涉认购书的合同相对方，与周某不存在合同法律关系，故对房地产投资公司的该抗辩法院亦不予采纳。

综合上述，依照《中华人民共和国民法典》第五百零九条第一款、第五百六十三条第一款第四项、第五百七十七条、第五百八十三条、第五百八十六条第一款、第五百八十七条之规定，判决如下：

一、解除周某与房地产投资公司于2021年5月28日签订的《认购书》；

二、房地产投资公司退还购房款223704元给周某；

三、房地产投资公司返还双倍定金的差额30000元给周某。

房地产投资公司不服一审判决，并提起上诉。

广西壮族自治区北海市中级人民法院经审理认为：一审法院判决认定事实清楚，适用法律正确，应予维持。依照《中华人民共和国民事诉讼法》第一百七十七条第一款第一项之规定，判决如下：

驳回上诉，维持原判。

【法官后语】

商品房认购书在性质上属于预约合同，对双方当事人均具有约束力，当事人应当依据认购书的约定严格履行合同义务。依商品房认购书的约定，双方当事人负有就合同具体内容继续磋商，并在将来的一定期限订立正式的商品房买卖合同，将预约推进到本约的义务。

因当事人一方原因导致双方未能签订正式商品房买卖合同，依据《中华人民共和国民法典》第五百八十七条的规定，违约方应该双倍返还定金及退还购房款。

“不可抗力”是不能预见、不能避免且不能克服的客观情况。因不可抗力不能履行合同的才能部分或者全部免除责任，一个事件以是否具备以下三个要件来判断其能否构成不可抗力：(1) 主观要件，即不可抗力的发生是当事人无法预见和不可能预见的。也就是说无法知道事件要在何时、何地发生，也无法预先知道发生的情况如何。不可预见性，构成不可抗力的事件必须是这个事件发生与否是不可能预见到的，事件的发生纯属偶然。这是指当事人对可能出现的意外情况尽管采取了及时合理的措施，但客观上并不能阻止这一意外情况的发生。不可克服性是指当事人对于意外发生的某一个事件所造成的损失不能克服。如果某一事件造成的后果可以通过当事人的努力而得到克服，那么这个事件就不是不可抗力事件。不可抗力事件必须是该事件的发生是因为不可控制的客观原因所导致的，当事人对事件的发生在主观上既无故意，也无过失，客观上也不能阻却它的发生。如果能事先预料、预测、预报，并能提前采取措施避免的，则不能认为是不可抗力。(2) 客观要件，即在现有条件下，能够采取措施避免和消除事件的发生，则不能认为是不可抗力。(3) 在结果上，事件的发生必然导致合同不能履行的效果。如果某种客观情况的出现并不导致其合同不能履行，就不能把它当成不可抗力看待。

判断一种客观情况是否属于不可抗力，应当用以上三个要件作为衡量的标准，只有同时具备三个要件的客观情况才能认定是不可抗力事件，如果缺少其中的任何一个要件，就不能适用本规定的不可抗力的免责条款，则该事件就不能被认为是不可抗力。本案被告提出的开发商债务危机及无法网签手续可以通过当事人及时合理的作为而避免，并不属于不能预见、不能避免且不能克服的客观情况。

房地产投资公司是《认购书》钱款的实际收取人，也是与周某签订《认购书》的相对方，其未按《认购书》约定履行义务构成违约，应承担相应违约责任。

编写人：广西壮族自治区北海市海城区人民法院　沈海浪　杨源新

3

签订预约合同时即已知晓待签订的本约合同内容的情况下仍拒绝签订本约的，应就预约合同承担违约责任

——马某诉置业公司商品房预约合同案

【案件基本信息】

1. 裁判书字号

四川省成都市金牛区人民法院（2022）川 0106 民初 22999 号民事判决书

2. 案由：商品房预约合同纠纷

3. 当事人

原告：马某

被告：置业公司

【基本案情】

2022 年 8 月 21 日，马某与置业公司签订《商品房定购书》，对认购房屋位置、支付定金金额、签订正式商品房买卖合同时间、合同磋商情况、违约后果等内容进行了约定。同日，马某向置业公司支付定金 5 万元。其后，马某提出置业公司未向其告知户型差异，并就合同中关于贷款、产权证办理、违约责任、房屋赠送面积等条款提出修改意见，置业公司拒绝修改，双方最终未能签订《商品房买卖合同》。

马某认为，因不可归责于双方的事由导致无法签订正式《商品房买卖合同》，置业公司应退还马某已支付的定金 5 万元及首期款 50 万元。

置业公司同意退还购房首期款 50 万元，但不同意退还定金 5 万元。置业公司认为，根据《商品房定购书》第 14 条、第 10 条约定的内容，置业公司已向

马某出示商品房买卖合同等文本，《商品房定购书》第16条、第15条、第8条也对相关内容予以说明，置业公司对定购书相关条款尽到了提示义务，且马某手抄已仔细阅读上述内容并表示无异议。同时，置业公司公示商品房买卖合同的位置处于售楼部门口显眼处，马某称未阅读相关合同内容与事实不符；《商品房定购书》约定双方在2022年8月28日前签署买卖合同，马某因想调换面积更大的房屋未果，又以购买房屋与样板房存在面积差异等理由拒绝签署买卖合同，置业公司有权解除《商品房定购书》并不予退还定金。

【案件焦点】

马某拒绝签订正式《商品房买卖合同》是否属于不可归责于双方当事人的事由，置业公司是否应当退还已收取的定金。

【法院裁判要旨】

四川省成都市金牛区人民法院经审理认为：根据双方陈述，被告在销售现场公示了《商品房买卖合同》示范文本，原告作为购房人，可自行在销售现场查看相关合同条款。《商品房定购书》第10条载明“原告承诺在本定购书签订前已完整阅读并了解《商品房买卖合同》的全部内容，并就《商品房买卖合同》的全部条款与被告达成一致。如原告以《商品房买卖合同》条款不能达成一致为由拒绝签署《商品房买卖合同》，被告有权直接解除本定购书，原告所交付立约保证定金不予返还”，第14条载明“在签订本《商品房定购书》之前，被告已向原告出示《商品房买卖合同》，原告已详细阅读并知悉、认同所有条款及内容，并同意按前述文本内容签约”，且原告在《商品房定购书》尾部手书“本人已清楚并仔细阅读上述内容，同意且无异议”。原告认为前述条款系无效格式条款。根据《中华人民共和国民法典》第四百九十六条的规定，被告已采用字体加黑、加下划线的方式对条款内容进行提示，原告在签订《商品房定购书》时应当仔细阅读上述内容及相关文件，也可要求被告对相关条款予以解释说明。原告在该《商品房定购书》上签字，能够认定原告知晓《商品房买卖合同》的相关内容。原告作为完全民事行为能力人，对购买案涉房屋负有审慎的注意义务，在签订《商品房定购书》前应当完全理解全部条款的含义，也应当知道签字所产生的法律后果。原告在《商品房定购书》尾部签字的行为，视为其认可《商品房定购书》载明的内容，接受相关条款的约束。原告以被告未告知户型差异、未出示《商品房买卖合同》且拒绝修改合同条款为由拒绝签订正式的买卖合同，有违诚实信用原则，也不利于市场交易秩序的稳定。原告要求被告退还定金5万元，不予支持。被告同意退还购房首期款50万元，故对原告该项诉求予以支持。

四川省成都市金牛区人民法院依照《中华人民共和国民法典》第四百九十五条、第五百零九条、第五百八十七条，《中华人民共和国民事诉讼法》第六十七条，《最高人民法院关于审理商品房买卖合同纠纷案件适用法律若干问题的解释》第四条，《最高人民法院关于适用〈中华人民共和国民事诉讼法〉的解释》第九十条之规定，判决如下：

一、置业公司于本判决生效之日起10日向马某退还购房首期款50万元；

二、驳回马某的其他诉讼请求。

判决后，双方当事人均未上诉，本判决现已生效。

【法官后语】

在商品房买卖活动中，开发商往往会要求购房者先支付定金并签订认购书，然后再签订《商品房买卖合同》，因两份合同存在先后时间差，实践中常常会遇到部分购房者基于各种原因在签订认购书后，而拒绝与开发商签订《商品房买卖合同》，并以双方无法就《商品房买卖合同》部分条款达成一致为由，要求开发商退还其交付的定金。

根据《最高人民法院关于审理商品房买卖合同纠纷案件适用法律若干问题的解释》第四条规定："出卖人通过认购、订购、预订等方式向买受人收受定金作为订立商品房买卖合同担保的，如果因当事人一方原因未能订立商品房买卖合同，应当按照法律关于定金的规定处理；因不可归责于当事人双方的事由，导致商品房买卖合同未能订立的，出卖人应当将定金返还买受人。"故从立法上看，立约定金作为一项担保，其功能在于保证双方按照预约合同约定的时间就签订本约合同继续进行诚信谈判，若双方在约定时间内进行了磋商，但不能就本约合同的具体条款达成一致意见，导致本约合同未能签订，双方对此均不构成违约，这种情况下开发商应返还定金。但这种情形往往是指双方在签订预约合同时，购房者对拟签订的本约合同内容并不知情。

本案中，开发商在销售现场公示了《商品房买卖合同》示范文本，且《商品房定购书》中明确载明购房者已阅读商品房买卖合同，不得以双方就商品房买卖合同条款不能达成一致为由拒绝签订本约合同，开发商也对认购书中的重要条款进行加粗提示。购房者作为完全民事行为能力人，对购买房屋负有审慎的注意义务，应当完全理解认购书的全部条款含义，其年龄、智力和日常经验也足以充分理解其在认购书上签字的法律后果。购房者未对认购书内容提出异议，也未对公示的《商品房买卖合同》提出异议，说明其在已知晓《商品房买卖合同》内容的情况下，与开发商达成了以公示合同为准、不再磋商合同条款的合意，并非剥夺其作为购房者就合同条款继续磋商的权利。购房者在签订认购书后，以本约合同中部分条款不合理、双方就合同条款修改无法达成一致为由拒绝签订本约合同，要求开发商返还定金，不但违背诚信原则，而且否认了预约合同中的已决条件，其行为构成违约，应按照预约合同的约定适用定金罚则，故开发商不予退还定金。

该裁判文书从商品房预约合同的特点出发，根据商品房预约合同的订入规则、内容控制规则、格式条款提示说明规则，结合购房者的行为能力、年龄、智力和日常经验法则，认定该种情形下适用定金罚则。为统一此类问题的法律适用进一步明晰了裁判标准，有利于推动商品房交易市场健康发展且具有较强的示范效果。

编写人：四川省成都市金牛区人民法院　黄利华

二、商品房预售合同纠纷

4

对商品房买卖有重大影响的要约邀请应视为要约

——王某诉实业公司商品房预售合同案

【案件基本信息】

1. 裁判书字号

北京市第三中级人民法院（2022）京 03 民终 9950 号民事判决书

2. 案由：商品房预售合同纠纷

3. 当事人

原告（被上诉人）：王某

被告（上诉人）：实业公司

【基本案情】

2016 年 12 月 11 日，原告王某与被告实业公司签订《北京市商品房预售合同》，约定实业公司将位于北京市密云区一处房屋出售给王某，房屋总价 3065310 元。

原告认为，被告曾发放商品房宣传册，显示“4000 米地脉温泉”“温泉家族别墅区”等字样。证明被告通过宣传册等方式，宣传涉案小区有源自大地深处的天然温泉并引入每一户业主家中、业主享有五星级酒店配套服务。此外，业主手册、手提袋及黄色宣传T恤均注明温泉水，手提袋、T恤宣传有温泉入户及酒店配套服务。房屋交付后，王某认为实业公司存在没有按照售房时的宣传承诺接通温泉入户等违约行为，故诉于法院，请求：判令实业公司支付因未履行温泉入户所造成的经济损失91959.3元，履行承诺对王某开放五星级温泉酒店配套、给予酒店贵宾待遇等，履行合同约定的五级物业服务标准等。实业公司辩称商品房预售合同并未约定温泉入户等事项，温泉入户宣传不应视为要约，不属于合同内容。密云区其他别墅类楼盘销售价格高于涉案项目定价，可见温泉入户宣传并未对涉案房屋销售、定价产生重大影响。实际上，实业公司具备申请开采地热资源主体资格，为温泉入户投入了大量资金、进行了大量工作，温泉未入户系政府政策情势变化导致，并非实业公司故意为之，故不应承担任何责任。

【案件焦点】

1. 对房屋使用功能的宣传未明确载入合同的，能否认定成为合同内容；2. 某实业公司应否支付因未履行温泉入户造成的买受人的经济损失。

【法院裁判要旨】

北京市密云区人民法院经审理认为：依法成立的合同，对当事人具有法律约束力。《最高人民法院关于审理商品房买卖合同纠纷案件适用法律若干问题的解释》第三条规定："商品房的销售广告和宣传资料为要约邀请，但是出卖人就商品房开发规划范围内的房屋及相关设施所作的说明和允诺具体确定，并对商品房买卖合同的订立以及房屋价格的确定有重大影响的，构成要约。该说明和允诺即使未载入商品房买卖合同，亦应当为合同内容，当事人违反的，应当承担违约责任。"根据已经查明的事实及该院其他已生效判决，实业公司曾向不特定的购房者或潜在购房者宣传过关于温泉入户的内容，并将温泉作为涉案楼盘的显著特征，而实业公司对其所建设的房屋也进行了温泉入户管道设施的安装。因此，王某主张其购房时通过从售楼处取得的商业广告和宣传资料了解到涉案房屋温泉入户，具有高度可能性。同时，温泉入户属于对涉案房屋使用功能质量的陈述，对于买受人订立商品房买卖合同满足特定的心理预期以及房屋价格的确定有一定的影响。故即使温泉入户的内容未载入双方签订的《北京市商品房预售合同》及《补充协议》中，亦应当视为合同内容。实业公司主张因政府政策导致温泉无法入户系不可抗力。本案中，该公司自2014年开始勘查并钻井，2016年与王某签订合同，但2020年6月才公告停止北京市固体矿产和矿泉水企业矿业权的新立审批，该公司在此期间未说明未获得采矿权的原因，现在主张不能取得采矿权、无法实现温泉入户系不可抗力造成的辩解意见，法院不予采信。综上，实业公司未按照约定提供温泉入户已构成违约，应承担违约责任。

北京市密云区人民法院根据《中华人民共和国合同法》第六十条、第一百零七条，《最高人民法院关于审理商品房买卖合同纠纷案件适用法律若干问题的解释》（2020年修正）第三条，《最高人民法院关于适用〈中华人民共和国民法典〉时间效力的若干规定》第一条之规定，判决如下：

一、实业公司于判决生效之日起10日内给付王某因未履行温泉入户造成的经济损失61000元；

二、驳回王某的其他诉讼请求。

实业公司不服一审判决，提起上诉。

北京市第三中级人民法院经审理认为：本案中，买受人与实业公司签订的涉案合同系双方当事人真实意思表示，内容未违反法律、行政法规的强制性规定，应属合法有效。首先，根据生效判决查明的事实，实业公司在售卖涉案房屋时曾发送过涉及温泉内容的宣传楼盘的宣传资料，买受人在本案诉讼中亦将相关宣传资料作为证据提交，且实业公司对涉案房屋进行了温泉入户管道设施的安装，故实业公司否认其曾提供过相应宣传资料不符合常理，法院不予采纳。其次，商品房的销售广告和宣传资料为要约邀请，但是出卖人就商品房开发规划范围内的房屋及相关设施所作的说明和允诺具体确定，并对商品房买卖合同的订立以及房屋价格的确定有重大影响的，构成要约。该说明和允诺即使未载入商品房买卖合同，亦应当为合同内容，当事人违反的，应当承担违约责任。

本案中，实业公司在宣传楼盘的资料中多次使用“温泉”字样，在业主手册中将温泉水费一项列出，且设置了温泉入户管道设施，足以使买受人对温泉入户产生特定的心理预期并对房屋价格产生一定影响，故即使温泉入户未载入案涉合同，也应当视为合同内容。实业公司未按照约定提供温泉入户已构成违约，应承担违约责任。

北京市第三中级人民法院认为实业公司的上诉请求不能成立，均应予驳回。一审判决认定事实清楚，适用法律正确，应予维持。依照《中华人民共和国民事诉讼法》第一百七十七条第一款第一项之规定，判决如下：

驳回上诉，维持原判。

【法官后语】

商品房正式开售前都会进行广告宣传或其他宣传，常见的宣传类型主要有平面、户外广告，开发商的宣传册、楼书、沙盘模型、样板间等。商品房销售广告或宣传资料是要约还是要约邀请，在实践中存在一定的争议。

1. 商业宣传中要约邀请及要约的认定

《最高人民法院关于审理商品房买卖合同纠纷案件适用法律若干问题的解释》（法释〔2020〕17号）第三条规定：“商品房的销售广告和宣传资料为要约邀请，但是出卖人就商品房开发规划范围内的房屋及相关设施所作的说明和允诺具体确定，并对商品房买卖合同的订立以及房屋价格的确定有重大影响的，构成要约……”由此可见，上述司法解释将宣传资料与广告并列作为要约邀请的范畴。商品房的销售广告和宣传资料在性质上属于要约邀请，只有对商品房买卖合同的订立以及房屋价格的确定有重大影响的宣传内容，才应当视为要约。

本案中，实业公司曾向不特定的购房者或潜在购房者宣传过关于温泉入户的内容，并将温泉作为涉案楼盘的显著特征，而实业公司对其所建设的房屋也进行了温泉入户管道设施的安装。因此，王某主张其购房时通过从售楼处取得的商业广告和宣传资料了解到涉案房屋温泉入户，具有高度可能性。实业公司在商品房销售和宣传资料所作的说明以及销售人员对该套房屋销售所作的允诺，对王某购买该商品房合同的订立产生了重大影响。就本案而言，温泉入户属于对涉案房屋使用功能质量的陈述，对于买受人订立商品房买卖合同满足特定的心理预期以及房屋价格的确定有一定的影响。所以，可以认定实业公司对王某的商品房销售广告和宣传资料已符合要约的认定条件。

2. 违约及责任的认定

商品房买卖一般采用预售制。购房人购买的多是期房，订立合同时，作为标的物的商品房尚未建成，故购房人只能依据开发商提供的宣传资料、通过想象来了解房屋信息，特别是小区配套、基础设施、学区等能够影响商品房价格的信息。如前所述，如果开发商在宣传资料里作出了具体明确的允诺，应视为符合要约条件。

具体到本案中，作为消费者的王某，在交易中处于弱势地位，对其所购房屋的具体情况只能通过被告的口头和书面描述得到认知。开发商将温泉入户作为所售楼盘的显著特征进行宣传，并对其所建设的房屋进行了温泉入户管道设施的安装。温泉入户属于对房屋使用功能质量的陈述，对于买受人订立商品房买卖合同满足特定的心理预期以及房屋价格的确定有一定的影响，故即使温泉入户未载入买卖合同，也应当构成合同内容。开发商未按照约定提供温泉入户已构成违约，应承担违约责任。关于违约金赔偿数额的计算，因《北京市商品房预售合同》未约定温泉未入户时违约金数额或者损失赔偿额的计算方法，损失赔偿额应相当于因违约造成的损失。法院结合案件的审理及类案处理情况酌情确定。

编写人：北京市密云区人民法院　陈玉霞

5

实际交付房屋与宣传资料不符，能否以合同目的不能实现解除房屋买卖合同

——白某某诉房地产开发公司商品房预售合同案

【案件基本信息】

1. 裁判书字号

北京市高级人民法院（2022）京民再16号民事判决书

2. 案由：商品房预售合同纠纷

3. 当事人

原告（上诉人、再审申请人）：白某某

被告（上诉人、再审被申请人）：房地产开发公司

【基本案情】

2016年，白某某与房地产开发公司签订《商品房预售合同》一份，约定：白某某购买该公司开发位于度假区的商品房，该商品房的用途为普通住宅，价款3426080元。白某某于合同签订前，共计支付房屋首付款1376080元，并于2017年12月20日与银行签订个人住房借款合同，通过银行贷款方式向房地产开发公司支付房款205万元。房地产开发公司向白某某发出入住通知后，白某某认为涉案房屋结构、外立面、装修品质、周边环境存在诸多问题未接收涉案房屋，并认为房地产开发公司构成根本性违约，故起诉至法院，请求法院判令：1. 解除《商品房预售合同》；2. 房地产开发公司返还购房款3426080元并赔偿按揭贷款利息损失；3. 房地产开发公司赔偿一倍购房款损失3426080元。

【案件焦点】

1. 销售楼盘时的宣传材料是否构成合同要约；2. 白某某要求解除合同是否具有事实和法律依据。

【法院裁判要旨】

北京市密云区人民法院经审理认为：销售楼盘时的宣传图册所载户型图显示一层院落西侧有一入院大门，结合宣传册中“推门入院”的表述，有关于广亮门的描述，结合所载房屋大门的图片，虽未作为《商品房预售合同》内容列明，但上述宣传对于买房人订立合同满足特定的心理预期产生一定的影响，应作为要约。涉案房屋缺少西侧入院大门及东侧院门门头较窄，导致白某某合同目的不能实现，其有权解除购房合同。

北京市密云区人民法院依照《中华人民共和国合同法》第六十条、第九十四条第四项、第九十七条，《最高人民法院关于审理商品房买卖合同纠纷案件适用法律若干问题的解释》第三条之规定，判决如下：

一、解除白某某与房地产开发公司签署的《商品房预售合同》；

二、房地产开发公司于判决生效之日起7日内退还白某某购房款3426080元，并支付利息损失242414.17元；

三、驳回白某某的其他诉讼请求。如果未按判决指定的期间履行给付金钱义务，应当依照《中华人民共和国民事诉讼法》第二百五十三条之规定，加倍支付迟延履行期间的债务利息。

白某某、房地产开发公司不服一审判决，均提起上诉。

北京市第三中级人民法院经审理认为：关于大门，宣传册中的户型图及其下方的文字描述，一定程度上会影响购房人订立商品房买卖合同的意向以及房屋价格，因此宣传册上关于西院门的说明应当认定为要约。实际交付的房屋没有西院门，应认定为开发商违约。但是，房屋西墙外并无规划小区道路，其西侧门对其房屋及院落的居住使用不产生实际影响。关于东门，其东门尺寸与同户型其他房屋一致。故白某某以此主张解除合同依据不足，不能成立。

综上，白某某以上述理由主张房地产开发公司根本违约和解除合同并无事实及法律依据。

北京市第三中级人民法院认为一审判决认定事实清楚，适用法律正确，应予维持。依照《中华人民共和国民事诉讼法》第一百七十七条第一款第一项之规定，判决如下：

一、撤销一审判决；

二、驳回白某某的诉讼请求。

白某某不服二审判决，申请再审。

北京市高级人民法院经审理认为：宣传图册所载户型图显示有西大门，亦有“推门入院”的表述，上述内容虽未作为《商品房预售合同》的条款，但上述宣传对于买受人订立买卖合同满足特定的心理预期产生一定的影响，应作为要约。而交付的房屋没有达到宣传效果，房地产开发公司交付的房屋有瑕疵，不符合双方的约定，虽表示愿意对房屋进行修复，但白某某不同意，依然要求解除合同。白某某的权利无法得到实现，故其要求解除合同并支付部分利息的请求成立，依照《中华人民共和国民事诉讼法》第一百七十七条第一款第一项之规定，故判决如下：

一、撤销二审判决；

二、维持一审判决。

【法官后语】

1. 宣传的内容能否构成要约

根据《中华人民共和国民法典》第四百七十三条、《最高人民法院关于审理商品房买卖合同纠纷案件适用法律若干问题的解释》第三条之规定，我们可以看出商业广告和宣传一般认定为要约邀请。然而，现实生活中，开发商通过特定宣传内容吸引购房人，而在商品房买卖合同中却不涉及特定宣传内容情况是比较普遍的。因商品房买卖一般采用预售制，购房人在订立合同时，商品房尚未建造完毕，购房人仅能通过开发商的宣传来了解房屋信息。宣传内容在一定程度上决定了购房者的购买意愿，故宣传内容即使未载入商品房买卖合同，在满足一定条件的前提下亦能够认定为要约。

第一，宣传内容属于房屋开发规划范围内的房屋及相关设施。商品房开发范围内的房屋及相关设施指的是商品房开发范围内的房屋及该房屋的相关设施。这里的设施，包括商品房基础设施和公共配套设施。其中，公共配套设施又包括商品房规划范围内的配套和商品房规划范围外的配套，如商业、服务业以及医疗教育、公共交通等公共设施的配套。现实生活中，销售人员会在宣传时往往以政府未来规划等为噱头吸引购房者，如未来的学区房、地铁房等，然而这种商品房开发规划范围外的宣传一般认为不构成要约。

第二，宣传内容的说明和允诺需要具体明确。“具体明确”是开发商作出对购买商品房特定事项的说明。一般认为包含以下内容：(1) 对购房者提供优惠政策，如明确的购房折扣、贷款折扣、赠送面积、车库等。(2) 美观性质量的陈述，如房屋外墙、房门、地板等装修标准。(3) 使用功能质量的陈述，如供电、供网、排水、燃气、暖气等设施。(4) 商品房环境性质量的陈述，对商品房周围环境质量作出的具有明确指标的说明，如声明小区建有“3000平方米绿地”“1000平方米人工湖”以及小区内外配套商业服务。(5) 对商品房共有部分的承诺，如公摊面积。

第三，该内容对商品房买卖合同的订立以及房屋价格的确定有重大影响。宣传内容如“享受银行贷款折扣”“赠送房屋负一层”“赠送车库”“社区现有配套学校”等符合一般大众观念中重大价值的应当认定为“重大影响”。需要说明的是，对于一般性宣传，如“居住首选”“升值潜力无限”“高端生活品质”等易于被购房者辨别的正常宣传，不应认定为产生重大影响。

此外，根据《商品房销售管理办法》第三十一条之规定，开发商一般还须明示实际交付房屋的标准与样板房是否一致，否则，样板房的质量、设备和装修构成合同内容。本案中，涉案房屋位于休闲度假旅游区，在开发商没有提供样板房的前提下，关于房屋大门的内容具体明确，而且，宣传册中“推门入院”以及关于广亮门的描述，结合宣传册中所载房屋大门的图片，对白某某订立商品房买卖合同及房屋价格的确定产生了重要影响，应该视为要约。

2. 实际交付房屋与约定不符的，能否以不能达成合同目的为由解除合同

根据《中华人民共和国民法典》第五百六十三条第一款第四项之规定，当事人一方迟延履行债务或者有其他违约行为致使不能实现合同目的，当事人可以解除合同。该条赋予合同目的不能实现时非违约方的法定解除权。一般而言，当事人将特定主观目的作为合同条件或成交基础并明确约定，则该特定主观目的之客观化，属于《中华人民共和国民法典》第五百六十三条的规制范围。合同目的包括客观目的和主观目的。客观目的即典型交易目的，当事人购房的客观目的在于取得房屋所有权并用于居住、孩子入学、投资等，影响合同客观目的实现的因素有房屋位置、面积、楼层、采光、质量、小区配套设施等，客观目的可通过社会大众的普通认知标准予以判断。主观目的为某些特定情况下当事人的动机和本意。房屋并非普通商品，购房者对所购房屋的谨慎选择符合生活常理，这符合一般大众的普遍行为、观念和社会的基本价值取向。本案中，涉案房屋为期房且位于休闲度假旅游区，房地产开发公司并未提供样板房作为参考，白某某仅能根据宣传图册选购房屋，再加之开发商交付的房屋缺少西侧入院大门且东侧门头较窄，导致白某某合同目的不能实现，其有权解除合同。

在商品房买卖过程中，购房人处于信息弱势地位，特别在合同订立过程中，对复杂的合同文本认识不清，反而容易对开发商的宣传内容产生信赖。本案出现此种结果，是因开发商在商品房开发中应积极向购房人披露真实信息，告知购房人房屋的实际设计情况，及时采取补救措施，预防引起诉讼，以实际行动维护和促进房地产市场的健康运行与发展。

编写人：北京市密云区人民法院　张学森

6

不可抗力情况下逾期办证是否应承担违约责任

——姚某诉房地产开发公司商品房预售合同案

【案件基本信息】

1. 裁判书字号

湖北省武汉市中级人民法院（2022）鄂 01 民终 20762 号民事判决书

2. 案由：商品房预售合同纠纷

3. 当事人

原告（被上诉人）：姚某

被告（上诉人）：房地产开发公司

【基本案情】

2018 年 6 月 6 日，原告姚某（买受人）与被告（出卖人）签订了《武汉市商品房买卖合同》，该合同约定：原告姚某购买被告开发的 14 栋 23 层 2 号房屋（建筑面积为 103.54 平方米、每平方米为 10669.57 元、总价款为 1104727 元）。原告姚某应于 2018 年 6 月 6 日前支付首付款 331727 元，余款办理按揭贷款。交房时间为 2020 年 2 月 1 日前。该合同附件四装饰、设备标准约定全装修另签补充协议。

该合同附件六合同补充协议第九条约定，买受人同意自行办理及领取所购商品房的权属登记及相关证件，包括但不限于预告登记、抵押权预告登记、《不动产权证》、《房屋他项权证》。买受人无须向出卖人支付附录一《税费及其他应付款项明细》所列办理相应权属登记的税费，该税费由买受人自行于申请办理相应权属登记时向有关部门缴纳。在买受人对该商品房质量无任何异议，且已与出卖人办理该商品房的交付使用手续，并已向出卖人付清所有房价款和附录一中除上述所列税费外的其他款项的条件全部具备之日起180天内，出卖人将办理该商品房的权属登记所需出卖人提供的资料递交给买受人。出卖人未按上述约定履行递交资料义务的，每逾期一天出卖人应向买受人支付50元的违约金。合同签订后，原告姚某向被告支付了购房款、专项维修基金总计1104940.39元，被告于2020年5月16日向原告姚某开具前述款项的发票一张。

2020年5月31日，被告房地产开发公司已向原告姚某办理了交房手续。原告姚某于同日入住案涉房屋。原告姚某于2020年5月17日按照合同约定预付物业费2160.27元。被告应于2020年11月27日（从2020年5月31日起计算至第180天）前向原告姚某交付案涉房屋办证资料，且被告于2021年1月5日在案涉小区业主微信群通知包括原告姚某在内的业主领取办证资料。

【案件焦点】

1. 开发商逾期办证，是否应该承担违约责任；2. 逾期办证违约金标准如何确定。

【法院裁判要旨】

湖北省武汉市汉南区人民法院经审理认为：被告应按合同约定于2020年11月27日前向原告姚某提交办理案涉房屋的权属登记所需的资料。因此，被告于2021年1月5日才通知原告姚某领取办证资料的行为，已构成违约。关于被告提出的因客观原因影响办证时间的抗辩意见。《中华人民共和国合同法》第一百一十四条第一款规定：“当事人可以约定一方违约时应当根据违约情况向对方支付一定数额的违约金，也可以约定因违约产生的损失赔偿额的计算方法。”双方签订的《武汉市商品房买卖合同》附件六合同补充协议第九条的约定：“……出卖人未按上述约定履行递交资料义务的，每逾期一天出卖人应向买受人支付50元的违约金。”按照上述法律规定及合同的约定，被告应向原告姚某支付逾期递交办理案涉房屋权属登记所需资料的违约金1950元（从2020

年 11 月 28 日起至 2021 年 1 月 5 日止，共计 39 天，按照 50 元/天的标准计算）。

湖北省武汉市汉南区人民法院依照《最高人民法院关于适用〈中华人民共和国民法典〉时间效力的若干规定》第一条，《中华人民共和国合同法》第六十条、第一百一十四条第一款及《中华人民共和国民事诉讼法》第一百四十五条的规定，判决如下：

一、被告房地产开发公司于本判决生效之日起 10 日内向原告姚某支付逾期递交办理案涉房屋权属登记所需资料的违约金 1950 元；

二、驳回原告姚某的其他诉讼请求。

房地产开发公司不服，提起上诉。

湖北省武汉市中级人民法院经审理认为：姚某与房地产开发公司签订的《武汉市商品房买卖合同》系双方真实意思表示，未违反法律法规强制性规定，合法有效，双方均应严格按照合同履行各自义务。姚某按合同约定后支付了案涉房屋的购房款、物业费，房地产开发公司未能按合同约定时间向姚某提交案涉房屋的权属登记所需的资料，一审法院根据查明的事实认定房地产开发公司构成违约，作出要求房地产开发公司向姚某支付违约金的裁判并无不当，法院依法予以维持。现房地产开发公司上诉主张合同约定的违约金过分高于实际损失，应降低违约金，但未提交证据予以证明，结合案涉房屋价款，该违约金标准并不高，故对其上诉请求不予支持。

湖北省武汉市中级人民法院依照《中华人民共和国民事诉讼法》第一百七十条第一款第一项之规定，判决如下：

驳回上诉，维持原判。

【法官后语】

近年来，随着房地产业的快速发展，与此相关的房屋买卖合同纠纷日益增多，商品房交易多为期房，是预售房，卖方在合同签订后不论是现金交易还是按揭贷款，都已履行完合同约定的义务，后期只享有对卖方履约的期待权，商品房买卖合同后履行义务的违约主体基本是卖方，因此起诉主体以买方居多，逾期办证就是商品房买卖合同纠纷中传统的一个争议点。

一般情况下，买受人不能在规定时间内取得房产权属证书的原因比较复杂，主要有：土地使用手续不合法；房地产开发企业违章建房；房地产开发企业不能提供规定的资料等。根据《最高人民法院关于审理商品房买卖合同纠纷案件适用法律若干问题的解释》（法释〔2020〕17号）第十四条第一款的规定，买受人因上述原因未能办理房屋产权登记手续的，房地产开发企业应向买受人承担逾期办证的违约责任。本案中，被告辩称逾期办证主要受不可抗力因素影响，但不可抗力情形消失近9个月后于2021年1月5日才通知原告领取办证所需材料，已严重逾期，故该理由不成立，根据买卖双方签订的《武汉市商品房买卖合同》被告应承担违约责任。

根据《最高人民法院关于审理商品房买卖合同纠纷案件适用法律若干问题的解释》（法释〔2020〕17号）第十四条第二款的规定，因房地产开发企业逾期办证给买受人造成的实际损失以已付购房款总额为基数，按违约行为发生时全国银行间同业拆借中心公布的一年期贷款市场报价利率（LPR）标准的1.3-1.5倍计算。但逾期办证违约是一种持续性违约，有可能会出现违约时间过长，违约金数额较大的情形，商品房买卖合同约定办理房屋产权登记的时间时，已经预留了较为充足的宽限期，在签订合同时应预见到房屋产权登记的合理办证期间，由于房地产开发企业怠于履行义务，导致持续逾期办证，根据平等自愿原则，不宜设置逾期办证违约金总额的上限，而是应以双方合同约定来确定违约金标准。

编写人：湖北省武汉市汉南区人民法院　张梦婷

7

出卖人就商品房开发规划范围内的房屋及相关设施所作的说明和允诺具体确定，并对商品房买卖合同的订立以及商品房价格的确定有重大影响的，应当视为要约

——彭某某诉房地产开发公司商品房预售合同案

【案件基本信息】

1. 裁判书字号

福建省宁德市中级人民法院（2022）闽09民终1788号民事判决书

2. 案由：商品房预售合同纠纷

3. 当事人

原告（被上诉人）：彭某某

被告（上诉人）：房地产开发公司

【基本案情】

房地产开发公司经批准取得商品房项目的预售许可证。为销售该商品房，房地产开发公司制作“C8户型鉴赏”宣传彩页，C8户型图中有以红色斜线标示为“赠送面积”的部分。从C8户型图和装修示意图可见，标示“赠送面积”的部分主要为一间卧室。房地产开发公司通过其公司微信公众号发布宣传广告，宣传的户型图中均有“半赠送使用面积”和“全赠送使用面积”，且有“92平可享受约108平的空间尺度”“103平可享受约116平的空间尺度”“121平可享受约141平的空间尺度”等文字说明。2018年8月7日，彭某某与房地产开发公司签订案涉商品房预售合同，对双方交易案涉商品房的权利、义务及违约

责任等进行了约定。

2020 年 7 月 16 日，彭某某取得案涉商品房的不动产权属证书。2020 年 11 月 4 日，市场监督管理局对房地产开发公司作出《行政处罚决定书》，认为房地产开发公司存在发布虚假广告的违法行为，依法决定对房地产开发公司处以罚款。

【案件焦点】

1. 房地产开发公司关于赠送面积的广告宣传是否构成要约；2. 彭某某主张的违约责任能否得到支持。

【法院裁判要旨】

福建省屏南县人民法院经审理认为：首先，房地产开发公司关于赠送面积的广告宣传是否构成要约问题。本案中，房地产开发公司在其微信公众号宣传的户型图中绘制有“半赠送使用面积”和“全赠送使用面积”，且有“121 平可享受约 141 平的空间尺度”等文字说明；房地产开发公司在其制作的 C8 户型鉴赏图彩页中以醒目的红色斜线标示赠送面积，赠送部分包含有一间卧室，其位置、功能明确；彭某某提交的尺寸图，房地产开发公司虽不认可其真实性，但该尺寸图与户型鉴赏图、合同附件平面图相符，可相互印证，表明上述赠送的具体面积。以上表明，房地产开发公司在宣传和介绍商品房时，作出了关于赠送面积的声明，该声明具体明确，且显然会对买受人签订合同产生重大影响，依据《最高人民法院关于审理商品房买卖合同纠纷案件适用法律若干问题的解释》（法释〔2003〕7 号）第三条的规定，应视为要约，虽未载入商品房买卖合同，亦应当视为合同内容。房地产开发公司抗辩合同附件第十七条及宣传彩页尾部已提示有“宣传内容不构成合同要约”等内容，但该格式条款未经提示说明，房地产开发公司相应抗辩缺乏依据。

其次，本案违约责任应如何承担问题。如上所述，房地产开发公司关于赠送面积的广告宣传应确定为合同内容，现房地产开发公司交付的房屋缺失该赠送面积，已构成违约，应承担相应违约责任。房地产开发公司作为房地产开发商，应具有比一般购房者更为专业的知识，其将不属于8号楼分层平面图的面积对外承诺赠送，存在明显的主观过错。彭某某作为购房者，在知道该赠送面积不包含在合同约定的建筑面积内而未提出异议，亦存在一定的过错。彭某某的诉讼请求均系由于房地产开发公司无法履行其承诺的赠送面积而引起的，综合考虑双方履约情况、过错程度、赠送面积以及房屋价款等因素，酌定房地产开发公司赔偿彭某某违约损失30000元。

福建省屏南县人民法院依照《中华人民共和国合同法》第八条、第一百零七条，《最高人民法院关于审理商品房买卖合同纠纷案件适用法律若干问题的解释》第三条，《最高人民法院关于适用〈中华人民共和国民法典〉时间效力的若干规定》第一条第二款，《中华人民共和国民事诉讼法》第六十七条第一款和《最高人民法院关于适用〈中华人民共和国民事诉讼法〉的解释》第九十条之规定，判决如下：

一、房地产开发公司应于本判决生效之日起30日内赔偿彭某某违约损失30000元；

二、驳回彭某某的其他诉讼请求。

房地产开发公司不服，提起上诉。

福建省宁德市中级人民法院经审理认为：同意一审法院裁判意见，依照《中华人民共和国民事诉讼法》第一百七十条第一款第一项之规定，判决如下：

驳回上诉，维持原判。

【法官后语】

本案是一起典型的因商品房销售的广告宣传资料引发的房屋买卖纠纷。实践中，存在以下两个观点：一种观点认为，宣传资料不构成合同内容，出卖人不承担赔偿责任。意思自治原则是合同的基本原则，合同的履行内容应按签订合同时的内容来确定，签订合同之前的购房广告和宣传资料只是一种宣传，如果最终未列入合同条款，则不构成合同内容，出卖人无义务按宣传时的内容交付房屋，出卖人不应对购房人承担任何赔偿责任。另一种观点认为，当宣传资料符合一定条件时应视为合同内容，若出卖人交房不符应承担赔偿责任。当标有明确具体尺寸的房屋销售宣传资料，对购房者在房屋的购买选择、合同订立、房屋价格确定上有重大影响时，应视为双方曾达成合意，宣传资料构成合同内容。当出卖人交付的房屋与宣传资料不符时，应适用《最高人民法院关于审理商品房买卖合同纠纷案件适用法律若干问题的解释》（法释〔2003〕7号）第三条的规定，由出卖人向购房者承担违约责任。笔者赞同第二种观点。

1. 商品房广告和宣传资料构成合同内容的依据

对商品房广告和宣传资料的性质认定是判断其是否构成合同条款的关键。根据《中华人民共和国合同法》第十五条第一款（现《中华人民共和国民法典》第四百七十三条第一款）的规定，商业广告是一种要约邀请。一般情况下，签订合同时，未载入其中的宣传广告和宣传资料的内容不能视为合同内容。但若结合《中华人民共和国合同法》第十四条（现《中华人民共和国民法典》第四百七十六条）对要约的相关规定，当广告或宣传资料的内容具体确定，并表明经受要约人承诺，要约人即受该意思表示约束时，该类广告或宣传资料的性质就不再是普通的作为要约邀请的广告，应视为要约。《最高人民法院关于审理商品房买卖合同纠纷案件适用法律若干问题的解释》（法释〔2003〕7号）第三条规定："商品房的销售广告和宣传资料为要约邀请，但是出卖人就商品房开发规划范围内的房屋及相关设施所作的说明和允诺具体确定，并对商品房买卖合同的订立以及房屋价格的确定有重大影响的，应当视为要约。该说明和允诺即使未载入商品房买卖合同，亦应当视为合同内容，当事人违反的，应当承担违约责任。"

将未载入合同条款的商品房广告和宣传资料视为合同内容，应符合以下条件：一是广告和宣传资料中对房屋及相关设施所做说明和允诺具体确定；二是该内容对合同订立及房屋价格确定有重大影响。具体到本案中，就是房地产开发公司在其微信公众号宣传的户型图中对赠送面积的说明是否具体、明确，是否对房屋价格确定、双方订立合同、彭某某购买房屋有重大影响。首先，房地产开发公司在微信公众号宣传的户型图中以文字形式明确其所售商品房有"半赠送使用面积""全赠送使用面积"，同时在户型图的醒目位置配有"121平可享受约141平的空间尺度”“103平可享受约116平的空间尺度”“92平可享受约108平的空间尺度”等文字说明，户型图和装修示意图均用红色斜线标注了赠送面积的具体位置和基本尺寸，并附有对赠送部分位置、功能等宣传内容，上述广告宣传对半赠送、全赠送使用面积，虽然采用了“约”的字眼，但平方数已足够具体和明确，承诺赠送部分或为一间厨房或为一间卧室面积不等。其次，彭某某在购买涉案房屋时，曾看过多个楼盘，之所以决定购买涉案房屋，就是因为有赠送面积的承诺，相关户型图、装修示意图也用红色斜线标注了赠送面积的具体位置和基本尺寸，对彭某某在房屋的购买选择、合同订立上产生重大影响，故应视为合同条款，应认定双方曾就赠送的面积达成过合意。

2. 出卖人承担违约责任的方式及范围

当商品房广告和宣传资料内容具体确定，且对合同订立、房屋价格确定、购房人购买房屋等有重大影响时，被视为合同条款，若出卖人未按广告和宣传资料中的约定交付房屋，则构成违约。违约责任的承担应按照《中华人民共和国合同法》第一百零七条（现《中华人民共和国民法典》第五百七十七条）规定的“当事人一方不履行合同义务或者履行合同义务不符合约定的，应当承担继续履行、采取补救措施或者赔偿损失等违约责任”进行处理，故在此情形下，对于交付的房屋与合同约定不符的，房屋能重修的应予以重修，不能重修的，应赔偿购房人的相关损失。对于赔偿数额的确定，应具体结合个案案情，综合考量双方履约情况、当事人过错程度、预期利益、房屋价格等作出合理判断。

本案中，作为宣传资料的标有具体赠送尺寸、位置的户型图构成房屋买卖合同的内容，房地产开发公司应按约交付相应房屋。但在实际交房时，房地产开发公司交付的房屋面积与向彭某某销售房屋时提供的户型图的尺寸不符，故其未按合同约定向彭某某交付房屋已构成违约，应承担相应违约责任。考虑到房地产开发公司作为房地产开发商，应具有比一般购房者更为专业的知识，其将不属于案涉商品房8号楼分层平面图的面积对外承诺赠送，存在明显的主观过错。而彭某某作为购房者，在知道该赠送面积不包含在合同约定的建筑面积内而未提出异议，亦存在一定的过错。基于彭某某的诉讼请求均系由于房地产开发公司无法履行其承诺的赠送面积而引起的，一审法院最终综合考量双方履约情况、过错程度、赠送面积以及房屋价款等因素而酌定地产开发公司赔偿彭某违约损失 30000 元。

编写人：福建省屏南县人民法院　陈亮

8

房地产开发公司径行采取公告方式送达交房通知的效力认定

——韩某诉房地产开发公司商品房预售合同案

【案件基本信息】

1. 裁判书字号

山东省济南市中级人民法院（2022）鲁 01 民终 12559 号民事判决书

2. 案由：商品房预售合同纠纷

3. 当事人

原告（被上诉人）：韩某

被告（上诉人）：房地产开发公司

【基本案情】

韩某购买房地产开发公司开发建设的房屋，双方签订《商品房买卖合同》，约定房地产开发公司于 2021 年 6 月 30 日前向韩某交付具备取得开发项目《分期综合验收备案证明》条件的房屋。关于交付通知方式，双方约定“在本合同约定的房屋交付时间之前，出卖人可以在当地主要报纸上公告、挂号信/特快专递或电话通知等方式通知买受人房屋交付事宜”，并约定若出卖人逾期交房，应按已支付的房价款日万分之三向买受人支付违约金。该合同买受人联系电话处载有两个号码，尾号分别为0817及9536。上述合同签订后，韩某按合同约定支付了891863元房款。房地产开发公司曾于2021年6月23日、2021年7月12日两次分别向韩某邮寄交付使用通知书，邮寄单载明电话尾号均为0817，两次邮寄分别显示号码异常退回和号码停机退件。另，房地产开发公司于2021年6月24日报纸上公告案涉房屋的交付通知。对上述邮寄和公告，韩某称其均不知晓。

2022年2月13日，韩某在物业人员带领下看房，发现房屋尚未精装完毕，且墙面开裂、地面渗水。韩某认为房地产开发公司未向其交付《分期综合验收备案证明》等文件，至今未能完全履行交付手续，诉请房地产开发公司向其支付逾期交房违约金。另查明，房地产开发公司于2021年2月5日取得案涉项目的综合验收备案证明。

【案件焦点】

在未穷尽邮寄、电话通知等其他送达方式的情况下，房地产开发公司公告送达交房通知是否属于有效履行通知交付义务。

【法院裁判要旨】

山东省济南市长清区人民法院经审理认为：《商品房买卖合同》系有效合同，双方均应恪守。房地产开发公司作为专业的房地产开发企业，对于履行通知交房等重要义务应全面尽职履责，其在第一次邮寄未能邮寄成功后，第二次仍以该电话作为邮寄联系电话。虽合同约定可以公告的形式履行通知交房义务，然鉴于韩某系留存有有效通知方式且未有效采用，故认定房地产开发公司未能有效履行通知交付的义务。房地产开发公司于2021年2月5日取得综合验收备案证明，案涉房屋即具备交付条件。从双方签订合同的目的及商业习惯分析，2022年2月13日韩某到案涉房屋查看，该时间可以视为房屋交付时间。因此，认定房地产开发公司应承担2021年7月1日至2022年2月13日（228天）的逾期交房责任，即应向韩某支付61003.4元。

山东省济南市长清区人民法院依照《中华人民共和国民法典》第五百零九

条、第五百七十七条，《中华人民共和国民事诉讼法》第六十七条之规定，判决如下：

一、房地产开发公司于本判决生效之日起10日内向韩某支付逾期交房违约金61003.4元；

二、驳回韩某的其他诉讼请求。

房地产开发公司不服一审判决，提起上诉。

山东省济南市中级人民法院经审理认为：同意一审法院的裁判意见，判决如下：

驳回上诉，维持原判。

【法官后语】

房屋的交付是商品房预售合同履行中的重要环节，房地产开发公司在房屋具备交付条件后，依约负有通知交付义务。通常来说，商品房买卖合同中会明确约定交房通知的具体方式，一般包括但不限于电话通知、邮件通知、报纸公告等。实践中，存在房地产开发公司径行选用报纸公告方式送达交房通知的情形，由于购房人可能因此未能有效收悉交房通知而无法按时收房，进而引发相关诉讼。由于目前我国尚无法律对于私主体径行公告送达的效力作出明确规定，故本案例对于类案处理具有一定的参考意义。此类案件的处理仍要回归到合同约定中。

若合同对于交房通知送达方式的先后顺序未作出明确约定，则不宜认定房地产开发公司公告送达交房通知即为有效完成了通知交付义务。首先，现行法律虽未明确规定私主体公告送达的前提是穷尽其他送达方式，但依据《中华人民共和国民事诉讼法》第九十五条第一款“受送达人下落不明，或者用本节规定的其他方式无法送达的，公告送达”之规定，可看出现行立法对公告送达持谦抑态度，采用的是严格主义，宽泛使用公告方式送达交房通知与立法精神相违背。其次，公告送达是一种推定送达，并不能保证受送达方真正知悉相关信息并及时作出反应。随着移动网络时代的到来，纸媒逐渐淡出人们视野，“在当地主要报纸上公告”更是很难起到有效通知的效果。房地产开发公司为追求

“高效率”径行通过公告方式送达交房通知，实际上是消极履行合同义务，同时也增加了购房人不能及时收房的风险。本案中，房地产开发公司在报纸发布交房通知后，又通过无法取得联系的手机号进行第二次邮寄送达，亦能印证其对于公告送达的效果也存在疑虑。

若合同明确约定交房通知的多种送达方式在选用顺序上不分先后，则应视为购房人在收悉交房通知的事由上明确自愿承担了相关风险，基于尊重当事人意思自治的考量，以及目前法律并未明确禁止私主体直接通过公告方式履行通知义务，故在此种情况下，应认定房地产开发公司公告送达交房通知，即已完成了通知交付义务。

编写人：山东省济南市中级人民法院　徐明珠

9

合同条款符合格式条款本质特征，当事人仅以双方已明确约定该条款不属于格式条款为由主张该条款不是格式条款的，不予支持

——张某诉房地产开发公司商品房预售合同案

【案件基本信息】

1. 裁判书字号

重庆市第一中级人民法院（2022）渝01民终11281号民事判决书

2. 案由：商品房预售合同纠纷

3. 当事人

原告（上诉人）：张某

被告（被上诉人）：房地产开发公司

【基本案情】

2019 年 4 月，张某与房地产开发公司签订《商品房买卖合同》，约定购买该公司开发的位于璧山区的房屋一套。房地产开发公司在前期发布的广告、资料中将案涉楼盘作为改善型洋房进行宣传，并介绍房型为一梯一户、电梯入户，其“户型宣传图”中“标准层平面图显示”对相关设施进行了明显标识。而后房地产开发公司在与张某签订《补充协议》时，第二十一条约定前期广告宣传等资料内容均不视为要约之内容，房地产开发公司不因广告、宣传资料而承担任何义务，双方权利义务以《商品房买卖合同》及其附件约定为准，第三十四条约定该补充协议并非格式条款，系双方当事人真实意思表示。

2020 年 9 月，房地产开发公司通知张某办理接房手续，但因实际交付房屋未实现一梯一户、电梯入户，张某至今未接收所购房屋。张某认为该补充协议的规定系格式条款，不应成为合同内容，开发商随意变更前期宣传内容构成违约，应当减少购房价款。

【案件焦点】

案涉《补充协议》第二十一条、第三十四条是否属于格式条款，该条款是否无效或不应成为合同内容。

【法院裁判要旨】

重庆市璧山区人民法院经审理认为：虽然案涉项目前期销售广告截图、产品介绍对一梯一户、电梯入户作出了明确说明，构成要约。但双方签订的《补充协议》明确将开发商在营销阶段的宣传、介绍、承诺、户型图册等约定为不属于影响购房人购买意愿及影响购买价格的因素，不视为要约之内容。同时，还约定开发商不因上述广告、宣传资料而承担任何义务，双方的权利义务以《商品房买卖合同》及其附件约定为准。因此，房地产开发公司虽在房屋销售过程中存在不实宣传的行为，但不属于未按合同约定的房屋标准违约交付房屋。重庆市璧山区人民法院依照《中华人民共和国民法典》第五百零九条第一款、第五百八十二条，《中华人民共和国民事诉讼法》第六十七条第一款、第一百四十五条之规定，判决如下：

驳回张某全部诉讼请求。

张某不服，提起上诉。

重庆市第一中级人民法院经审理认为：《补充协议》中约定该协议并非格式合同，系双方自愿平等签订的条款属于提供格式条款一方不合理地免除或减轻其责任、加重对方责任、限制对方主要权利，故认定该条款无效，同时关于开发商的广告宣传等不属于合同内容、开发商不因广告宣传承担任何义务的条款属于格式条款，对此，开发商无特别提示，也未向购房人进行说明，购房人主张其不成为合同内容，应予支持，故该条款不影响宣传资料中关于一梯一户、电梯入户的明确允诺构成要约。据此，二审法院认定房地产开发公司构成违约，重庆市第一中级人民法院结合二审查明的新事实，张某的上诉请求部分成立。依照《中华人民共和国民法典》第四百九十六条、第四百九十七条、第五百八十二条，《最高人民法院关于适用〈中华人民共和国民法典〉时间效力的若干规定》第二条、第三条、第九条，《最高人民法院关于审理商品房买卖合同纠纷案件适用法律若干问题的解释》第三条，《中华人民共和国民事诉讼法》第一百七十七条第一款第二项之规定，判决如下：

一、撤销重庆市璧山区人民法院（2022）渝 0120 民初 453 号民事判决；

二、房地产开发公司于本判决生效之日起 5 日内向张某返还购房款 10000 元；

三、驳回张某的其他诉讼请求。

【法官后语】

本案系商品房预售合同中格式条款效力认定的典型案件。格式条款作为社会经济发展的产物，具有固定化、单方制定、未经协商等特点，对于节约交易成本、提高交易效率具有重要意义，也是格式条款被普遍使用的原因所在。但从法律角度分析，格式条款的消极作用也非常明显，其在一定程度上与契约自由的原则相背离，对契约正义造成了冲击。

格式条款具有重复使用、预先拟定、未经协商三个要件，而合同内容一旦被认定为格式条款，其效力会受到各种条件的限制。如约定内容系免除或者减轻条款提供方责任等与对方有重大利害关系，即需采用合理的方式提示对方注意，并在对方提出要求时，作出解释或说明，至此，该条款尚能被订入合同约束双方当事人。同时，若该条款不合理地免除或者减轻提供者责任，加重对方责任、限制对方主要权利以及排除对方主要权利，该格式条款无效。那么如何判断格式条款是否存在上述无效或不应成为合同内容的情形，这也是本案所涉及的问题。

首先，双方已明确约定订立的合同条款并非格式条款，该合同条款是否可以无障碍订入合同内容约束合同当事人，本案作出了否定性的评价，并认为该条款属于不合理地免除或者减轻其责任、加重对方责任、限制对方主要权利而无效。《中华人民共和国民法典》其实并未明晰不合理和合理之间的界限，具体的判断需要法官在结合个案案情的前提下，综合考虑交易性质、合同目的、条款设置、风险负担等情况后进行判断。本案系商品房预售合同纠纷，在期房交易中，房地产开发商处于绝对的优势地位，而购房人仅能依据开发商提供的产品介绍、样板房展示、各渠道宣传进行无实物了解。契约的本质即平等主体自由协商，也是法律规制格式条款的应有之义，合同提供方应遵循公平原则合理确定双方权利义务，不应凭借其优势地位制定“霸王条款”。本案中，开发商企图仅通过约定排除格式条款的效力审查显然不合理。其次，对于已经作为要约订入合同的前期宣传内容，必定对商品房买卖合同的订立以及房屋价格的确定有重大影响，本案中开发商不经提示说明即约定其可不受该内容约束，购房者得主张该约定不成为合同内容。

综上，法院综合认定争议条款系格式条款而无效、不成为合同内容，有助于保护购房人合法权益，平衡各方利益，引导公平交易。

编写人：重庆市璧山区人民法院　杨双瑜

10

精装商品房的委托装修合同效力认定

——曾某某、徐某某诉房地产开发公司商品房预售合同案

【案件基本信息】

1. 裁判书字号

福建省厦门市中级人民法院（2021）闽02民终4567号民事判决书

2. 案由：商品房预售合同纠纷

3. 当事人

原告（上诉人）：曾某某、徐某某

被告（上诉人）：房地产开发公司

第三人：装饰工程公司

【基本案情】

房地产开发公司是案涉房地产项目的开发商，该项目《国有建设用地使用权出让合同》规定，该宗地块开发销售的产品应当是全装修商品房。2018年10月1日，曾某某、徐某某与房地产开发公司签订《商品房买卖合同（预售）》及其相应的十一份附件，约定曾某某、徐某某向房地产开发公司购买2902室商品房。同时，曾某某、徐某某与房地产开发公司推荐的装饰工程公司签订《商品房委托改造协议》一份，同意交房时将案涉商品房交付装饰工程公司进行装修改造。装修工程款由房地产开发公司支付，曾某某、徐某某实际未向装饰工程公司支付任何装修工程款。曾某某、徐某某于2021年6月30日到达案涉小区准备验房。其间曾某某、徐某某发现，房地产开发公司在施工中擅自变更合同约定的商品房设计结构，房屋存在严重安全隐患和装修质量问题，导致房屋

无法交付使用。曾某某、徐某某诉求房地产开发公司赔偿曾某某、徐某某因拆除不合格的装修支付的工程款 10000 元、装修补偿款 67056 元（按建筑面积 83.82 平方米，800 元/平方米计算）及付迟延交房违约金。房地产开发公司认为其已按合同约定交付商品房，原告因装修质量问题而提出的逾期交房违约责任，应当全部予以驳回。

【案件焦点】

开发商是否应承担装修问题所导致的迟延交房违约责任及赔偿不合格装修所造成的损失。

【法院裁判要旨】

福建省厦门市同安区人民法院经审理认为：曾某某、徐某某与房地产开发公司签署的《商品房买卖合同（预售）》及相关附件系双方真实意思表示，且未违反法律、行政法规强制性规定，合法有效，双方均应恪守合同义务。

第一，关于迟延交房违约金问题。

原告要求房地产开发公司支付迟延交房违约金，缺乏依据，法院不予支持。理由如下：首先，原告诉称房屋存在安全隐患，但案涉商品房于 2020 年 10 月 20 日通过建设单位、勘察单位、设计单位、施工单位、监理单位验收；于 2020 年 11 月 16 日通过消防验收；于 2020 年 12 月 7 日通过竣工验收备案。原告并未提供任何证据证明房屋确实存在安全隐患问题，对其该主张，法院不予采纳。其次，原告诉称案涉商品房装修存在问题，拒绝收房。附件十一《补充协议》第 8 条第 5 点明确约定因装修而产生的问题，出卖人应按《住宅质量保证书》的规定承担保修义务，不构成出卖人延期交房。因此，案涉商品房已经达到交房条件，且房地产开发公司业已于合同约定的交房日期 2021 年 6 月 30 日前通知原告收房，未能收房系原告的自身原因所致。

第二，关于赔偿拆除不合格装修工程款及装修补偿款问题。

根据原、被告双方签署的《商品房买卖合同（预售）》第 16 条第 3 项的约定，房屋装饰装修及设备标准如果低于本合同附件六的标准，则原告应当书面要求被告整改，被告应在合理期限内整改或提供整改方案，也可以选择补偿原告差价替代整改义务，对装修及设备的修复或整改不视为被告逾期交房。原告主张木地板、挑空护栏、地面瓷砖、消防管道以及加倒的混凝土楼板装修不合格，应予拆除，并赔偿重新装修的费用。法院认为，消防管道和混凝土楼板已分别经由消防部门和建设部门等行政机关验收合格，且这两部分亦不属于装修问题，原告要求拆除并支付赔偿款，缺乏依据，法院不予支持。关于其余部分，分析如下：首先，原告对其主张的装修质量问题并未按照合同约定书面通知被告整改，而是径直认为装修质量存在问题，无法修复，要求直接给予拆除。然而，现有装修确有一定的经济价值，原告未能提供任何证据证明处理目前的装修质量问题只能采用拆除不合格装修这一种方式，且因拆除工作尚未实际实施，拆除费用尚未实际产生。故原告要求被告支付拆除不合格装修工程款10000元，缺乏事实和法律依据，法院不予支持。其次，从原告举示的室内装修现场照片可以看出，房地产开发公司交付的案涉房屋存在墙面脱落、地面空鼓、木板脱落等肉眼可见的装修质量问题，已违反合同约定，房地产开发公司对此应承担违约责任。再次，原告主张房地产开发公司承诺每平方米的装修标准不低于800元，但并未提交任何证据证明，双方签署的合同亦未约定每平方米的装修价值。对于该项主张，法院不予采纳。从次，原告在诉状中称，要求被告拆除不合格装修再由原告自行装修，被告赔偿装修费用。根据双方签署的合同约定，房地产开发公司对于案涉房产装修存在的问题应当进行整改，或者补偿差价替代整改义务。现原告以装修质量存在问题为由，要求被告支付装修补偿款，实则是原告作为房屋买受人径行选择要求房地产开发公司以补偿差价的方式赔偿原告，以此替代房地产开发公司应承担的整改义务。最后，房地产开发公司辩称，原告委托装饰工程公司进行装修改造，原告主张的装修补偿费用应由原告自行承担。根据查明的事实，房地产开发公司亦确认原告实际并未向装饰工程公司支付任何费用，原告与装饰工程公司之间也不存在任何形式的接触。故对于房地产开发公司的辩解意见，法院不予采纳。综上分析，案涉房产的装修确实存在肉眼可见的质量问题，房地产开发公司存在违约行为，但合同对于装饰装修的标准又未作出明确约定。法院酌情认定房地产开发公司应按每平方米补偿差价 150 元的标准赔偿原告装修质量问题，替代房地产开发公司应承担的整改义务，案涉商品房的装修问题由原告自行处置。案涉商品房实际建筑面积为 84.53 平方米，房地产开发公司应赔偿原告装修补偿款为 12679.5 元，原告主张超过部分，法院不予支持。

需要指出的是，诉讼中，原告申请对案涉房屋的装修质量进行鉴定，即是否符合一次性装修房基本要求和拆除不合格装修及整改所需费用。然而，《商品房买卖合同（预售）》约定的装饰装修的具体标准并不明确，即便是原告要求依据的鉴定标准亦是原则性规定，并非具有可操作性的具体标准，且该标准亦非双方合同所约定的内容。故，原告的鉴定申请并不具有可行性，法院不予准许。

第三，关于装饰工程公司的责任问题。

庭审中，原告主张其并未支付装饰工程公司任何费用，与装饰工程公司之间并未建立委托合同关系，基于商品房买卖法律关系要求装饰工程公司对本案承担连带责任。法院认为，装饰工程公司并非《商品房买卖合同（预售）》的当事人，基于合同相对性原则，原告要求装饰工程公司承担连带责任并无合同或法律依据，法院不予支持。

第四，关于保全费、鉴定费。

保全费系原告自身选择诉讼行为而产生，合同并未约定该费用由房地产开发公司负担，故原告要求房地产开发公司负担保全费，缺乏依据，法院不予支持。另，鉴定费并未产生，原告的该项主张无事实依据，法院不予支持。

福建省厦门市同安区人民法院依照《中华人民共和国合同法》第六十条第一款、第一百零七条，《最高人民法院关于适用〈中华人民共和国民法典〉时间效力的若干规定》第一条第二款以及《中华人民共和国民事诉讼法》第六十七条，《最高人民法院关于适用〈中华人民共和国民事诉讼法〉的解释》第二百四十条的规定，判决如下：

一、房地产开发公司应于本判决生效之日起 10 日内支付曾某某、徐某某人民币 12679.5 元；

二、驳回曾某某、徐某某的其他诉讼请求。

曾某某、徐某某及房地产开发公司不服一审判决，提起上诉。

福建省厦门市中级人民法院经审理认为：第一，关于案涉商品房是否达到交房条件。根据查明的事实，案涉商品房于 2020 年 10 月 20 日通过建设单位、勘察单位、设计单位、施工单位、监理单位验收；于 2020 年 11 月 16 日通过消防验收；于 2020 年 12 月 7 日通过竣工验收备案。曾某某、徐某某上诉主张案涉商品房不能满足入住即可使用的标准，但附件十一《补充协议》第 8 条第 5 点约定房屋出现地基基础和主体结构工程以外的质量或装饰、装修、设备标准问题，出卖人应按《住宅质量保证书》的规定承担保修义务，不构成出卖人延期交房。故案涉商品房已经具备法定和约定的交房条件，且房地产开发公司也于合同约定的交房日期 2021 年 6 月 30 日前通知曾某某、徐某某收房，一审法院认定曾某某、徐某某要求房地产开发公司支付迟延交房违约金缺乏依据，并无不当。第二，关于合同中房地产开发公司免除其逾期交房责任相关格式条款是否无效。根据前述合同约定，案涉商品房在出现地基基础和主体结构工程以外的质量或装饰、装修、设备标准问题时，出卖人承担的是保修义务，在此基础上房地产开发公司在合同中并非不合理地免除其逾期交房责任，故不应认定相关的格式条款无效。第三，关于赔偿拆除不合格装修工程款及装修补偿款问题。曾某某、徐某某主张房地产开发公司和装饰工程公司应拆除倒板或支付赔偿款，但依据曾某某、徐某某出具的《商品房装修改造确认书》以及《商品房委托改造协议》的相关约定，且《商品房装修改造确认书》中明确载明“本人同意相应住宅单位装修改造后形成的平层空间归该单位业主专有使用”，曾某某、徐某某对案涉商品房改造的行为及结果清楚、明确，故法院对其该项主张不予采纳。至于其他装修问题，根据《商品房买卖合同（预售）》第 16 条的约定，若房屋装饰装修及设备标准低于合同附件六的标准，买受人可在交房通知书确定的交付日之首日起 10 日内书面要求出卖人整改，出卖人应在合理期限内予以整改或提供整改方案，亦可以选择补偿买受人差价替代整改义务。根据在案证据显示，房地产开发公司交付的案涉商品房确实存在诸多装修质量问题，一审综合考虑现有装修一定的经济价值、合同对装饰装修的标准未明确约定等因素，酌情认定房地产开发公司应按每平方米补偿差价 150 元的标准赔偿曾某某、徐某某装修质量问题，替代房地产开发公司应承担的整改义务，符合上述关于房地产开发公司“可以选择补偿买受人差价替代整改义务”的约定，亦无明显不当，法院予以维持。第四，关于装饰工程公司是否应承担连带责任。房地产开发公司确认曾某某、徐某某实际并未向装饰工程公司支付任何费用，曾某某、徐某某与装饰工程公司之间也不存在任何形式的接触，曾某某、徐某某与装饰工程公司签订《商品房委托改造协议》仅系对案涉商品房的内部改造，曾某某、徐某某基于商品房买卖法律关系要求装饰工程公司承担连带责任并无依据，法院不予支持。第五，关于保全费的负担。依据《诉讼费用交纳办法》第六条“当事人应当向人民法院交纳的诉讼费用包括：（一）案件受理费；（二）申请费……”及第十条“当事人依法向人民法院申请下列事项，应当交纳申请费：……（二）申请保全措施……”，第二十九条“诉讼费用由败诉方负担，胜诉方自愿承担的除外。部分胜诉、部分败诉的，人民法院根据案件的具体情况决定当事人各自负担的诉讼费用数额……”的规定，保全申请费用属于诉讼费用范围，法院亦有权根据案件具体情况决定当事人负担的数额，结合曾某某、徐某某已缴纳的保全申请费数额和法院的判决结果，一审认定由曾某某、徐某某承担保全申请费并无明显不当，法院予以维持。

综上，曾某某、徐某某和房地产开发公司的上诉请求均缺乏事实和法律依据，均应予以驳回。一审判决认定事实清楚，适用法律正确，应予维持。装饰工程公司经合法传唤未到庭参加诉讼，视其放弃相关诉讼权利，依法缺席判决。依照《中华人民共和国民事诉讼法》第一百四十七条、第一百七十七条第一款第一项之规定，判决如下：

驳回上诉，维持原判。

【法官后语】

近年来，精装修商品房销售越来越普遍，在促进房地产行业发展的同时也引发诸多问题。精装修商品房（以下简称精装房），是指在交房前，商品房所有功能空间的固定墙全面铺装或粉刷完成，厨房和卫生间的基本设施全部安装完成，水电路的布管铺设、厨卫的墙面砖、地面砖的铺装粉刷都在交钥匙前就已一次性装修到位。实践中精装房常因装修出现质量问题，导致购房者拒绝接收房屋。本案中，购房者主张因开发商交付的精装房不符合合同约定的装修标准，拒绝收房，并主张开发商承担违约责任退还因装修不符的房款差价。然而，因精装房装修质量标准往往约定并不明确，故违约责任的认定存在较大分歧。

1. 关于委托装修合同的效力认定

本案中，购房者与装修公司另行签订的委托装饰装修合同约定的内容，与购房合同中关于装修标准约定的内容一致，因此合同中关于装饰装修的条款与委托装饰装修合同的条款均构成装饰装修的条款。但需要注意的是，本案中，购房者作为委托方与受托方第三人签订委托装饰装修合同，但开发商亦确认购房者实际并未向装修公司支付任何费用，购房者与装修公司之间也不存在任何形式的接触，因此应认定为购房者与装修公司并未形成委托关系，委托装饰装修合同的条款并不具有效力。

2. 关于装修标准问题

《江苏省高级人民法院全装修商品房买卖合同装修质量纠纷案件审理指南》第四条指出，对当事人约定装修质量要求的认定，一般应当依据商品房买卖合同、装修合同、装饰装修标准确认书、补充协议等书面合同内容予以确定。不能确定的，结合商品房销售资料（如广告宣传情况、样板房样貌）和房屋装修施工资料（如装修材料清单、装修材料价格）等载明的内容综合认定。样板房装修实际用材不能确定的，样板房装修合同、施工图纸、材料采购合同等装修施工资料，可以作为认定约定装修质量要求的依据。实践中，购房合同约定的装饰装修的具体标准往往并不明确，多是原则性规定，亦非购房合同所约定的内容。个案中关于装修标的标准应达到何种程度往往难以认定。

3. 关于装修质量导致的迟延交房的责任认定

精装房装修部分质量问题往往会产生逾期交房的责任认定。逾期交房的责任认定，主要应从装修质量问题对购房者使用房屋所造成的影响角度进行考量。

因房屋装修质量问题导致购房者拒绝接收房屋的，应根据案件实际情况判断现有的质量问题是否影响购房者的实际居住使用。本案中，购房者以精装房的装修存在质量问题拒绝收房，并以此为由主张开发商应承担逾期交房的违约责任，但购房者并未提供任何证据证明房屋确实存在安全隐患问题，因此，经过五方和消防验收竣备的精装房已经达到交房条件，未能收房系购房者的自身原因所致。若对正常居住使用没有实质影响，可以使用房屋的绝大部分功能，此时应将装修质量问题认定为瑕疵，因装修而产生的问题，开发商应按《住宅质量保证书》的规定承担保修义务，因此，装修质量问题并不当然构成开发商延期交房责任。除当事人对房屋装修质量瑕疵另有明确约定，购房者以此为由拒绝受领房屋并要求开发商承担逾期交房违约责任的，不予支持。若购房者拒绝收房，开发商亦可根据合同约定主张购房者承担逾期收房的违约责任。

4. 关于约定装修价款与实际价款存在差额的赔偿

《最高人民法院关于审理商品房买卖合同纠纷案件适用法律若干问题的解释》第十条规定，“因房屋质量问题严重影响正常居住使用”的，买受人有权请求解除合同与赔偿损失。本案中，购房者主张开发商承诺每平方米的装修标准不低于800元，但并未提交任何证据证明，当事人签署的购房合同亦未约定每平方米的装修价值。约定装修价格的具体构成不能确定，同时也无法进行评估鉴定，则应依据约定装修价格与实际装修价值的差额，按照公平原则予以酌定。需要注意的是，装修价格与装修质量是相互独立的概念，两者并无必然的包含关系。装修质量直接与装修施工的工艺水平相关，其标准的高低只能通过现场检测予以确定，装修价格并不能对装修质量标准予以界定。而且，现实交易中影响装修价格的因素众多，包括装修材料的选择与销售渠道、人工费用、税金规费、管理成本、利润、开发商品牌、房地产市场环境以及房价走势预期等。在确认差额的时候应考虑到精装房装修部分确有一定的经济价值，同时亦可考虑开发商从中获得的成本、利润等酌定每套房屋的装修价格，以此来平衡装修质量的差额赔偿。《江苏省高级人民法院全装修商品房买卖合同装修质量纠纷案件审理指南》第十一条第二款指出，当事人没有约定装修质量违约责任或者约定不明确，依据相关规定仍不能确定的，买受人根据装修质量问题的性质以及所受损失的大小，可以合理选择请求对方承担违约责任的方式。买受人选择明显不合理的，人民法院应当释明，买受人经释明拒不变更的，驳回相应诉讼请求。因此，本案中，法院酌情认定开发商应按每平方米补偿差价150元的标准赔偿购房者装修质量问题，替代开发商应承担的整改义务，案涉商品房的装修问题由购房者自行处置。

编写人：福建省厦门市同安区人民法院　林霞玲

11

明知违反限购政策而签订的商品房销售合同在解除时应认定双方的过错责任

——李某某诉旅游公司商品房预售合同案

【案件基本信息】

1. 裁判书字号

福建省厦门市同安区人民法院（2022）闽0212民初415号民事判决书

2. 案由：商品房预售合同纠纷

3. 当事人

原告：李某某

被告：旅游公司

【基本案情】

2020年5月25日，被告与原告签订合同编号为65、68、70的《商品房买卖合同（预售）》（以下简称《预售合同》），约定由被告向原告出让105室的商品房及地下一层的第089、089A、089B和090、090A、090B子母车位。合同签订时，因该商品房建设用地的出让合同存在购房者身份限制，被告在明知原告不符合购房身份要求的情况下，仍然与原告签订案涉合同。合同签订后，原告依约于2020年5月25日向被告支付了2239897元的购房款。三份《预售合同》第十九条均约定，被告应自本合同签订之日起30日内办理商品房预售合同备案登记手续，但被告至今未依约进行备案登记。另合同还约定被告应当于2021年10月31日前交房，但被告至今亦未向原告交付该商品房。

【案件焦点】

原、被告双方对案涉合同解除的过错责任认定。

【法院裁判要旨】

福建省厦门市同安区人民法院经审理认为：原、被告双方共同签署的编号为65、68、70的三份《预售合同》、三份《协议书》及三份《合同解除协议》均系双方真实意思表示，且未违反法律、行政法规强制性规定，合法有效，双方均应恪守合同义务。

第一，关于合同解除的问题。本案中，三份《预售合同》均约定被告应当自本合同签订之日起30日内办理商品房预售合同登记备案手续，并将本合同登记备案情况告知原告。因原告的身份不符合案涉房屋的购房对象，所以被告无法完成合同登记备案手续，原、被告双方于2021年10月16日签订了三份《合同解除协议》，分别约定因购房合同无法办理备案，经双方协商，案涉的三份《预售合同》自三份《合同解除协议》签订之日解除。因此，法院确认，三份《预售合同》已于2021年10月16日解除。《购房须知》和《购房资格承诺函》均明确载明案涉房屋只能销售给所在中心的酒店群高管人员，原告具有本科文化水平，有能力阅读理解文件内容，且亲笔签署了这两份文件以示确认，对该购房主体的限制性条件是知晓的。原告从未向被告出示过能够证明其具备酒店群高管人员身份的任何材料，故被告对原告不具备特定的购房主体条件也是知晓的。因此，原、被告双方对于合同的解除均存在过错。

第二，关于返还购房款及利息问题。《中华人民共和国合同法》第九十七条规定："合同解除后，尚未履行的，终止履行；已经履行的，根据履行情况和合同性质，当事人可以要求恢复原状、采取其他补救措施，并有权要求赔偿损失。"旅游公司确认已收取李某某购房款共计2239897元，三份《预售合同》已于2021年10月16日解除，故原告要求被告返还购房款2239897元，有法律和合同上的依据，法院予以支持。对于利息问题，原、被告双方签订的三份《合同解除协议》均明确约定，原合同解除，双方互不承担违约责任，原告已付全部购房款，由被告退还原告，退款时原告应向被告提供书面退款申请，注明收款账户信息，被告在收到原告退款申请经审查符合退款条件的，将在30个工作日内办理退款，双方一致同意，原告已付房款不计利息。原告主张其已向被告提交退款申请书，但对此未能举证证明，而被告对此则予以否认。法院认为，原、被告双方签订的三份《合同解除协议》既已载明原告应向被告提供书面退款申请，注明收款账户信息，被告在收到原告退款申请经审查符合退款条件的，将在30个工作日内办理退款，那么双方均应遵守该约定。原告未能就其已向被告提交退款申请书并明确告知收款账户举证证明，根据"谁主张，谁举证"的证据规则，原告应当承担举证不能的不利法律后果。因三份《合同解除协议》已就被告向原告退还全部购房款但不计利息作出了明确约定，现原告要求被告支付自2020年5月25日三份《预售合同》签订之日（亦即购房款支付之日）至购房款实际返还之日资金占用期间的利息，缺乏事实和法律依据，法院不予支持。被告应在本判决确定的支付期间向原告履行退还购房款的义务，逾期则应以未退还的购房款金额为基数，按中国人民银行授权全国银行间同业拆借中心于本判决生效当月发布的一年期贷款市场报价利率支付资金占用期间的利息。

福建省厦门市同安区人民法院依据《中华人民共和国合同法》第六十条第一款、第九十四条、第九十七条，《最高人民法院关于适用〈中华人民共和国民法典〉时间效力的若干规定》第一条第二款以及《中华人民共和国民事诉讼法》第六十七条之规定，判决如下：

一、确认原告李某某与被告旅游公司签订的编号为65、68、70的三份《预售合同》已于2021年10月16日解除；

二、被告旅游公司应于本判决生效之日起10日内向原告李某某返还购房款2239897元，逾期未全额返还的，应以未返还的购房款金额为基数，按中国人民银行授权全国银行间同业拆借中心于本判决生效当月发布的一年期贷款市场报价利率支付资金占用期间的利息；

三、驳回李某某的其他诉讼请求。

判决后，双方当事人均未上诉，本判决现已生效。

【法官后语】

对房产新政中的限购政策的定性，实践中有三种观点。观点一，将限购政策认定为不可抗力；观点二，将限购、限贷政策认定为情势变更；观点三，将限购、限贷政策认定为“不可归责于当事人双方的事由”。主流观点为第三种观点。《最高人民法院关于审理商品房买卖合同纠纷案件适用法律若干问题的解释》（法释〔2003〕7号）第二十三条规定：“……因不可归责于当事人双方的事由未能订立商品房担保贷款合同并导致商品房买卖合同不能继续履行的，当事人可以请求解除合同，出卖人应当将收受的购房款本金及其利息或者定金返还买受人。”2020年该司法解释修正，新解释第十九条延续了该规定。然而该案中，购房者明知自己属于被限购人员仍购买房屋，而开发商明知购房对象的限制条件，但仍与不符合购房资格的原告签订合同，上述行为均已违反房地产限购政策，双方对案涉合同不能继续履行均有过错。

但司法实践中对违反限购政策的合同的效力问题存在不同的观点：（1）认为合同有效：原因在于限购政策并不影响房屋买卖协议的效力，只要双方签订的买卖协议不存在法律规定的合同无效情形，应认定为合法有效。具体来说，双方当事人意思表示真实，内容不违反法律、行政法规的强制性规定，应当认定为有效，相关《具备购房条件及书面材料真实性承诺函》确认当事人具有购买资格，可以认定为已经尽了审慎审查义务。且若已颁布限购政策，作为具有完全民事行为能力的自然人，在政策颁布后仍与房地产公司签订实际无法继续履行的《认购协议书》，才导致无法签订《商品房买卖合同》。（2）认为合同无效：若在当时已有住房的情况下仍借他人之名另行买房，目的在于规避国务院和所在地限购政策，通过投机性购房获取额外不当利益。司法对于此种行为如不加限制而任其泛滥，则无异于纵容不合理住房需求和投机性购房快速增长，鼓励不诚信的当事人通过规避国家政策红线获取不当利益，不但与司法维护社会诚信和公平正义的职责不符，而且势必导致国家房地产宏观调控政策落空，阻碍国家宏观经济政策落实，影响经济社会协调发展，损害社会公共利益和社会秩序。故为规避国家限购政策签订的《房产代持协议》因违背公序良俗而应认定无效。也即，直接违反限购政策签订的房屋买卖合同的效力自然也应被否定。公司存在规避住房限购措施的行为，同时此行为也系要严肃查处限购措施执行中的违法违规行为，违反了《国务院办公厅关于继续做好房地产市场调控工作的通知》"购房资格审查环节应前移至签订购房合同（认购）前……要严肃查处限购措施执行中的违法违规行为，对存在规避住房限购措施的，企业要与购房人解除合同"的相关规定，因此，商品房买卖合同自始不发生法律效力。

据上，判断合同效力问题主要争议如下：一是违反部门或地方限购政策是否当然属于违背公序良俗？是否导致合同无效。二是判断造成合同目的无法实现或交易/交付无法完成的原因系买方责任、卖方责任，抑或双方均有责任，进而根据过错程度支持/驳回相关请求。

司法实践中和理论界一般认为，合同违反法律和行政法规的效力性强制性规定的无效，违反管理性强制性规定的要区分情况认定，不能一概而论。限购政策并不属于法律和行政法规的范畴，不能据此认定合同无效。本案结合事实判断，更倾向于认同第一种观点限购政策并不影响房屋买卖协议的效力，也即双方均有过错，进而导致合同目的达不到，合同因此达到解除条件。本案中，虽双方在签署案涉合同时对于购房对象的限制及李某某不具备购房对象资质要求均已知晓。但根据合同约定，旅游公司应自合同签订之日起30日内办理商品房预售合同登记备案手续并告知李某某，故为买受人办理商品房预售合同登记备案手续乃旅游公司义务，旅游公司自合同签订之日起未能办理案涉合同登记备案手续，旅游公司并不能证明案涉合同现在已具备备案条件或备案障碍已排除，且也未能举证证明李某某不予配合登记备案手续，双方对合同无法办理备案登记均存在过错。《中华人民共和国合同法》第九十四条（现《中华人民共和国民法典》第五百六十三条）规定："有下列情形之一的，当事人可以解除合同：……（四）当事人一方迟延履行债务或者有其他违约行为致使不能实现合同目的……"因此，法院认定双方对于合同解除均存在过错并无不当。

该案的典型意义在于解除合同的条件成熟时，解除权人可以依法解除合同。该案系根据双方签订的合同约定来确定双方的权利义务，被告未按照合同约定的时间办理预售合同的备案登记是事实，因此原告可以行使合同的解除权。此外，该案中原、被告双方是否存在违反限购政策的故意与案涉合同的真实意思表示并不互为条件，也即在双方商品房买卖关系中，如果一方迟延履行或无法履行义务，那么另一方依法可以要求解除合同，并要求另一方承担相应责任。

编写人：福建省厦门市同安区人民法院　林霞玲

12

协议未明确约定债务人是否免责时，并存的债务承担和免责的债务承担的区分认定

——张某诉荆某等商品房销售合同案

【案件基本信息】

1. 裁判书字号

山东省淄博市中级人民法院（2022）鲁 03 民终 2666 号民事判决书

2. 案由：商品房销售合同纠纷

3. 当事人

原告（上诉人）：张某

被告（被上诉人）：荆某、高某、房地产开发公司、徐某

【基本案情】

案涉房屋由房地产开发公司抵账卖给徐某，后徐某又卖给了原告张某，其间未办理不动产权证书。2019年6月18日原告张某（甲方）与被告荆某（乙方）签订《房屋买卖协议》，约定案涉房屋出售总价为345万元，乙方按揭付款，乙方于2019年6月18日付案涉房屋首付105万元，甲方出具收据，并办理案涉房屋不动产权证书到乙方名下，乙方应于2019年8月30日前付清全房款，否则甲方有权拒绝退回乙方所交款项。该协议签订后，荆某、高某支付给原告张某首付款80万元，张某通过徐某协调房地产开发公司直接为荆某办理网签备案手续，房地产开发公司收取剩余25万元首付款作为购房定金。

2020年4月30日，因房屋余款支付、房屋权属证书办理以及房地产开发公司收取首付款25万元等问题，各方产生争议，张某（甲方）、荆某（乙方）、房地产开发公司（丙方）、徐某（丁方）签订协议书一份，协议约定："2020年8月29日前，丙方应退还乙方缴纳的购房定金25万元，乙方应在收到上述退款的同日支付给甲方；如丙方未按照本协议第二条约定期限退还购房定金25万元的，甲方有权直接要求丙方支付，丙方应承担5万元违约金，丁方自愿为丙方的上述付款义务承担连带保证责任。"该协议签订后，房地产开发公司未支付25万元的购房定金。张某起诉主张被告荆某和被告房地产开发公司向原告支付购房首付款25万元及逾期付款利息。房地产开发公司辩称，认可应返还张某25万元购房定金，但因资金困难无力支付。荆某和高某辩称，协议约定25万元由被告房地产开发公司退给原告，原告对此知情且同意向房地产开发公司索要，现房地产开发公司未履行，与其无关。

【案件焦点】

债权人、债务人与第三人协议约定债权人可直接向第三人主张债权，未明确约定债务人是否免责，该约定能否免除债务人的付款义务。

【法院裁判要旨】

山东省淄博市周村区人民法院经审理认为：荆某已于 2018 年 11 月 12 日支付给房地产开发公司案涉房屋购房首付款 25 万元，房地产开发公司认可实际占有该款项，且在签订的协议书中也约定了 25 万元购房定金原告有权直接向房地产开发公司主张，并约定违约责任承担者是房地产开发公司，且在房地产开发公司 25 万元债务履行期已届满而未履行的前提下，原告与被告荆某在后续签订的相关协议中亦未涉及 25 万元的约定。因此，对于原告要求被告荆某对该款项承担共同还款责任的诉求，不予支持；对于原告要求被告房地产开发公司给付购房首付款 25 万元及逾期付款利息的诉讼请求，予以支持。

山东省淄博市周村区人民法院依照《中华人民共和国民法典》第五百零二条、第五百七十七条、第五百八十四条、第五百八十五条第一款、第六百八十八条，《最高人民法院关于审理买卖合同纠纷案件适用法律问题的解释》第二十四条，《中华人民共和国民事诉讼法》第六十七条之规定，判决如下：

被告房地产开发公司返还原告张某购房首付款 25 万元并支付逾期付款利息。

张某不服一审判决，提起上诉，认为协议约定房地产开发公司对 25 万元承担付款责任属于债务加入而非债的转移，并未否认荆某的付款责任，请求依法改判荆某对剩余 25 万元首付款承担付款责任。

山东省淄博市中级人民法院经审理认为：在案涉 25 万元的债务主体为荆某的情况下，案涉协议只是明确了荆某的支付方式，并确定张某有权直接要求房地产开发公司支付，并未明确约定原债务人即荆某是否脱离债权债务关系，张某亦未明确表示免除荆某的支付义务，也没有其他证据或行为表明张某同意由房地产开发公司独自承担荆某的债务，故本案应认定为并存的债务承担。房地产开发公司作为房屋买卖协议之外的第三人承诺承担荆某 25 万元首付款的付款义务，系加入张某与荆某之间原有的债权债务中，房地产开发公司与荆某是并存的债务承担中的共同债务人关系，故一审法院对张某要求荆某对25万元首付款承担共同还款责任的请求未予支持确有不当，予以纠正。

山东省淄博市中级人民法院依照《中华人民共和国民法典》第五百五十二条、第五百七十七条、第五百八十四条、第五百八十五条、第六百八十八条，《最高人民法院关于审理买卖合同纠纷案件适用法律问题的解释》第十八条，《中华人民共和国民事诉讼法》第一百七十六条、第一百七十七条第一款第二项之规定，判决如下：

荆某与房地产开发公司返还张某购房首付款25万元并支付逾期付款利息。

【法官后语】

本案主要涉及在协议未明确约定债务人是否免责时，免责的债务承担和并存的债务承担的区分认定。

根据原债务人是否脱离债务关系，债务承担可分为免责的债务承担和并存的债务承担两种类型。如果第三人负担债务并且债务人从原债务关系中脱离，这被称为免责的债务承担；反之，第三人加入原债务关系，与原债务人共同承担履行责任，则构成并存的债务承担，也被称为债务加入。

在债务承担协议中没有明确约定债务人是否退出债务关系、第三人是否独立承担原债务的情况下，一是立足合同条款推知当事人的真实意思表示，合同条款的表述直接关系合同当事人内心真意的判断，应结合相关合同条款、债务承担的性质和目的、交易习惯以及诚实信用原则推知合同条款蕴含的真实意思表示。二是参考司法实践中的不同观点及最高人民法院的司法判例，针对“债务加入问题”有两种争议观点，有观点认为，在没有法律明确规定的情形下，判断一个行为的性质时应将其向法律已有规定最为接近的行为进行推断，因此，第三人与债权人未明确约定免除债务人义务的，除协议中的文字和履行行为可以推断出不免除债务人义务的，视为免除债务人的义务。另有观点认为，由于权利的放弃必须明示，因此，第三人与债权人未明确约定免除债务人义务的，除协议中的文字和履行行为可以推断出免除债务人义务的，视为不免除债务人义务。另，最高人民法院在有关判决中指出，第三人以自己的名义另行向债权人出具债务凭据并承诺由其偿还，债权人同意第三人承担还款责任，但双方没有约定原债务人脱离债权债务关系，债权人没有明确表示免除原债务人的还款义务，也没有其他证据或行为表明债权人同意由第三人独立承担原债务人债务，应认定为并存式债务承担，即应当认定为债务加入。综合上述两点，在当事人未明示原债务人脱离债务关系时，通常情况下可推定当事人并无将原债务人脱离债务关系的意思表示，即构成并存的债务承担。

本案中，一方面，从合同条款的表述上看，协议约定“房地产开发公司应退还荆某缴纳的购房定金25万元，荆某应在收到上述退款的同日支付给张某”，即对案涉25万元的债务主体为荆某及荆某的支付方式进行了明确，又约定“如房地产开发公司未按照本协议第二条约定期限退还购房定金25万元的，张某有权直接要求房地产开发公司支付，房地产开发公司应承担5万元违约金”，协议表述使用“有权”二字，可以推知该约定系增加债权人主张债权的途径，是增大债权人债务实现的责任担保范围的“增益”约定，鉴于权利的放弃必须明示，在债权人未明确表示免除债务人支付义务或同意由房地产开发公司独自承担债务的情况下，可以推知协议并无免除荆某还款义务的意思表示，房地产开发公司与荆某是并存式债务承担中的共同债务人；另一方面，参照最高人民法院的司法判例，案涉协议亦未并未明确约定荆某是否脱离债权债务关系，张某亦未明确表示免除荆某的支付义务，也没有其他证据或行为表明张某同意由房地产开发公司独自承担荆某的债务，故本案应认定为并存的债务承担。

编写人：山东省淄博市中级人民法院　赵心宁

13

以房抵债协议中，债权人未明确表示放弃旧债的，属新债清偿关系非债务更新关系

——周某某、姚某诉房地产公司等商品房预售合同案

【案件基本信息】

1. 裁判书字号

天津市第三中级人民法院（2022）津03民终5605号民事判决书

2. 案由：商品房预售合同纠纷

3. 当事人

原告（上诉人）：周某某、姚某

被告（被上诉人）：房地产公司、某集团工会、某集团

【基本案情】

周某某、姚某均系某集团职工，房地产公司系某集团设立的子公司，某集团工会系某集团的基层工会组织。某集团、房地产公司及某集团工会向职工集资借款。

2018年，房地产公司（甲方）与姚某、周某某（乙方），房地产公司、某集团工会（丙方），某集团（丁方）签订《内部房认购书》，约定乙方自愿向甲方认购2101室房屋。甲方同意乙方用其给丙方的借款960000元作为认购此房屋的购房款，余款部分20538元签订《商品房买卖合同》时由买受人付清补齐；本认购书一经签署，原借款合同即行终止；如果甲方无法如约履行本协议，丙方与丁方应继续向乙方履行还款义务。房地产公司出具收据，记载收到周某某交来认购款300000元，记载收到姚某交来认购款660000元。

2021年，房地产公司向姚某、周某某转账还款，姚某、周某某分别签署还

款确认书，并载明性质为解决职工债务还款事宜。2021年，案涉房屋取得商品房预售许可证。房地产公司将案涉房屋出售给案外人刘某。

2021年11月，周某某、姚某诉至法院，要求房地产公司履行《内部房认购书》的约定，法院经审理作出民事判决，驳回周某某、姚某的诉讼请求。该判决已经生效。因被告未按合同约定履行，原告要求被告履行还款义务，诉至法院。

【案件焦点】

1. 认购协议的性质；2. 如认定认购协议属以物抵债，该协议是否构成债务更新；3. 认购协议是否符合解除条件。

【法院裁判要旨】

天津市滨海新区人民法院经审理认为：签订商品房认购协议前，房地产公司与周某某、姚某存在民间借贷关系，某集团工会与姚某存在民间借贷关系。各方当事人签订《内部房认购书》，是对原民间借贷债务清偿方式达成的新的合意，非真实的商品房买卖合同。因房地产公司已将案涉认购房屋出售，双方已经无法实现通过履行房屋买卖合同清偿民间借贷债务的合同目的，原告可以解除《内部房认购书》。《内部房认购书》约定“如甲方不履行协议，丙方、丁方继续向乙方履行还款义务”，《内部房认购书》并未真正消灭旧债；协议签订后，双方之间仍有还款行为，亦可佐证旧债仍存。《内部房认购书》的性质应认定为新债清偿，而非债的更新。从合同约定内容识别，房地产公司、某集团工会各自借款金额，可以认定双方应各自还款，不承担共同还款责任；某集团虽非原借贷关系中的借款人，但其在《内部房认购书》中承诺履行还款义务，构成债务加入。

综上所述，依照《中华人民共和国民法典》第五百零九条、第五百五十二条、第五百七十七条，《最高人民法院关于审理民间借贷案件适用法律若干问题的规定》第二十八条，《中华人民共和国民事诉讼法》第六十七条、第一百四十七条的规定，判决如下：

一、解除原告、被告签订的《内部房认购书》；

二、被告房地产公司、某集团自本判决生效之日起10日内，向原告周某某连带归还借款282000元及利息；

三、被告房地产公司、某集团自本判决生效之日起10日内，向原告姚某连带归还借款94000元及利息；

四、被告某集团工会、被告某集团自本判决生效之日起10日内，向原告姚某连带归还借款526400元及利息；

五、驳回原告周某某、原告姚某的其他诉讼请求。

一审判决作出后，原告不服，提起上诉。

天津市第三中级人民法院经审理认为：同意一审法院的裁判意见，判决如下：

驳回上诉，维持原判。

【法官后语】

以房抵债属于以物抵债的一种形式，我国现行法律未规定以物抵债协议性质，在判断其性质与效力时，需根据当事人签订协议时间、合同目的、约定的具体内容、抵债物是否交付等因素评析，探求当事人真实意思。当事人意思表示，应按照所使用的词句，结合相关条款、行为的性质和目的、习惯以及诚信原则等确定。关于以物抵债协议的性质的认定及新旧债关系，审判实务中如何对此进行认定，有以下两个方面需要注意：

1. 债务更新型以物抵债协议与新债清偿型以物抵债协议认定

以物抵债合同系《中华人民共和国民法典》中无名合同，无名合同参照适用有名合同规定。合同成立以诺成合同为原则，以实践性合同为例外。在当事人并未约定以完成抵债物作为以物抵债协议成立要件的情况下，以物抵债自双方当事人达成合意时成立并生效。

根据以物抵债协议达成后，完全履行后，债务因履行而消灭。对于抵债物尚未完成变动的，根据以物抵债协议签订是否导致原债务灭失，可分为债务更新型以物抵债协议及新债清偿型以物抵债协议。债务更新型以物抵债协议，实质为旧债消灭，新债成立。新债清偿型以物抵债，系新旧债并存。在认定其类型时，应对债务更新型以物抵债从严把握，如当事人不履行新债，旧债同时消灭，会造成当事人逃避债务履行。故仅在债权人明确表示消灭旧债时才能够适用债务更新的以物抵债。

本案中，原告与被告达成以房抵债协议，并未明确表示消灭旧债，故此协议属新债清偿型以物抵债协议。在债务人未履行新债务的，债权人具有选择权，债权人可要求债务人履行新债或者旧债。债权人之选择权并无限制，新债不必然解除，因债务人原因未履行新债务的，其可要求债务人恢复旧债的履行。

2. 以物抵债协议成立并生效后，存在事实上履行不能障碍时，债权人可以要求债务人履行旧债务

订立以房抵债协议，系当事人真实意思表示，合法有效。当事人应当依合同约定履行债务，一方不履行或不完全履行的，应承担继续履行、采取补救措施或者承担违约责任。依《中华人民共和国民法典》第五百六十三条之规定，合同因不可抗力、一方明示或以自己的行为表示不履行债务，导致相对方合同目的不能实现的，可要求法定解除合同。

本案中，被告已将案涉房屋出售他人，无法向原告交付房屋，合同目的不能实现，故双方当事人之间的认购合同应当依法解除，并按照解除的法律后果确定相应的法律责任。

编写人：天津市滨海新区人民法院　孙印利　张艳辉

14

在未经批准处分划拨地上建设的商品房，该商品房销售合同并非一律无效

——某公司诉房地产公司等商品房销售合同案

【案件基本信息】

1. 裁判书字号

广东省惠州市中级人民法院（2021）粤13民终2296号民事判决书

2. 案由：商品房销售合同纠纷

3. 当事人

原告（反诉被告、上诉人）：某公司

被告（反诉原告、被上诉人）：房地产公司

被告（被上诉人）：实业公司、建设公司

【基本案情】

案涉小区的建设单位、案涉商铺的所有权人是某建设综合开发总公司某分公司，案涉土地的使用权人是实业公司，土地的性质是划拨土地。房地产公司通过与实业公司签订销售协议，收购九栋商品楼。此后，房地产公司与某公司签订了《楼宇买卖合同》，《楼宇买卖合同》上“出售方”是实业公司和房地产公司。后几方发生纠纷，某公司起诉请求确认《楼宇买卖合同》合法有效，请求房地产公司继续履行合同，房地产公司、实业公司、建设公司交付商铺，房地产公司赔偿损失，且实业公司、建设公司承担连带责任。房地产公司反诉请求确认《楼宇买卖合同》无效。

【案件焦点】

案涉《楼宇买卖合同》是否有效。

【法院裁判要旨】

广东省惠州市惠阳区人民法院经审理认为：本案房屋所涉及的土地为划拨取得，土地使用权人实业公司未经有批准权的人民政府审批办理土地使用权的出让手续，不具有对土地使用权进行处分的权利，某公司与房地产公司签订的《楼宇买卖合同》违反了法律法规的强制性规定，应当认定为无效合同。但合同约定的 109 号商铺、110 号商铺已经在 1997 年 4 月将房地产权证登记在权属人某公司名下，且某公司已经对涉案的 109、110 号商铺进行出租收益。据此，确认某公司与房地产公司签订的《楼宇买卖合同》中 101、102、103、104、105、106、107 商铺买卖部分无效，其他部分（即是 109 号商铺、110 号商铺部分）买卖有效。房地产公司请求确认涉案《楼宇买卖合同》无效，与查明的事实相符，理由成立，予以支持。无效合同，自始不发生法律效力。某公司的损失主要为利息损失，而导致合同无效的原因在于房地产公司，故房地产公司应对某公司的利息损失承担全部责任。为此，房地产公司因上述《楼宇买卖合同》无效部分而收取某公司购房款 1714650 港元［2185650 元-351300 元（109 号商铺）-119700 元（110 号商铺）］应予返还，并从收款之日起按银行周期外币储蓄利率计付利息给某公司。实业公司、建设公司均未在《楼宇买卖合同》中签名盖章，亦未收取某公司购房款，故对本案返还购房款及支付利息不承担责任。

广东省惠州市惠阳区人民法院判决如下：

一、确认某公司与房地产公司于 1992 年 10 月 8 日签订的《楼宇买卖合同》合同部分无效，其他部分有效；

二、房地产公司于本判决发生法律效力之日起 30 日内返还购房款 1714650 港元及利息；

三、驳回某公司的其他诉讼请求。

某公司不服一审判决，提起上诉。

广东省惠州市中级人民法院经审理认为：案涉小区项目房产的转让应履行土地出让手续并经批准。但本案中，该等手续的不完善不应影响案涉《楼宇买卖合同》的效力，理由如下：第一，房产管理部门在未履行土地出让手续的情况下，已经核准办理案涉小区项目 246 套住宅、53 套商铺的权属转移登记，即房产管理部门已经实际准许案涉小区项目下的房产转让。第二，根据自然资源管理部门《关于不动产登记信息查询的复函》载明的“上述商品房小区用地为划拨土地，根据土地管理相关法律法规规定，须先完善土地使用权出让手续，待相关细则出台后，方可依申请办理上述不动产的转移登记相关业务”，案涉房产用地手续不完善，属历史遗留问题，自然资源管理部门已经确定要完善土地出让手续，就案涉小区项目用地取得方式的变更寻求解决方案，即案涉商铺转让因用地性质产生的障碍已由相关政府职能部门作为历史遗留问题处理并将最终予以解决。第三，案涉商铺买卖行为发生在 1992 年 10 月 8 日，其时为土地有偿使用制度改革的探索试点期，加强划拨土地使用权转让管理主要是为了防止国有土地收益流失，并非抑制房地产转让。现自然资源管理部门已确定以补办土地出让手续补正其管理疏漏，以避免国有土地收益流失，如再以用地手续不完善为由否定案涉《楼宇买卖合同》的效力，不符合尊重历史、面对现实、为民利民的历史遗留问题处理原则，有悖于购房人在相关合同项下的合理利益期待，不利于保护购房人的合法权益。综上，案涉《楼宇买卖合同》系双方的真实意思表示，并不存在效力阻却事由，依法有效。

广东省惠州市中级人民法院依照《中华人民共和国民事诉讼法》第一百七十条第一款第二项之规定，判决如下：

一、撤销广东省惠州市惠阳区人民法院（2017）粤1303民初3678号民事判决第二项、第三项；

二、变更广东省惠州市惠阳区人民法院（2017）粤1303民初3678号民事判决第一项为：确认某公司与房地产公司于1992年10月8日签订的《楼宇买卖合同》有效；

三、驳回某公司的其他诉讼请求；

四、驳回房地产公司的反诉请求。

【法官后语】

区别于出让土地的自由转让、抵押，划拨土地基于其取得的法定性。无偿性或低偿性和处分的局限性，在转让、抵押方面往往受限，通常情况下只能由原划拨土地使用权人补缴土地使用出让金，转划拨为出让后再进行转让，或者在转让房地产时，受让方可以办理土地使用权出让手续，经有批准权的人民政府及相关行政部门批准回收缴纳土地使用权出让金或者上缴土地收益后取得土地使用权。《最高人民法院关于审理涉及国有土地使用权合同纠纷案件适用法律问题的解释》（法释〔2005〕5号）第十一条规定：土地使用权人未经有批准权的人民政府批准，与受让方订立合同转让划拨土地使用权的，应当认定合同无效。但起诉前经有批准权的人民政府批准办理土地使用权出让手续的，应当认定合同有效。据此，案涉《楼宇买卖合同》因未经批准应属无效。但为配合《中华人民共和国民法典》的实施，上述司法解释于2020年12月修正后删除了原第十一条的规定。《最高人民法院关于适用〈中华人民共和国民法典〉时间效力的若干规定》第八条规定："民法典施行前成立的合同，适用当时的法律、司法解释的规定合同无效而适用民法典的规定合同有效的，适用民法典的相关规定。"尽管《中华人民共和国民法典》及其相关司法解释对于划拨土地使用权转让审批对合同效力的影响没有具体规定，但在无其他法定无效情形下，案涉《楼宇买卖合同》不宜认定为无效。依照《中华人民共和国民法典》第一百五十三条"违反法律、行政法规的强制性规定的民事法律行为无效。但是，该强制性规定不导致该民事法律行为无效的除外。违背公序良俗的民事法律行为无效"之规定，本案实质问题是国有划拨地转让前应审批的规定是否属于"法律、行政法规的强制性规定"。

结合《全国法院民商事审判工作会议纪要》第三十条规定以及《中华人民共和国土地管理法》《中华人民共和国城市房地产管理法》等相关规定，国有划拨地转让要经审批的规定并不在于完全禁止划拨土地交易，审批政策是为了保障补交出让金或者上缴收益抵充出让金的落实，那么该审批规定就不能严格定义为效力性的强制规定。

我国法律目前已经将物权变动结果与其原因关系予以区分。参考《最高人民法院关于适用〈中华人民共和国民法典〉有关担保制度的解释》第五十条规定，抵押人以划拨建设用地上的建筑物抵押，当事人以该建设用地使用权不能抵押或者未办理批准手续为由主张抵押合同无效或者不生效的，人民法院不予支持……当事人以划拨方式取得的建设用地使用权抵押，抵押人以未办理批准手续为由主张抵押合同无效或者不生效的，人民法院不予支持。已经依法办理抵押登记，抵押权人主张行使抵押权的，人民法院应予支持。抵押权依法实现时所得的价款，参照前款有关规定处理。本案不予认定合同无效。

另外，案涉商铺买卖行为发生在1992年，认定合同有效亦有利于维护社会和经济秩序。

编写人：广东省惠州市中级人民法院　黄弘扬

15

取得建设工程竣工验收备案证明文件不应作为商品房交付使用的条件

——胡某某诉房地产开发公司商品房预售合同案

【案件基本信息】

1. 裁判书字号

河北省邢台市中级人民法院（2022）冀05民终468号民事判决书

2. 案由：商品房预售合同纠纷

3. 当事人

原告（上诉人）：胡某某

被告（被上诉人）：房地产开发公司

【基本案情】

原、被告于2019年11月12日签订了《商品房买卖合同》及《补充协议》，约定由原告购买被告开发的某小区1101室房屋，房屋总价款为958518元，原告选择以贷款方式付款，首付款为358518元，剩余600000元向第三人申请贷款支付。合同第九条约定房屋的交付条件为“1. 该商品房已取得建设工程竣工验收备案证明文件；2. 该商品房已取得房屋测绘报告”；合同第十一条约定“在2021年6月30日前交付商品房”；合同第十二条第二款约定“逾期交房超过60日后，买受人有权解除合同。出卖人应当自解除合同通知送达之后日起15日内退还买受人已付全部房款（含已付贷款部分），并自买受人付款之日起，按照中国人民银行公布的同期贷款基准利率（不低于中国人民银行公布的同期贷款基准利率）计算给付利息；同时，出卖人按照全部房价款的3%向买受人支付违约金”。合同签订后，原告向被告支付首付款358518元，向银行贷款60万元交付购房款。2021年6月28日被告通知原告于6月30日收房，原告以该房不符合约定的交房条件为由，拒绝收房。2021年9月21日原告向被告送达了《解除合同通知书》，以商品房不符合约定的交房条件为由，解除双方签订的商品房买卖合同，并要求退还购房款、承担违约责任。原告诉至法院要求解除与被告之间的房屋买卖合同。

【案件焦点】

商品房预售合同纠纷中，应否将取得建设工程竣工验收备案证明文件作为商品房交付使用的条件。

【法院裁判要旨】

河北省邢台市信都区人民法院经审理认为：《中华人民共和国建筑法》第六十一条第二款规定：“建筑工程竣工经验收合格后，方可交付使用；未经验收或者验收不合格的，不得交付使用。”该规定是关于房屋建筑工程质量安全的法律强制性规定，为商品房交付使用的法定标准。本案当事人订立的《商品房买卖合同》约定的交房条件包括：“商品房交付时应当符合该商品房已取得建设工程竣工验收备案证明文件”，根据合同约定，竣工验收备案证明文件的取得是办理商品房权属证明的前置程序，与“对房屋的转移占有”、交付使用并无关联和影响，是否完成备案并不影响房屋交付使用。本案以建筑工程竣工验收合格这一法律强制性规定作为商品房具备交付使用的标准。案涉房屋所在楼栋经过施工、设计、监理、勘察及施工图审查机构等单位综合验收合格后，取得竣工验收报告，该房屋已具备交房条件。2021年6月28日被告通知原告6月30日收房，原告应当按照约定接收商品房。因此原告不具备法定合同解除权。

河北省邢台市信都区人民法院依照《中华人民共和国民法典》第五百零九条、第五百六十三条、第五百六十五条，《中华人民共和国建筑法》第六十一条第二款，《最高人民法院关于适用〈中华人民共和国民法典〉时间效力的若干规定》第二十条，《中华人民共和国民事诉讼法》第一百四十四条的规定，判决如下：

驳回原告胡某某的诉讼请求。

胡某某对一审判决不服，提起上诉。

河北省邢台市中级人民法院经审理认为：《中华人民共和国建筑法》第六十一条和《中华人民共和国民法典》第七百九十五条规定，均反映出质量是建筑工程的生命。现该房屋已取得竣工验收报告，故该商品房已满足法定标准的交付条件。而取得商品房建设工程竣工验收备案证明文件是办理商品房权属证书的前置程序，是否完成备案并不影响房屋交付使用。二审法院认为胡某某的上诉请求不成立，应予驳回；一审判决认定事实清楚，适用法律正确，应予维持。

河北省邢台市中级人民法院依照《中华人民共和国民事诉讼法》第一百七十七条第一款第一项之规定，判决如下：

驳回上诉，维持原判。

【法官后语】

本案的争议焦点在于应否将“取得建设工程竣工验收备案证明文件”作为商品房交付使用的条件。针对该焦点，首先应对“交付使用”和“竣工验收备案”的性质进行分析，进而讨论竣工验收备案是否应作为商品房交付使用的条件。

一是明确房屋“交付使用”的性质。实践中对商品房交付应满足的标准存在不同理解，参考房屋交易和建筑行业的法律法规可以发现，“交付使用”一词伴随着建筑行业的专业质量标准术语多次出现，商品房的交付使用，包括“交付”与“使用”，在简单的转移占有的基础上，其核心功能在于“使用”，说明房屋交付使用针对的是商品房的居住功能。

二是明确“竣工验收备案”的性质。一般来说，住宅工程经竣工验收备案后，方可办理产权证。由此可见，商品房竣工验收备案证明的取得是办理商品房权属证书的前置程序。虽然《建设工程质量管理条例》第四十九条第一款规定，建设单位应当自建设工程竣工验收合格之日起15日内，将建设工程竣工验收报告和规划、公安消防、环保等部门出具的认可文件或者准许使用文件报建设行政主管部门或者其他有关部门备案。但是该条例属于行政法规，约束的是开发商，是其应当向政府部门履行的义务，属于行政管理程序，不宜用是否竣工验收备案来约束买受人与开发商之间的民事法律关系。

三是竣工验收备案不应作为商品房交付使用的条件。第一，二者从性质上不相对应。本案焦点是商品房交付使用的条件，更突出商品房“使用”“居住”功能，然而，竣工验收备案更突出权属证书的办理和商品房物权登记变更的行政效力。第二，二者不构成事实上的因果关系。《中华人民共和国建筑法》第六十一条第二款规定：“建筑工程竣工经验收合格后，方可交付使用；未经验收或者验收不合格的，不得交付使用。”建筑工程竣工验收合格是交付使用的法律强制性规定。本案中，房屋已经专业机构综合验收后取得竣工验收报告，满足法定标准的交付条件，房屋质量已经达到可以居住的标准，所以已可以“交付使用”，是否完成竣工验收备案仅影响商品房权属证书的办理，不能成为房屋能否交付使用的前提。第三，二者的违约责任不同。《最高人民法院关于审理商品房买卖合同纠纷案件适用法律若干问题的解释》第十三条对逾期交付房屋采用“以同地段同类房屋租金”作为损失计算标准，第十四条对于“买受人未能取得房屋权属证书”的违约责任按已交付购房款总额的利息损失计算。二者虽同属违约责任，但两种违约责任的影响因素、结果、原因与结果之间的对应关系不同。本案中的商品房买卖合同将“该商品房已取得建设工程竣工验收备案证明文件”列为交房条件之一，将与“交付使用”这一民事责任无因果关系的“竣工验收备案”因素列为约定内容，如若法院简单地采用该约定界定民事责任，其结果也会造成违约责任承担与当事人的不履行过错不对应，背离权责对应的公平原则，故对本案中合同约定的“该商品房已取得建设工程竣工验收备案证明文件”交房条件不应予以采用，应坚持以《中华人民共和国建筑法》规定的“建筑工程竣工经验收合格”为法定交付使用条件。

编写人：河北省邢台市信都区人民法院　贾天雪

三、商品房销售合同纠纷

（一）合同的效力

16

缔约时“沉默”构成欺诈的认定规则

——马某某诉任某某房屋买卖合同案

【案件基本信息】

1. 裁判书字号

北京市昌平区人民法院（2021）京0114民初27296号民事判决书

2. 案由：房屋买卖合同纠纷

3. 当事人

原告：马某某

被告：任某某

第三人：房地产经纪公司

【基本案情】

2016年8月19日，马某某、任某某及房地产经纪公司签订了《房屋买卖经纪服务合同》，当日马某某（出卖人）通过房地产经纪公司与任某某（买受人）

签订《北京市房屋买卖合同》，约定任某某以4470000元价格购买马某某所有的位于昌平区的某处房屋。签订上述合同后，任某某给付马某某购房定金10万元。

2017年3月，马某某起诉请求解除其与任某某签订的房屋买卖合同、解除网签手续，并要求任某某支付违约金；任某某提起反诉，要求继续履行房屋买卖合同，在其支付全部购房款后，要求马某某配合办理产权转移登记手续。法院审理后判决：马某某继续履行案涉房屋买卖合同，任某某支付马某某剩余购房款437万元；马某某协助任某某将昌平区的案涉房屋所有权转移登记至任某某名下，并将该房屋交付给任某某。马某某不服提起上诉。二审法院审理后驳回马某某上诉，维持原判。马某某不服申请再审，再审法院驳回了马某某的再审申请。后任某某申请强制执行，将剩余购房款437万元存入法院账户，马某某在执行过程中提出执行异议。后法院作出执行裁定书驳回马某某的异议请求。2021年7月2日，法院作出执行裁定书，终结本次执行。

2016年9月30日，任某某通过某案外房地产经纪公司按北京市户籍家庭提交购房资格核验申请，系统中填报的婚姻状况为已婚，配偶为王某，该房地产经纪公司就涉案房屋与任某某进行网签，交易双方未在网签合同上签字。案涉网签后被撤销。马某某于2019年10月23日接受公安机关询问时称，2018年1月14日其代理律师接到陌生女子电话称任某某的结婚证是伪造的才获取了北京住房的网签资格。房地产经纪公司称任某某的网签是其他中介做的，任某某找其他中介办网签在佣金上能便宜些。

【案件焦点】

买受人在订立房屋买卖合同时沉默，未提及其不具备购房资格，是否构成欺诈。

【法院裁判要旨】

北京市昌平区人民法院经审理认为：欺诈行为既可以是明示告知、隐瞒或掩盖事实的情形，也可以是在存在告知义务时沉默，即仅仅不提及某些事实情形。欺诈须对受欺诈人意思表示的作出起到决定性作用，也即以欺诈与意思表示之间存在因果关系为必要。本案中，买卖双方经由房产中介机构居间服务，就标的物房屋、购房款金额、付款方式、房屋交付等内容协商一致后自愿订立书面合同，合同内容不存显违公平之处，此后按双方合同内容就交易房屋进行了网签。双方所订立合同中对买方能否通过在京购房资格审验并无约定，未将买方具备在京购房资格作为卖方同意与之签订合同所附条件，磋商时买方未作出、卖方亦未要求买方作出具有购房资格的明确保证，且因买方不具备购房资格原因导致无法取得房屋所有权的风险系由买方承担。综上，现有证据不足以认定马某某在交易中将任某某具有购房资格作为与之订立合同的决定性因素，是否具备购房资格系影响合同履行而非合同订立的重要事实，故对马某某关于任某某订立合同时存在欺诈的主张，法院不予采信。

即便表意人马某某在订立涉案合同时内心设想任某某具有北京购房资格，亦不能将其对现实情况设想正确与否的风险转嫁给表示相对人任某某。本案中，在经中介机构居间签订合同情形下，表意人马某某如不愿意承担因任某某不具有购房资格带来的交易风险，或者可以要求居间人核查任某某购房资格，或者可以要求任某某提供必要证明或作出相应保证，又或者可以将之作为订立合同所附加的条件，等等，但本案中马某某并未提交充分证据证明其已在交易中尽到类似必要谨慎。

另外，因受欺诈而具有撤销权的当事人自知道或者应当知道撤销事由之日起一年内没有行使撤销权的，撤销权消灭。结合马某某申请再审的事实与理由、公安机关询问笔录以及住建部门答复意见可知，马某某至迟在2019年已知悉任某某签订合同时无购房资格、伪造结婚证件、获取房屋网签等所主张的欺诈行为，至其提起本案诉讼之日，已逾行使撤销权的一年期间。

北京市昌平区人民法院依照《中华人民共和国合同法》第五十四条、《最高人民法院关于适用〈中华人民共和国民法典〉时间效力的若干规定》第一条第二款之规定，判决如下：

驳回马某某的诉讼请求。

判决后，双方当事人均未上诉，本判决现已生效。

【法官后语】

“欺诈是任何一个有意识地引起、强化或维持他人不正确设想的行为。”欺诈行为有不同的表现形式，既可以是明示告知、主动掩盖或隐瞒事实的情形，也可以是有意识地默默容忍，仅仅不提及某些事实的情形，即沉默。判断“沉默”是否构成欺诈，应遵循如下认定规则：

1. 欺诈的“沉默”应以行为人存在告知义务为前提

缔约人应秉承诚实信用、公平善意进行磋商，当一方基于缔约目的有权期待另一方披露与合同订立有关的重要信息或纠正其错误认识时，另一方沉默不语、默默容忍等行为可能构成欺诈。但经济社会生活纷繁复杂，哪些信息属于与合同订立有关的重要事实、行为人是否存在告知义务不可一概而论，应当综合公平交易理念、行为类型、个案情境加以判断。

本案中，当事人经由中介居间签订合同，合同订立时买受人虽尚未通过购房资格审验，但从合同订立及履行情况可知，买受人订立合同并非假此恶意磋商，而是出于真实购房意愿。缔约双方在磋商时未对购房资格作出要求与保证，未将一方具备购房资格作为另一方同意与之签订合同所附条件，且由沉默的买受人自行承担因不具有购房资格而无法办理产权转移登记等风险，出卖人亦未因此遭受损失，综上，难以认定本案中具有真实购房意愿的买受人对购房资格审验情况负有告知义务。

2. “沉默”须对受欺诈人意思表示的作出起决定性作用

无论何种表现形式，欺诈行为须对受欺诈人意思表示的作出起决定性作用。在“沉默”情形，要求行为人因其“沉默”致使相对方陷入错误判断作出意思表示，也即行为人“沉默”和受欺诈人意思表示之间存在因果关系。综合本案合同订立及履行情况可知，在案涉情形下买受人是否具备购房资格，并非出卖人与之订立合同的决定性因素，从签订合同在先、网签在后的客观情况看，买受人购房资格审验情况影响的是合同履行。

3. 表意人不能将其内心设想正确与否的风险转嫁给沉默方

购房资格审验情况是不是法律上与订立合同有关的重要事实，与尚未通过购房资格审验的买受人订立合同是否违背出卖人的真实意思，这些问题看似直接导向对出卖人内心意思的探寻，但实际涉及法律上对意思表示的解释。但由于意思与表示之间并非二元对立的关系，“表示”不是关于某个主观意愿的通知，而是表达某个客观上应当发生效力的法律效果，对意思表示的解释应坚持在主客观意义的一致性，将意思表示视为意思行动和意义表达，而非将其解释成使位于“表示”之外的内心主观“意思”发生效力。易言之，“解释是对法律上具有决定性的表示含义的认定”，这个含义取决于各方当事人客观理解的可能性，以及从对诸多可能性中进行符合公平正义的抉择。

本案中，假使出卖人在订立涉案合同时内心设想买受人具有购房资格，亦不能将其对现实情况设想正确与否的风险转嫁他人。欺诈并非一概不考虑受欺诈人行为是否具有过错，具体到本案，在经由中介机构居间的房屋交易中，出卖人仍应当尽到必要谨慎，如注意审查交易相对方购房资质，对订立合同的前提及内心存疑之处仔细核查验证，必要时可要求相对方提供证明、作出承诺或保证，亦可将之作为订立合同所附加的条件等，用以表明自己在非认识错误情况下原本不会作出意思表示或原本不会作出具有该内容的意思表示。

4. 认定“沉默”构成欺诈还要合乎理性判断

关于是否构成欺诈的判断系相关法律规范在面对当前的生活现实“具体化”的过程，需要在规范及与规范有关的事实之间进行“眼光的往返流转”，在这一过程中，规范的适用范围在对具体案件作出正义解决的追求的指引下被进一步界定。最终的裁判结果不仅要符合法律要求和裁判实践，而且也应合乎理性要求。

案涉房屋买卖合同签订后房价大幅上涨，当事人频繁诉讼，马某某所称任某某明知或可以预见到没有购房资格就不会签合同，与任某某所称马某某拒绝卖房是因为房价上涨、为了追求更多的经济利益，具有一定的合理性。法院在作出关于买受人对购房资格是否存在告知义务的判断时，系依照公平交易理念，综合考虑包括合同文本内容、交易行为类型、个案情境等诸多因素，但在对具体案件作出正义解决的追求下，相关的法律论证中其实允许存在重要差异事实情形下有“不同意见”，而非一概而论。

编写人：北京市昌平区人民法院　王磊　李安国

17

公司经营者对公司相应债务承担连带责任的认定

——田某诉房地产经纪公司、李某房屋买卖合同案

【案件基本信息】

1. 裁判书字号

北京市第三中级人民法院（2022）京 03 民终 6341 号民事判决书

2. 案由：房屋买卖合同纠纷

3. 当事人

原告（上诉人）：田某

被告（被上诉人）：房地产经纪公司、李某

【基本案情】

2018 年 1 月 9 日，房地产经纪公司向田某出具了《业务收费专用收据》，载明物业地址为北京市通州区，金额为 300000 元，项目名称为购房订金。

2019 年 10 月 17 日，房地产经纪公司与田某签订《北京市房屋转让协议》，第一条“房屋基本情况”约定出卖人所售房屋坐落在通州区。第四条“成交价格、付款方式及资金划转方式”约定房屋成交价格为 4000000 元，其中房款（包括定金）为 3000000 元，溢价款为 1000000 元。买受人除定金外分期支付房款。买受人向出卖人支付定金，定金金额为 300000 元。第十条“权属转移”约定，当事人双方同意于 2020 年 5 月 1 日前，共同向房屋开发单位申请办理房屋权属转移手续。买受人未能在约定时间或约定条件内办理房屋权属转移的，

双方同意按照下列方式处理：如因出卖人的责任，买受人有权退房。买受人退房的，出卖人应当自退房通知送达之日起547日内退还买受人全部已付款，并按照银行利率付给利息。该协议未约定房屋具体楼号和房间号，未约定交房时间及逾期交房违约责任，落款部分房地产经纪公司委托代理人一栏有李某的签名。同日，房地产经纪公司向田某出具《收据》，载明收到田某交来案涉房屋转让款4000000元，收款人系李某。

另查，房地产经纪公司系自然人投资或控股的有限责任公司。田某的最后一笔房款于2018年12月7日交与李某。收取田某缴纳的房款后，房地产经纪公司、李某至今未交房。在2018年10月22日转让股权前，李某一直担任房地产经纪公司的执行董事一职。诉讼中，田某称已给付，李某对此予以认可。

再查，上诉人李某、赵某某因与被上诉人杨某某、房地产经纪公司房屋租赁合同纠纷一案，不服北京市通州区人民法院一审判决，向法院提起上诉。法院于2022年7月8日作出终审判决，驳回上诉，维持原判。

【案件焦点】

就房地产经纪公司向田某返还购房款等相关给付义务，李某是否应承担连带责任。

【法院裁判要旨】

北京市通州区人民法院经审理认为：本案中，田某主张解除与房地产经纪公司订立的房屋买卖合同关系的前提系该房屋买卖合同关系已经合法、有效存在，田某提交的其与房地产经纪公司签订的《北京市房屋转让协议》《北京市存量房屋买卖合同》《关于购买公寓转让补充协议》中均未约定所购买房屋具体坐落及交付时间，且《北京市存量房屋买卖合同》《关于购买公寓转让补充协议》并未有田某签名，故田某与房地产经纪公司之间的房屋买卖合同未成立。现田某主张房地产经纪公司返还已支付的购房款项，于法有据，法院予以支持。关于田某要求房地产经纪公司支付购房款利息的诉讼请求，系基于合同有效成立，鉴于双方未成立房屋买卖合同关系，该诉讼请求无法律依据，法院不予支持。关于田某要求李某承担连带责任的诉讼请求，《北京市房屋转让协议》系其与房地产经纪公司签订，购房款收据系房地产经纪公司出具，且房地产经纪公司并非一人公司，故该诉讼请求无法律依据，法院亦不予支持。

综上，北京市通州区人民法院判决如下：

一、房地产经纪公司于判决生效之日起 7 日内向田某返还购房款 4000000 元；

二、驳回田某的其他诉讼请求。

田某不服一审判决，提起上诉。

北京市第三中级人民法院经审理认为：公司股东应当遵守法律、行政法规和公司章程，依法行使股东权利，不得滥用股东权利损害公司或者其他股东的利益；不得滥用公司法人独立地位和股东有限责任损害公司债权人的利益。公司股东滥用股东权利给公司或者其他股东造成损失的，应当依法承担赔偿责任。公司股东滥用公司法人独立地位和股东有限责任，逃避债务，严重损害公司债权人利益的，应当对公司债务承担连带责任。《中华人民共和国民法典》施行前的法律事实引起的民事纠纷案件，适用当时的法律、司法解释的规定，但是法律、司法解释另有规定的除外。本案主要事实发生在民法典施行前，故本案应适用《中华人民共和国民法典》施行前的法律、司法解释的规定。

本案中，田某要求解除与房地产经纪公司订立的房屋买卖合同的前提系该房屋买卖合同关系已经合法、有效存在。但田某提交的其与房地产经纪公司签订的《北京市房屋转让协议》《北京市存量房屋买卖合同》《关于购买公寓转让补充协议》中均未约定所购买房屋具体坐落及交付时间，且根据双方庭审陈述及在案证据，亦无法确定涉案协议项下的房屋具体坐落，故一审法院认定田某与房地产经纪公司之间的房屋买卖合同未成立，并判令房地产经纪公司返还田某已支付的购房款项，并无不当，法院予以确认。

首先，有关李某是否应承担连带责任的问题。第一，在案证据表明田某给付的所有房款均由李某个人收取，诉讼中李某虽主张其系代房地产经纪公司收取上述款项，且以现金形式转付至房地产经纪公司，但对此未能提供充分有效证据予以证明。第二，双方聊天记录以及录音等在案证据证明李某将收取的房款用于个人消费。第三，已生效的民事判决显示，2020 年 7 月 3 日李某以房地产经纪公司负责人身份向债权人出具《房租欠款承诺书》，表明其仍实际经营房地产经纪公司。据此法院认定，李某虽以房地产经纪公司名义出具定金收条、涉案协议，但实际上房款由其个人收取并使用，其具有滥用公司法人独立地位和股东有限责任、逃避债务损害田某利益的行为，应对房地产经纪公司相关债务承担连带责任。

其次，有关房地产经纪公司、李某是否应支付利息的问题。根据本案案情，对于涉案协议的未成立，房地产经纪公司、李某负有主要过错责任，田某负有次要过错责任。经核算，田某所主张的利息标准不违反法律规定，法院根据双方过错情形等因素，酌情确定房地产经纪公司、李某向田某连带支付自收到全部涉案款项的第二日即 2018 年 12 月 8 日起至 2021 年 1 月 26 日止的利息 30 万元；自 2021 年 1 月 27 日起至实际支付之日止，房地产经纪公司、李某应以 400 万元为基数，向田某支付按同期全国银行间同业拆借中心公布的贷款市场报价利率计算的利息。

综上，北京市第三中级人民法院依照《中华人民共和国合同法》第十二条，《中华人民共和国公司法》第二十条，《中华人民共和国民事诉讼法》第六十七条、第一百四十七条、第一百七十七条第一款第二项，《最高人民法院关于适用〈中华人民共和国民法典〉时间效力的若干规定》第一条第二款之规定，判决如下：

一、维持北京市通州区人民法院（2021）京 0112 民初 6015 号民事判决第一项；

二、撤销北京市通州区人民法院（2021）京 0112 民初 6015 号民事判决第二项；

三、房地产经纪公司于判决生效之日起 7 日内向田某支付自 2018 年 12 月 8 日起至 2021 年 1 月 26 日止的利息 300000 元；

四、房地产经纪公司于判决生效之日起7日内向田某支付自2021年1月27日起至实际支付之日止的利息，以4000000元为基数，按同期全国银行间同业拆借中心公布的贷款市场报价利率计算；

五、李某对上述第一项、第三项、第四项判决主文中确定的给付义务承担连带责任；

六、驳回田某的其他诉讼请求。

【法官后语】

本案中，容易出现两个误区：一是对连带责任认定上，机械地根据“合同相对性”原则和房地产经纪公司的非一人公司性质，驳回了当事人要求李某承担连带责任的诉求，这种裁判实际上没有考虑到商业经营活动在实践中的复杂情况，进而忽略了对购房人、消费者的权益保护。

二是对合同不成立后果的认定上，认为因合同未成立而致主张利息诉求没有依据，这种观点实际上违背法理，因合同不成立的后果应参照合同无效后果处理，相关损失应根据当事人过错分担，故而二审法院予以核算支持。但本案当事人的争议焦点及生效判决所阐释的最有价值的具体裁判规则，即对公司经营者连带责任的认定。

通常来讲，连带债权或者连带债务应当由法律规定或者当事人约定（参见《中华人民共和国民法典》第五百一十八条）。对于公司等营利法人，有限责任是法人制度的基石，出资人的有限责任和法人独立责任是营利法人制度的核心内容。为降低投资风险，鼓励投资人出资兴办实业，立法创制了出资人有限责任和法人独立责任的制度，并赋予出资人和法人各自不同的人格，以独立人格、独立责任作为法人制度的核心。对出资人而言，其依约缴纳认缴的出资后，即享受有限责任的待遇，不再对营利法人的债务承担责任；出资人与营利法人之间人格独立，营利法人以其全部法人财产独立承担责任。对债权人而言，营利法人的独立财产是其债权实现的一般担保。营利法人在经营活动中，与债权人独立地发生债权、债务关系，承担由此产生的民事责任。但在实际经济生活中，许多出资人在出资之后，并不遵循法律规定的权力制约的治理结构，而是通过各种途径控制着其所出资的营利法人，为赚取高额利润或逃避债务，常常擅自挪用公司的财产或者与自己的财产混同、账目混同、业务混同。有的出资人为达到非法目的，设立一个壳企业从事违法活动，实际控制该企业，但又以有限责任为掩护逃避责任。在这些情况下，营利法人实际上已失去了独立地位，该独立法人地位被股东滥用了。同时，出资人利用上述方式逃避其应承担的责任，也滥用了其有限责任的待遇，债权人将面临极大的交易风险。面对这一现实问题，法律在维护出资人有限责任的基本原则的同时，本着权利和义务相一致的原则，为切实保护债权人的利益、维护正常的交易秩序，创制了法人人格否认的制度，即当符合法定条件，认定出资人滥用法人独立地位和有限责任时，可以“揭开法人的面纱”，将出资人和法人视为一体，追究二者共同的法律责任。这也是《中华人民共和国民法典》第八十三条、2023年《中华人民共和国公司法》第二十一条规定的目标和任务。

但从审判实践中反映的情况来看，出资人利用法人独立地位损害债权人利益的情况时有出现，且方式和手段呈现出越来越复杂、隐蔽和多元化的特点，现有立法技术难以一一列举，因此在具体案件中应如何认定，还需做到慎重判断、归纳概括、具体问题具体分析。例如，最高人民法院发布的指导案例15号，就明确了这样一个裁判规则，即关联公司的人员、业务、财务等方面交叉或混同，导致各自财产无法区分，丧失独立人格的，构成人格混同；关联公司人格混同，严重损害债权人利益的，关联公司相互之间对外部债务承担连带责任；该案关联公司的行为违背了法人制度设立的宗旨，违背了诚实信用原则，其行为本质和危害结果与2023年《中华人民共和国公司法》第二十一条第二款规定的情形相当，故参照该条款的规定，判决对相关债务承担连带清偿责任。

对于本案，生效判决之所以判令李某就房地产经纪公司的房款返还义务承担连带责任，主要考虑了以下几个因素：第一，“合同”签订、履行期间与李某任职期间高度重叠；“合同”签订时李某为公司股东并担任法定代表人，田某多次付款时点也位于李某登记为股东期间。第二，李某存在收款行为；在整个交易过程中，李某充当了房地产经纪公司的唯一代表，钱款交付于李某个人，没有证据表明其有向公司转付的情况，甚至没有相关取现记录。第三，钱款多由李某消费；在案证据显示田某与李某相互熟识，交流内容较多，结合其他庭审陈述等情形，可以确证李某将所收钱款多数用于个人消费，实际并未交付公司或用于获取房屋。第四，另案显示李某为房地产经纪公司负责人；另案生效判决固定的事实显示其曾以负责人身份向债权人承诺付款，且尽管其不再登记为股东，却仍在实际经营、管理房地产经纪公司，没有证据显示其因重大变故“退出”公司。第五，房地产经纪公司实际已无履行能力；一、二审中房地产经纪公司均无法取得有效联系，均为缺席审理，且被多次列为失信被执行人，而公司经营者架空公司、逃避执行的行为具有高度盖然性。据此，李某作为房地产经纪公司的经营人员，其虽以房地产经纪公司名义出具定金收条、涉案协议，但实际上房款由其个人收取并使用，即使其不再被登记为公司股东、法定代表人，但就上述交易流程而言，其行为本质和危害结果与股东滥用公司法人独立地位和股东有限责任、逃避债务损害债权人利益的行为相当，李某既有逃避债务的主观恶意和具体行为，又有严重损害债权人利益的后果，其应在该笔交易的责任范围内对房地产经纪公司相应债务承担连带责任。

应当说明的是，法人人格否认制度应当限制在司法审判中针对某一具体案件适用，不得任意扩大其适用范围。人民法院还需根据审判实践的情况对滥用法人有限责任、损害债权人利益的情形进一步归纳与研究，以期形成更为清晰、明确、稳定的裁判规则。

编写人：北京市第三中级人民法院　玄明虎　张立

18

层高低于合同约定但满足国家标准时开发商应承担违约责任并赔偿预期损失

——李某诉房地产开发公司房屋买卖合同案

【案件基本信息】

1. 裁判书字号

山东省聊城市茌平区人民法院（2022）鲁1503民初3507号民事判决书

2. 案由：房屋买卖合同纠纷

3. 当事人

原告：李某

被告：房地产开发公司

【基本案情】

2020年1月21日，李某与房地产开发公司签订了《商品房买卖合同（预售）》，购买房地产开发公司开发的商品房一套，合同明确约定该商品房层高为3米。合同签订后，原告依约履行了付款义务，但房地产开发公司违反合同约定，实际建设施工的层高与合同约定相差10厘米，房地产开发公司的行为已构成违约，应承担相应的违约责任。因房地产开发公司层高违约，2021年底，小区部分业主起诉。房地产开发公司于2021年12月9日张贴《致广大业主的一封信》，明确承诺“由于公司审核失误，导致购房合同层高和建筑设计施工层高相差10厘米，对此我们深表歉意并自我反省，该问题我公司将以已起诉的部分业主的最终判决来核定标准”。李某与该公司就赔偿问题多次协商未果诉至法院。

【案件焦点】

1. 合同约定层高与实际层高不符,《商品房买卖合同》合同效力问题;2. 违约责任承担的具体方式、损失数额应当如何确定的问题。

【法院裁判要旨】

山东省聊城市茌平区人民法院经审理认为:第一,关于合同约定层高与实际层高不符,是否应当承担违约责任的问题。李某与房地产开发公司签订的《商品房买卖合同(预售)》,系双方真实意思表示,不违反法律法规的强制性规定,合同合法有效,应受法律保护。根据《中华人民共和国民法典》第五百零九条第一款之规定,当事人应当遵循诚实信用原则按照约定全面履行自己的义务。买卖合同违约责任的归责原则应适用严格责任原则,双方当事人在商品房买卖合同中明确约定房屋层高为 3 米,房地产开发公司却是按照 2.9 米层高进行施工,两者相差 0.1 米,已超出了普通购房消费者所能够认同和接受的房屋层高误差范围,且房地产开发公司亦未提供证据证明该房屋层高在法律、行政法规所允许的误差范围内,因此,房地产开发公司未严格履行合同,法律必须给予否定性评价。

第二,违约责任承担的具体方式、损失数额应当如何确定的问题。双方签订的《商品房买卖合同(预售)》并未约定关于违反房屋层高建设的约定应承担的违约责任,法律法规目前也无该方面的规定,李某亦未就违反房屋层高的约定所受损失提出相关证据加以证明,其违约责任承担的具体方式、损失数额依法由法院酌定。在该方面依法裁量主要从以下几个因素进行考量。首先,关于违约责任承担具体方式的确定。案涉房屋层高不符合合同约定,导致房屋在通风、采光、心理感受等舒适度方面与购房者心理预期相比会有所下降,也即房屋层高不符合合同约定造成购房者居住空间期待利益下降及房屋使用功能相较预期发生贬损的事实客观存在,且案涉房屋层高误差又无法采用重新施工、翻建等方式进行补救,故李某主张房地产开发公司承担赔偿损失的违约责任,法院依法予以支持。其次,具体损失赔偿数额的确定。虽然双方当事人在商品房买卖合同中对房屋面积误差应当承担何种违约责任作了明确约定,但是对房屋层高误差应当承担何种违约责任没有约定。根据我国住宅设计的惯例，住宅层高宜为2.8米。房地产开发公司建设的住宅楼虽不符合双方共同约定的3米，但已经达到2.9米，已经优于国家标准。当房屋层高达到国家标准后，房屋面积不变，房屋层高增加或减少导致的房屋空间增加或减少并不必然导致房屋价值成相应比例的增加或减少，这与房屋层高不变，房屋面积的增减带来的空间增减必然会导致房屋价值会成相应比例的增减并不相同。因此，从房屋价值的角度看，房屋实际层高低于约定层高导致的空间缩小，与房屋实际面积少于约定面积导致的空间缩小，性质并不相同、影响亦不相同，故本案不能参照适用双方当事人在商品房买卖合同中对房屋面积误差应当承担何种违约责任的约定进行处理。基于此，根据《中华人民共和国民法典》第五百八十四条“当事人一方不履行合同义务或者履行合同义务不符合约定，造成对方损失的，损失赔偿额应当相当于因违约所造成的损失，包括合同履行后可以获得的利益；但是，不得超过违约一方订立合同时预见到或者应当预见到的因违约可能造成的损失”之规定，结合本案实际情况，法院综合考虑房屋买卖合同的履行情况，房屋层高不违反国家标准，房地产开发公司的违约程度，房屋居住舒适度，居住空间期待利益下降，房屋使用功能贬损，当事人的经济承受能力以及对双方当事人造成的其他实际影响等因素，衡法酌理，法院确定房地产开发公司赔偿李某购买的商品房损失数额为5000元。

综上所述，山东省聊城市茌平区人民法院依据《中华人民共和国民法典》第五百零二条第一款、第五百零九条第一款、第五百七十七条、第五百八十四条，《中华人民共和国民事诉讼法》第六十七条第一款、第一百四十七条、第一百六十五条之规定，判决如下：

一、房地产开发公司赔偿李某损失5000元；

二、驳回李某的其他诉讼请求。

判决后，双方当事人均未上诉，本判决现已生效。

【法官后语】

本案主要涉及层高低于合同约定但满足国家标准时开发商的责任承担问题，层高低于合同约定造成购房者居住空间期待利益下降及房屋使用功能相较预期发生贬损，就该问题法律法规目前并规定，研究本案裁判规则对于处理类似案件的审理，具有重要参考价值。

首先，商品房的使用价值不单是面积，准确地说应该是体积，是空间值，即房屋价值的核心是空间，不单是面积。空间越大，可使用价值越大。房屋高度的价值即便剔除对抽象的舒适性与精神方面影响外，就是打个橱柜也可以高很多，储存空间可以大很多，所以，购买房屋的本质是购买房屋内空间（空间价值）而非只是面积（平面价值）。在以往大量的案件中，经常出现“房屋高度不变，面积的减少”的情形，其本质上是买受人实际减少的也是使用空间。同样，房屋面积不变，层高的减少也同样会导致买受人实际使用空间的减少。因此，层高不足导致购房人的损失是客观的真实，不是抽象虚无的。开发商未能按照合同约定全面履行义务，商品房买受人的合同目的是基于对所购房屋整体空间的利用，而实际层高的减少将会导致房屋可使用空间相应减少，同时层高“缩水”直接导致房屋成本价值的减少，并在一定程度上降低了房屋再交易的市场价值。

其次，房屋的层高与面积一样，都是影响买受人的购房判断和购房价格的重要因素，我国对于层高的要求为2.8米，而实践中涉及层高的纠纷往往都是满足国家标准但低于合同约定。本案中，当事人在商品房买卖合同中明确约定房屋层高为3米，房地产开发公司却按照2.9米层高进行施工，两者相差0.1米。鉴于房地产开发项目须经竣工验收合格后方可交付使用，故开发商所售房屋层高一般均符合国家强制性标准。因房屋层高已无法改变，客观上不能采取补救措施，依据《中华人民共和国民法典》第五百七十七条之规定，开发商应当承担继续履行、采取补救措施或者赔偿损失等违约责任。故买受人有权要求开发商赔偿损失。

最后，开发商实际交付的房屋层高与合同约定房屋层高不一致的行为，既违反了商事交易中的等价有偿原则，又严重违反了民事主体从事民事活动所应遵循的诚实信用原则，由此导致购房者通过订立合同所要达到预期的合同目的不能实现。由于合同没有约定，又缺乏统一的裁判标准，所以对于层高差异引起的纠纷，各地法院审理时裁判尺度存在一定差异。笔者认为，在审理该类案件时，在既参照面积误差处理原则的同时，应结合我国标准住宅设计的具体规范来衡量开发商违约行为给购房者造成的实际损失，同时根据开发商违约的情形确定购房者的举证责任和应达到的证明程度，最后基于公平原则和诚实守信原则作出公平公正的裁判。

综上，层高“缩水”将直接导致房屋成本价值的减少，主要包括土地成本、建筑成本及房地产开发费用，开发商得以降低成本并由此获益。层高“缩水”亦在一定程度上降低了房屋再交易的市场价值，该预期利益损失理应由违约方承担。在合同未约定层高缩水损失赔偿标准的情况下，应当从公平原则和诚实信用原则出发，综合考虑合同的履约情况、当事人预期利益、层高实际误差、对房屋使用价值及市场价值的影响程度、经济社会发展水平等因素，笔者认为通过计算层高误差比据实结算房价款较为合理。

编写人：山东省聊城市茌平区人民法院　张鸿根

19

购买车位（车库）未首先满足业主需要的效力认定

——严某某诉房地产公司房屋买卖合同案

【案件基本信息】

1. 裁判书字号

重庆市高级人民法院（2021）渝民终1052号民事判决书

2. 案由：房屋买卖合同纠纷

3. 当事人

原告（上诉人）：严某某

被告（被上诉人）：房地产公司

【基本案情】

2018年5月10日，严某某与房地产公司签订《车位认购协议》，约定严某某认购房地产公司开发建设的某小区×号车位，并支付了定金1万元。同年5月28日，双方就案涉车位签订《重庆市商品房买卖合同》，车位的总成交金额为130000元，房地产公司应于当日交付车位，自该合同签订之日起30日内向相关土地房屋登记机构提出办理房地产权证的申请。当日，该合同办理了网签登记。2018年5月26日，房地产公司向严某某出具130000元车位款收据。同年5月30日，双方就该车位进行移交确认。

2020年11月3日，重庆市第五中级人民法院作出民事裁定书，裁定受理某科技公司对房地产公司的破产清算申请，并且法院依法指定了管理人。严某某向管理人申报要求为其办理案涉车位产权证书，管理人不予确认。故严某某起诉至法院，要求判令房地产公司为严某某办理案涉车位的房地产权证书。

另查明，严某某并非该小区业主，该小区住宅共计791套，车位共计266个，车位配比为每户0.34个车位。

【案件焦点】

1. 严某某与房地产公司签订的车位买卖合同是否有效；2. 严某某是否有权基于合同约定主张办理车位产权转移登记。

【法院裁判要旨】

重庆市第五中级人民法院经审理认为：双方签订车位买卖合同的时间为2018年5月10日，根据当时有效的《中华人民共和国物权法》第七十四条第一款规定："建筑区划内，规划用于停放汽车的车位、车库应当首先满足业主的需要。"此后，《中华人民共和国民法典》第二百七十六条亦作出了相同规定。《最高人民法院关于审理建筑物区分所有权纠纷案件具体应用法律若干问题的解释》（法释〔2009〕7号）第五条规定："建设单位按照配置比例将车位、车库，以出售、附赠或者出租等方式处分给业主的，应当认定其行为符合物权法第七十四条第一款有关'应当首先满足业主的需要'的规定。前款所称配置比例是指规划确定的建筑区划内规划用于停放汽车的车位、车库与房屋套数的比例。”2020年修正本司法解释吸纳了此规定。对于“建筑区划内，规划用于停放汽车的车位、车库应当首先满足业主的需要”的规定，属于效力性强制性规定，旨在解决长期以来众多小区车位严重不足、业主停车难的现实问题，体现对业主权益予以优先保护的立法价值取向。满足业主需要，就是指开发商在修建车位、车库之后应当首先将其出租、出售给业主，而不能高价卖给第三人。违反该效力性强制性规定而订立的合同应当被依法认定为无效。

具体到本案，严某某并非案涉车位所在的小区业主，小区车位配比极低，按照常理判断，明显不能满足小区业主停车的需要。庭审中，严某某未向法庭举示充足证据，以证明案涉小区车位能够满足小区业主的合理停车需求，亦未能证明在严某某购买该车位前，房地产公司对小区业主已征询购买意见或进行过明确告知。因此，双方签订的车位买卖合同违反法律强制性规定，应属无效。故严某某不享有基于该合同约定主张办理车位产权转移登记的权利。

重庆市第五中级人民法院判决如下：

驳回原告的诉讼请求。

严某某不服一审判决，提起上诉。

重庆市高级人民法院经审理认为：一审判决认定事实清楚，适用法律正确，应予维持，判决如下：

驳回上诉，维持原判。

【法官后语】

本案争议涉及非业主所签订的车位（车库）买卖合同的效力认定，实质包括两个问题：一是“首先满足业主需要”的认定标准；二是就未首先满足业主需要的车位车库买卖合同效力如何认定。

1. 车位、车库未“首先满足业主需要”的判断标准

为保障业主在建筑区划内停放车辆的合法权益，《中华人民共和国物权法》《中华人民共和国民法典》先后作出相同规定，即“建筑区划内，规划用于停放汽车的车位、车库应当首先满足业主的需要”。实践中，该条款到底属于何

种性质的法律条款，认识上存在争议。加之，违反该规定承担何种法律责任，法律及司法解释对此又没有作出明确规定。

车位、车库未满足业主需要，通常基于以下要素进行考量：一是车位、车库未达到当地行政主管部门要求的配置比例。商品房项目在设计、施工过程中，车位车库配置比例是受当地行政主管部门严格审批、监管的，如果小区的车位、车库未达到当地行政主管部门要求的配置比例，开发商向小区外的第三人出售车位、车库，应当认定为未首先满足业主的需要。二是开发商对小区车位、车库向业主只售不租。即便业主没有购买能力，开发商也应当通过出租、临时停放等方式满足业主的停车需求。如果开发商拒绝向业主出租车位，又以无业主购买为理由将小区车位、车库出售给业主以外的第三人，应当认定为未首先满足业主的需要。三是开发商未保障业主在一定合理期限内的现实和潜在使用需求。首先满足业主的需要，既包含业主现在对停车的需要，也包含业主的未来合理需要。如果开发商以短时间内无业主购买车位、车库为由，将小区车位、车库出售给小区以外的第三人，也应当认定为未首先满足业主的需要。

2. 涉车位、车库应当首先满足业主需要条款的效力属性

关于“建筑区划内，规划用于停放汽车的车位、车库应当首先满足业主的需要”的规定，从性质上看属于效力性强制性条款。理由如下：一是法律对订立车位、车库买卖合同自由进行限制。该法条中采用的是“应当”的表述，有义务以及责任之意，暗含如果不为该行为则会导致否定性的法律评价之意。二是旨在保护小区全体业主的公共利益。《中华人民共和国民法典》第一百五十三条第二款规定违背公序良俗的民事法律行为无效，《全国法院民商事审判工作会议纪要》第三十条的规定，涉及公序良俗的强制性规定为效力性强制性规定。“保护社会资源的利益”“公共发展的利益”属于“良俗”范畴。小区全体业主不是特定第三人，保证其居住配套设施的使用，具有公共利益的属性。小区车位、车库是一种有限的社会资源，涉及公序良俗的强制性规定，应当认定为效力性强制性规定。

3. 与非小区业主签订的车位、车库买卖合同因未首先满足业主需要应当认定为无效

结合本案，小区车位车库配比为 0.34 个车位/户，远低于当地行政主管部门要求的配置比例，应当属于未首先满足业主的需要情形。在此情况下，严某某作为非业主买受人与房地产公司作为开发商签订的车库、车位买卖合同，违反了效力性强制性法律规定，依法应被认定无效。严某某起诉要求办理车位过户登记的诉讼请求，不应得到支持。

编写人：重庆市第五中级人民法院　周爽　潘建兴

重庆市高级人民法院　郭勇

20

房屋不设置节能措施的协议效力的认定

——徐某某诉某公司房屋买卖合同案

【案件基本信息】

1. 裁判书字号

四川省眉山市中级人民法院（2022）川 14 民终 232 号民事判决书

2. 案由：房屋买卖合同纠纷

3. 当事人

原告（上诉人）：徐某某

被告（被上诉人）：某公司

【基本案情】

2015 年 6 月 30 日，徐某某（买受人）与某公司（出卖人）签订《商品房买卖合同》，合同第十七条约定："该商品房为住宅的，应符合国家有关建筑节

能的规定和四川省建设厅、四川省技术监督局发布的《四川省夏热冬冷地区居住建筑节能设计标准》（DB51/T5027-2002）的要求。未达到标准的，出卖人应当按照《四川省夏热冬冷地区居住建筑节能设计标准》的要求补做节能措施，并承担全部费用；因此给买受人造成损失的，出卖人应当承担赔偿责任。出卖人与买受人双方同意本小区不设置节能设施，均不承担节能措施的相关费用，本条款对双方均不具有约束力。”同日，双方签订《商品房买卖合同》附件，主要约定：“出卖人行使合同解除权的，买受人应按合同约定总价款20%向出卖人支付违约金。”第十条关于合同解除的补偿约定：“1.《商品房买卖合同》及本协议一经签订，非因法律规定、合同与本协议约定或双方协商一致原因，任何一方不得擅自单方变更或解除。否则，任何一方须向守约方支付该商品房总房款20%的违约金。”2015年12月，某公司要求进行设计变更，原因在于：满足《夏热冬冷地区居住建筑节能设计标准》（JGJ134-2010）节能要求。2016年5月6日，案涉房屋竣工验收，2016年5月17日，案涉房屋取得竣工验收备案书。2017年4月25日，徐某某与某公司办理交房手续并装修入住。2019年9月10日，眉山市建设工程质量安全监督站向某公司发送了《关于责成某公司履行案涉小区保修义务的通知》，该通知载明：“现责成你公司履行工程质量保修义务：立即对未按设计文件施工的屋面保温层返工重做，由此发生的一切责任由你公司承担。”2019年11月12日，某公司与建筑装饰公司签订《保温层施工安全协议》，乙方按甲方要求承接别墅区保温层施工项目。

徐某某因案涉房屋屋顶未进行保温处理，提出如下诉讼请求：1. 某公司赔偿屋顶整改费125000元；2. 某公司支付违约金552000元。某公司抗辩称《商品房买卖合同》及附件合法有效，不具有对案涉房屋屋面设置节能设施和承担节能措施费用的合同义务。

【案件焦点】

1.《商品房买卖合同》第十七条约定是否违反法律、行政法规的强制性规定，属无效条款；2. 某公司是否应当赔偿整改费用并支付违约金。

【法院裁判要旨】

四川省眉山市东坡区人民法院经审理认为：建筑节能系遵循绿色原则，为了降低能源消耗、提高能源利用效率，达到节能、环保的目的，建筑节能也符合《中华人民共和国民法典》确立的“民事主体从事民事活动，应当有利于节约资源、保护生态环境”的基本原则，而节能、环保与绿色生态关系国家、社会公共利益，如果认可当事人以协议的方式约定房屋不设置节能措施，可能会损害与资源、环保、绿色生态有关的社会公共利益，故关于建筑节能的强制性规定应认定为效力性强制性规定。徐某某、某公司双方关于房屋不设置节能措施的约定，违反了法律、行政法规关于建筑节能的效力性强制性规定，排除适用节能措施的后果将损害环保利益和公共秩序，应属无效。某公司竣工交付的房屋因违反节能相关政策规定存在质量瑕疵，质监站已责令某公司就案涉小区多层住宅未按设计文件施工屋面保温层一事履行工程质量保修义务，某公司正在按要求进行整改，如果再判赔偿损失，就存在重复受益，故依法不予支持。徐某某主张某公司承担违约金依据的合同条款与其主张毫无关联，某公司不应承担徐某某主张的违约责任而向徐某某支付违约金。

四川省眉山市东坡区人民法院依照《中华人民共和国合同法》第五条，《最高人民法院关于适用〈中华人民共和国民法典〉时间效力的若干规定》第一条第二款，《最高人民法院关于适用〈中华人民共和国民事诉讼法〉的解释》第九十条的规定，判决如下：

驳回原告徐某某的诉讼请求。

徐某某不服一审判决，提起上诉。

四川省眉山市中级人民法院经审理认为：《中华人民共和国民法总则》第九条规定，民事主体从事民事活动，应当有利于节约资源、保护生态环境。《民用建筑节能条例》第十二条第二款、第三款的规定，城乡规划主管部门依法对民用建筑进行规划审查，应当就设计方案是否符合民用建筑节能强制性标准征求同级建设主管部门的意见……对不符合民用建筑节能强制性标准的，不得颁发建设工程规划许可证，该条例规定在民用建筑中设置节能措施，即是为达到节约资源、保护生态环境的目的，节能事关社会公共利益，该规定应属效力性强制性规定。当事人约定房屋不设置节能措施，排除强制性规定的适用，会有损社会公共利益，故该约定无效。某公司作为出卖人，其出卖并交付的房屋不符合国家有关民用建筑节能的标准，应当承担保修责任。某公司在收到整改通知后即开始着手保修，案涉小区大部分房屋已经通过补偿或内保温方式进行处理，其采用该方式进行保修可以认定其已履行保修义务，徐某某未自行或委托他人维修，其请求赔偿整改费用不符合合同约定，也无相应的事实依据。关于违约金，二审法院同意一审法院裁判意见。综上，徐某某的上诉理由不能成立，应予驳回。据此，四川省眉山市中级人民法院判决如下：

驳回上诉，维持原判。

【法官后语】

继《中华人民共和国民法总则》第九条“民事主体从事民事活动，应当有利于节约资源、保护生态环境”之规定后，《中华人民共和国民法典》基本规定第九条继承该条并在后续章节进一步阐释发扬，这标志着《中华人民共和国民法典》将“绿色原则”确立为基本原则之一，从基本原则的高度规定了节约资源、保护生态环境。“绿色原则”将民法的调整范围从人与人之间的关系延伸至人与自然的关系，植根于中华优秀传统文化，汲取“天人合一”“道法自然”的朴素自然观之精华，以构建人与自然“生命共同体”为取向，是中国民法典的独创。对于“绿色原则”的定位，审判实践中，应当注意：

1. 绿色原则作为民法基本原则具有强制性，不允许排除适用

基本原则体现了民法的基本价值，旨在维护国家利益和社会公共利益，是个人利益与国家利益、社会公共利益发生冲突时的评价尺度和依据，也是对个人自由进行合理限制的依据。意思自治是贯穿民法的基本原则，是民事主体根据其意志自主形成法律关系的原则，但当个人自由与绿色原则发生冲突时，绿色原则优先适用。绿色原则作为民法基本原则具有强制性，不是倡导性原则，不允许民事主体选择和排除适用。本案中，徐某某与某公司签订的《商品房买卖合同》，明知“该商品房为住宅的，应符合国家有关建筑节能的规定和四川

省建设厅、四川省技术监督局发布的《四川省夏热冬冷地区居住建筑节能设计标准》（DB51/T5027-2002）的要求。未达到标准的，出卖人应当按照《四川省夏热冬冷地区居住节能设计标准》的要求补做节能措施，并承担全部费用；因此给买受人造成损失的，出卖人应当承担赔偿责任”，却约定“出卖人与买受人双方同意本小区不设置节能设施，均不承担节能措施的相关费用，本条款对双方均不具有约束力”。双方的上述约定排除绿色原则的适用，故一审法院和二审法院都认定当事人约定房屋不设置节能措施，排除强制性规定的适用，会有损社会公共利益，该约定无效。

2. 绿色原则作为民法基本原则，属于一般条款

《中华人民共和国民法典》第九条规定属于判断标准，相较于法律规则，绿色原则并不对权利义务各方的行为模式作出确定的规定，而是运用“保护环境”“节约资源”等不确定的概念，授予司法机关结合实际自由裁量解决问题的权利。当有具体的法律规则时，法院审理案件应当首先适用具体规则。《中华人民共和国民法典》第五百零九条第三款规定合同履行的绿色附随义务：“当事人在履行合同过程中，应当避免浪费资源、污染环境和破坏生态。”将《中华人民共和国民法典》第九条的正面指引性规定，以反向限制性方法表达为“避免浪费资源、污染环境和破坏生态”，体现了更强的义务设定，也是对合同履行的一般性规定。本案中，二审法院即援引《民用建筑节能条例》的具体规则，认定当事人约定房屋不设置节能措施，排除强制性规定的适用，会有损社会公共利益，该约定无效。

本案在双方有关不设置节能设施的约定被认定无效后，对某公司是否应赔偿徐某某整改费用并支付违约金作出了认定，徐某某请求赔偿整改费用及违约金不符合合同约定，也无相应的事实依据，依法予以驳回。

编写人：四川省眉山市东坡区人民法院　黄帅

21

房屋买卖合同中当事人真实意思表示的审查

——谢某某诉张某某、丁某某房屋买卖合同案

【案件基本信息】

1. 裁判书字号

安徽省滁州市南谯区人民法院（2023）皖1103民初1042号民事判决书

2. 案由：房屋买卖合同纠纷

3. 当事人

原告：谢某某

被告：张某某、丁某某

【基本案情】

张某某与丁某某系夫妻关系。2004年10月21日，张某某向谢某某出具承诺一份，载明：今借到谢某某人民币5万元，如到期不还有权扣我车和房产，车号7117、某村民组两层小楼。庭审中，张某某和谢某某对借款30000元予以认可。2006年9月17日，张某某、丁某某（卖房人、甲方）与谢某某（买房人、乙方）签订《房屋买卖合同》，约定：1. 甲方将自己所有的170平方米房屋卖给乙方（暂未办证）；2. 乙方须在2006年9月18日一次性付清10万元整购房款，甲方出具收条给乙方；3. 甲方在2007年9月15日将上述房屋交付给乙方并协助办理相关手续，2007年9月15日前甲方负责办好该房产证无条件过户到乙方名下；4. 违约责任房款的双倍赔偿；5. 本协议一式两份，双方各执一份签名生效。2006年9月18日，张某某、丁某某向谢某某出具收条一份，载明：今收到谢某某购170平方米房款15万元，房款付清。谢某某陈述10万

元购房款包括2004年10月21日的3万元借款和7万元现金。

案涉房屋土地性质为集体土地。因案涉房屋未办理产权证，谢某某向法院起诉要求解除与两被告于2006年9月17日签订的《房屋买卖合同》、退还其10万元并赔偿违约金和利息损失3万元。张某某与丁某某辩称认可向谢某某借款3万元，但7万元是宣某某出借，宣某某以双方不认识为由要求谢某某担保；谢某某愿意做担保，但要求将案涉房屋以买卖形式做担保；因其急用资金，就向谢某某出具了收条及买卖合同。

【案件焦点】

1.《房屋买卖合同》是不是双方真实的意思表示；2. 如何确定本案真实的法律关系。

【法院裁判要旨】

安徽省滁州市南谯区人民法院经审理认为：谢某某为证明双方房屋买卖的真实性，提供双方签订的《房屋买卖合同》、两被告出具的收条等证据，对双方为房屋买卖合同关系已完成初步举证责任。被告方辩称签订案涉合同是谢某某要求被告提供反担保而签订的。本案中，首先，两被告未能提供证据证明签订《房屋买卖合同》是对借贷提供担保。因书面合同在性质上属于原始证据、直接证据，其相对于传来证据、间接证据而言具有更高的证明力，仅可在确有充分证据证明当事人实际履行行为与书面合同表现的效果意思出现显著差异时，才可依前者确定其法律关系的性质。经法院释明且延长举证期限后，两被告仍未能提供证据，故不能以其单方陈述推翻书面合同确定的法律关系，且宣某某到庭陈述，张某某向其借款时出具的借条并无谢某某担保签字，其与关联案件卷宗中两份借条相互印证，两份借条均无关于担保人的记录，张某某抗辩意见与上述陈述和证据相互矛盾。

其次，被告未能举证证明担保债务的总额，也未能对债务构成作出合理说明。被告张某某主张担保的10万元，其中3万元认可是由谢某某出借，另外7万元是由宣某某出借，目前已还清。但宣某某向法院陈述2006年后被告张某某两次分别其借款4000元和20000元，至今尚有6000元未还，该陈述和关联案件在卷内容相符合，上述陈述和在卷材料与张某某陈述亦相互矛盾。综上，两被告要推翻书面合同的证明效力，其举证应当在证明力上足以使人民法院确信待证事实的存在具有高度可能性，两被告为反驳原告主张事实未作充分举证，其抗辩缺乏事实根据和法律依据，法院不予采纳。

因涉案房屋土地性质系集体土地，谢某某并非该集体经济组织成员，故涉案《房屋买卖合同》无效，法院对原告诉请不予支持。被告不能交付房屋，故对购房款100000元理应予以返还。关于违约金和利息部分，原告陈述其自愿将涉案房屋给被告长期居住使用，且不收取租金，其间亦未要求交付房屋，该行为系其自行行使民事权利，并不违反相关法律规定，故对该部分诉请法院不予支持。

安徽省滁州市南谯区人民法院依照《最高人民法院关于适用〈中华人民共和国民法典〉时间效力的若干规定》第一条，《中华人民共和国民法典》第一百九十九条、第五百六十三条、第五百六十四条、第五百六十六条，《中华人民共和国民事诉讼法》第六十七条，《最高人民法院关于适用〈中华人民共和国民事诉讼法〉的解释》第九十条之规定，判决如下：

一、被告张某某、丁某某于本判决生效后10日内偿还原告谢某某购房款100000元；

二、驳回原告谢某某其他诉讼请求。

判决后，双方当事人均未上诉，本判决现已生效。

【法官后语】

《中华人民共和国民法典》第一百四十三条就法律行为的有效要件设置了一般性的规范，包括：(1) 行为人具有相应的民事行为能力；(2) 意思表示真实；(3) 不违反法律、行政法规的强制性规定，不违背公序良俗。其中意思表示是法律行为的核心要素。民事主体通过意思表示使自身的意志和愿望予以外化和显示，从而实现民事法律关系的设立、变更和终止。当事人真实意思表示的审查是探求真实法律关系的关键，也是本案审理的难点。

第一，从庭审角度看，在房屋买卖纠纷审理中，需要争取在第一次开庭审理中查明事实，避免一方当事人事后虚构陈述，甚至双方当事人为避免审理过程中的不利趋势而相互合谋，虚造事实，影响案件的查实。同时，庭审中要着重于对双方如何约定买卖条件、房款来源、房款支付形式及手段进行调查，明辨房屋买卖合同的真伪。具体实践中，可以通过着重审查以下的事实来判断：一看合同内容的详尽程度。在正常的房屋买卖中，房屋坐落、转让价款及支付方式、支付时间、房屋交付及办理转让过户时间，违约责任等条款是买卖双方商议的主要内容，通常在买卖合同中都有明确、详细的约定。二看房款的实际支付情况。由于目前的房屋买卖所涉金额一般较大，如果确系真实交易，资金的流向一般是有据可查的。包括审查银行转账、本票承兑等实际资金流向，而不能仅仅依据一方出具的收款收据认定。即使是以现金方式支付房款，也可通过资金来源的审查进行判断。

第二，从证据角度看，负有举证证明责任的当事人提供的证据，人民法院经过审查并结合相关事实，确信待证事实的存在具有高度可能性的，排除合理怀疑，应当认定该事实存在。审查房屋买卖交易的真实性，从后续交易的履行行为角度入手也是非常重要的方式，履行行为是动态的，能够为法官提供证据链。买受人应对房屋买卖合同的真实性不仅进行形式上的举证，还要就房款支付、房款来源、房屋过户、房屋交接等一系列事实提供相应证据，加强法庭对房屋买卖合同真实性的确信。如果买受人怠于举证或逃避举证，则应承担不利的法律后果。从社会现实情况来看，房屋买受人通常承担着较高的合同风险，比较注重保存合同履行的相关证据，因此要求买受人举证也是可行的。对于出卖人抗辩“以房屋买卖为借贷提供担保”的事实认定问题，则出卖人需要举证证明存在民间借贷关系的合理性基础，如企业或个人之间因资金流向等证据材料，并说明担保债务的总额和债务构成。

编写人：安徽省滁州市南谯区人民法院　孙春孺　王乐

22

风险自担原则在“明知房屋已设定抵押”仍签订买卖合同中的运用

——蒋某某、周某某诉匡某某、尹某房屋买卖合同案

【案件基本信息】

1. 裁判书字号

湖南省祁东县人民法院（2022）湘0426民初1876号民事判决书

2. 案由：房屋买卖合同纠纷

3. 当事人

原告：蒋某某、周某某

被告：匡某某、尹某

【基本案情】

2014年7月，原告蒋某某看到二被告张贴的房屋出售广告，因此电话联系二被告表达购房意愿。2014年7月26日，二原告与被告匡某某在祁东县楚杰路一打印店中签订案涉房屋买卖合同。合同约定：“甲方自愿出售给乙方原为甲方私有的某物业（以下称该房地产）建筑面积约453.6平方米；甲、乙双方议定的该房地产成交价格为人民币978888元整；付款方式：双方签订合同当日，乙方向甲方支付首次购房款40万元整，第二次定于2015年1月1日向甲方支付购房款40万元整，第三次定于甲方交付国有土地使用证和房屋所有权证给乙方后乙方向甲方支付余款178888元整；违约责任：如乙方中途悔约不买，乙方已交的购房定金款作为违约金处理（如无定金则按成交价的20%标准作为违约金）支付给甲方；如甲方中途不卖，除应退还乙方已交的购房款（含定

金）外，另按成交价的20%标准作为违约金支付给乙方；备注（备注条款内容与前述条款内容不一致的，以备注条款为准）。此房地产现已在农村信用合作社联合社作房地产抵押贷款担保，双方基于诚信而签订本合同，2015年4月1日甲方无法交付乙方此房国有土地使用证和房屋所有权证，则甲方按此房地产成交价的5%赔偿给乙方。2015年7月1日前甲方无法交付此房国有土地使用证和房屋所有权证，视甲方违约；乙方不能在规定时间支付购房款给甲方，视乙方违约，甲乙双方按此合同第八条违约责任进行处罚。”合同签订时，二原告和被告匡某某在场，被告尹某在合同上的签字系其事后补签。签订《房地产买卖合同》当日，二原告按合同约定向二被告转账支付400000元。2014年10月24日，二原告向二被告转账支付200000元。2014年12月29日，二原告向二被告转账支付140000元，现金支付60000元，共计支付房款800000元，按照合同约定剩余房款178888元待二被告交付产权证，并协助二原告办理不动产权证变更登记手续后再支付。2015年1月1日，二被告将已出租的住房交付给二原告使用。2015年4月1日，二被告将案涉房屋门面交付给二原告使用。2015年7-8月二原告将房屋进行了装修。2018年10月，二原告向祁东县人民法院起诉二被告，而后，二被告向二原告出具承诺书，故二原告向祁东县人民法院撤回起诉。2018年11月5日，被告匡某某向原告周某某出具《承诺书》，其中写明“……1. 按房屋现行评估价格作为返还蒋某某夫妇原价所交的80万元（捌拾万元）购房款和赔偿经济损失及违约金。2. 2019年5月31日起按原来的购房款80万元（捌拾万元）按银行同期的贷款1.3倍计算利息给买方……5. 蒋某某夫妇应从法院无条件撤诉，本人愿意承担本次诉讼费用、文书费用共计7971元（见发票）……7. 原来的购房合同作相应变更，以此为准”。自2018年11月5日后，二被告至今仍一直未按合同约定为二原告办理房屋产权过户登记手续。

另查明，案涉房地产共有六层。案涉出售房产已在农村商业银行（原农村信用合作联社）用于贷款抵押担保，担保贷款金额为502.5万元，被告匡某某、尹某与农村信用合作联社于2013年9月12日签订抵押合同，并办理正式抵押登记。案涉房产只是用于补充性的抵押担保，被担保公司为房地产公司，法定代表人为王某某，抵押时间为2011年9月至2014年9月。2015年11月5日，在被告匡某某告知其已和王某某、原农村信用合作联社（现农村商业银行）协商完成后，二原告为将被告匡某某用于抵押的案涉房产置换出来，将15万元交付给农村商业银行领导彭某某，后因故置换未能成功，彭某某于2015年11月20日将15万元退回二原告账户。现案涉房屋的担保债务，房地产公司至今仅向农村商业银行偿还10000元本金，下欠本金为1307万元。案涉房产出售时，二被告并未通知农村商业银行并经得其同意。同时，二原告已付的800000元购房款也未用于清偿案涉担保债务。

【案件焦点】

二原告请求二被告交付房地产所有权证和协助办理不动产证变更登记手续是否具有事实及法律依据。

【法院裁判要旨】

湖南省祁东县人民法院经审理认为：原告蒋某某、周某某和被告匡某某、尹某签订的《房地产买卖合同》和《承诺书》均是双方当事人的真实意思表示，合同内容不违反法律、法规的效力性、强制性规定，合同合法有效，对当事人均有法律约束力。关于案涉房屋的抵押问题，根据《中华人民共和国物权法》第十五条之规定，房屋抵押存续期间，出卖人未经抵押权人同意转让抵押房屋的，不影响房屋买卖合同的效力。同理，案涉房屋涉及的抵押合同也系有效合同。二原告明知案涉房屋已设有抵押，仍与二被告签订房屋买卖合同，应视为对合同履行中的风险有充分的预估和判断。由于案涉房屋担保债务尚未偿还且数额巨大，在被担保的相关债务502.5万元得到清偿前，或者在不损害抵押权人利益的前提下二原告代为清偿担保债务消灭抵押权前，或者取得抵押权人的同意即抵押权人权利之障碍消除前，案涉房屋无法正常过户，二原告要求二被告为其办理房屋过户手续的诉讼请求客观上不能履行，即构成法律上的履行不能，故二原告请求二被告交付房地产所有权证和协助办理不动产证变更登记手续，因不具备事实依据和法律依据，法院不予支持。

关于违约金、逾期利息以及相关诉讼费用、文书费用的主张，二原告请求二被告支付违约金244772元，理由是按照《房地产买卖合同》的约定，二被告未能在规定时间内交付案涉房屋的国有土地使用证和房屋所有权证，构成严重违约，应当承担违约责任。但经法院审查，《承诺书》中写明原来的购房合同作相应变更，应以承诺书为准，其中赔偿经济损失和违约金的前提是原、被告解除《房地产买卖合同》，二原告并无解除合同、收回房款的意思表示，仍坚持继续履行合同；并且原告蒋某某、周某某明知案涉房屋设有抵押，仍与被告匡某某、尹某签订房屋买卖合同，同时，本案涉及的已付购房款800000元未用于清偿担保债务，二原告、二被告均存在过错。故对于二原告的上述诉讼请求，亦缺乏事实依据和法律依据，法院亦不予支持。经法院当庭释明，由于二被告无法履行协助二原告办理房屋所有权转移登记的义务，合同无法继续履行，构成法律上的履行不能，二原告签订合同的目的无法实现，二原告有权解除合同，并要求二被告承担相应的违约责任，违约责任的承担根据《中华人民共和国合同法》的相关规定，综合考虑二原告所受损失、双方的过错程度及合同履行情况等因素予以确定，现二原告既不改变其诉讼请求，亦不撤回起诉，仍坚持其在本案中的诉讼请求，故法院依法应驳回其诉讼请求。综上所述，原告蒋某某、周某某的诉讼请求，因缺乏事实依据和法律依据，法院不予支持。依照《最高人民法院关于适用〈中华人民共和国民法典〉时间效力的若干规定》第一条第二款，《中华人民共和国物权法》第十五条、第一百九十一条，《中华人民共和国合同法》第八条、第六十条、第一百零七条、第一百五十条、第一百五十一条，《中华人民共和国民事诉讼法》第六十七条之规定，判决如下：

驳回原告蒋某某、周某某的全部诉讼请求。

判决后，双方当事人均未上诉，本判决现已生效。

【法官后语】

房屋抵押存续期间，出卖人未经抵押权人同意转让抵押房屋的，不影响房屋买卖合同的效力。案涉房屋涉及的抵押合同也系有效合同。买受人明知案涉房屋已设有抵押，仍与出卖人签订房屋买卖合同，应视为对合同履行中的风险有充分的预估和判断，对合同履行过程中可能所产生的风险，应属明知并应自行承担相应的责任。

1. 房屋抵押存续期间，被抵押房屋的买卖合同效力问题

根据《中华人民共和国民法典》第二百一十五条的规定，当事人之间订立有关设立、变更、转让和消灭不动产物权的合同，除法律另有规定或者当事人另有约定外，自合同成立时生效；未办理物权登记的，不影响合同效力。本案中，原告蒋某某、周某某和被告匡某某、尹某签订的《房地产买卖合同》和《承诺书》均是双方当事人的真实意思表示，合同内容不违反法律、法规的效力性、强制性规定，合同合法有效。案涉房屋虽用于贷款抵押担保，且转让时并未通知抵押权人并经得其同意，但不影响案涉房屋买卖合同效力。

2. 明知所购房屋设有抵押，仍与出卖人签订买卖合同，应视为当事人对自己权利的处分，买受人应当自担风险

根据《中华人民共和国民法典》第四百零六条的规定，抵押期间，抵押人可以转让抵押财产。当事人另有约定的，按照其约定。抵押财产转让的，抵押权不受影响。抵押人转让抵押财产的，应当及时通知抵押权人。抵押权人能够证明抵押财产转让可能损害抵押权的，可以请求抵押人将转让所得的价款向抵押权人提前清偿债务或者提存。转让的价款超过债权数额的部分归抵押人所有，不足部分由债务人清偿。已设定抵押的物品并非禁止流通，买受人在购买已设定抵押物时，需考虑抵押权实现时可能面临的风险。本案中，原告蒋某某、周某某在明知案涉房屋已抵押且未能代为清偿债务消灭抵押权，或者取得抵押权人的同意即抵押权人权利之障碍消除前，仍与被告匡某某、尹某签订买卖合同，应视为其对合同履行风险已经充分预估和判断，案涉房屋无法正常办理不动产权属登记手续，属于“法律上或事实上不能履行”，原告蒋某某、周某某主观上明显具有过错，需要承担相应的法律风险。

编写人：湖南省祁东县人民法院　李恺欣

23

格式条款合同中对争议条款的解读

——车某某诉房地产公司房屋买卖合同案

【案件基本信息】

1. 裁判书字号

四川省雅安市中级人民法院（2022）川18民终790号民事判决书

2. 案由：房屋买卖合同纠纷

3. 当事人

原告（上诉人）：车某某

被告（被上诉人）：房地产公司

【基本案情】

2019年11月16日，车某某与其妻竹某某共同与房地产公司签订《四川省商品房买卖合同（预售）》。合同约定由房地产公司向车某某、竹某某出售1605号房屋。合同第二十页附件七约定（门窗类型：断桥铝合金窗双层中空玻璃）。同时，车某某及其妻竹某某还在房地产公司提供的“住宅配置标准”上签字，该配置标准第8.2条注明：外墙门、窗：采用塑钢门窗（最终以实际交房为准）。之后，车某某按照合同履行了义务。2021年12月29日，房地产公司通知车某某于2022年1月8日收房。车某某收房时发现房地产公司以“塑钢窗双层中空玻璃”交付房屋，未按照合同约定的“断桥铝合金窗双层中空玻璃”交付房屋，车某某向房地产公司提出整改意见，要求更换。房地产公司认为系员工错误使用合同版本而导致合同和实际配置标准出现误差，且涉及相同情况的业主较多，不同意车某某提出的要求。经相关部门组织协调，部分出现相同情况的业主与房地产公司达成和解。车某某明确诉讼请求为要求房地产公司按照其实际损失赔偿。双方确认门窗面积为20.60平方米；对于断桥铝合金门窗和塑钢门窗的差价，房地产公司主张每平方米价差约为250元，车某某认可价差为400元。车某某主张房地产公司继续履行《四川省商品房买卖合同（预售）》，第二十页附件七的第四款约定（门窗类型：断桥铝合金窗双层中空玻璃），按照合同约定为车某某安装断桥铝合金窗双层中空玻璃，或赔偿2万元。

【案件焦点】

车某某请求更换塑钢门窗为断桥铝合金门窗或补偿20000元损失的请求是否成立。

【法院裁判要旨】

四川省雅安市雨城区人民法院经审理认为：车某某与房地产公司签订的《四川省商品房买卖合同（预售）》以及同时由车某某及其妻子签字认可的"住宅配置标准"，均系双方自愿签订，合法有效。但该两份文书中出现了完全不同的约定，即合同约定由房地产公司向车某某、竹某某出售1605号房屋约定门窗类型：断桥铝合金窗双层中空玻璃，而"住宅配置标准"约定的配置标准第8.2条注明：外墙门、窗：采用塑钢门窗（最终以实际交房为准）。故，车某某与房地产公司在对该商品房销售中对外墙门、窗的交付标准约定不同，属于约定不明。双方对门、窗交付的标准各持己见，不能达成补充协议也不能按照通常标准或者符合合同目的的特定标准确定履行标准，《中华人民共和国合同法》第四十一条（《中华人民共和国民法典》第四百九十八条）规定："对格式条款的理解发生争议的，应当按照通常理解予以解释。对格式条款有两种以上解释的，应当作出不利于提供格式条款一方的解释。格式条款和非格式条款不一致的，应当采用非格式条款。"因《四川省商品房买卖合同（预售）》和"住宅配置标准"两份法律文件均系房地产公司向车某某提供的格式条款，因此当这两份文件中涉及门、窗的交付标准发生争议时，应当作出不利于房地产公司的解释。故认定房地产公司在房屋交付时应当向车某某交付断桥铝合金门窗。现房地产公司在交房时向车某某交付的是塑钢门窗，车某某起诉要求赔偿的请求，应予以支持。但对车某某要求按照将塑钢门窗更换为断桥铝合金门窗所需费用进行赔偿的诉请，因车某某在本案中同样存在对格式合同的谨慎注意义务，但车某某没有尽到该义务，对《四川省商品房买卖合同（预售）》和“住宅配置标准”没有认真审查，导致这两份文件中对门、窗交付标准的约定不一，引发争议的发生。车某某对此也有一定的责任，依法应减轻房地产公司的责任；同时房地产公司所承担的责任并非其主观故意违约而导致承担的违约责任，而是因其提供的两份格式合同约定不一致而应承担的法律后果，其主观恶意较轻，其承担的法律责任也应较轻。如果判决赔偿更换门窗所需要的费用，是对房地产公司所应承担责任的加大，让房地产公司承担了不应承担的部分责任，故对车某某请求按照更换为断桥铝合金门窗所需费用的标准进行赔偿，不予支持。按照双方确认的门窗面积，以断桥铝合金门窗和塑钢门窗的差价酌情确定房地产公司应赔偿车某某的具体金额。对于断桥铝合金门窗和塑钢门窗的差价的确认，房地产公司提交的《四川省建设工程工程量清单计价定额》能够体现出二者的差价，同时房地产公司提交的“综合基价差价说明”和“采购价差说明”也明确房地产公司认可的差价约 250 元，该金额已经高于通过计价定额计算的综合基价价差。车某某虽对此提出异议，但其提交的证据不能证明断桥铝合金门窗和塑钢门窗的实际差价，故认可每平方米 250 元的差价。

四川省雅安市雨城区人民法院依照《中华人民共和国合同法》第六十条、第一百零七条、第一百一十一条，《最高人民法院关于适用〈中华人民共和国民法典〉时间效力的若干规定》第一条第二款，《中华人民共和国民事诉讼法》第六十七条，《最高人民法院关于适用〈中华人民共和国民事诉讼法〉的解释》第九十条之规定，判决如下：

一、房地产公司在判决发生法律效力之日起 10 日内向车某某支付门窗差价损失 5150 元；

二、驳回车某某的其他诉讼请求。

车某某不服一审判决，提起上诉。

四川省雅安市中级人民法院经审理认为：第一，综合案涉楼盘的报批报建文件、施工图设计文件，案涉楼盘的门窗交付条件应为安装塑钢门窗。根据雅安市住建局通过书记信箱答复案涉楼盘业主的材料，以及案涉楼盘向行政审批机关报规报建、设计施工图设计文件，案涉楼盘门窗材料均为塑钢门窗。案涉楼盘共销售627套住房，房地产公司陈述最初销售68套住房因工作失误错误套用了门窗材料为断桥铝合金，后期销售的559套住房均修正为塑钢门窗，综合全案证据房地产公司陈述该事实具有高度盖然性。案涉楼盘报批报建及施工设计图均为塑钢门窗，车某某购买案涉房屋交付为塑钢门窗并未受到实际损失，其上诉主张赔偿20000元损失的请求没有事实依据，也不具有合理性，对该上诉请求不予支持。

第二，案涉合同由房地产公司提供，对格式条款合同的解读发生争议时，应作出不利于房地产公司的解读。《中华人民共和国合同法》第四十一条规定："对格式条款的理解发生争议的，应当按照通常理解予以解释。对格式条款有两种以上解释的，应当作出不利于提供格式条款一方的解释。格式条款和非格式条款不一致的，应当采用非格式条款。"因《四川省商品房买卖合同（预售）》和"住宅配置标准"两份法律文件均系房地产公司向车某某提供的格式条款，这两份文件中涉及门、窗的交付标准发生争议时，应当作出不利于房地产公司的解释。房地产公司应当向车某某交付价值更高的断桥铝合金门窗。但一审判决认定车某某在本案中也存在没有尽到对格式合同的谨慎注意义务，对两份法律文件没有认真审查，对争议的发生也负有责任不当，应予纠正。车某某对造成本案交付门窗出现不同材料的表述错误没有过错，不应当承担责任或由此减轻房地产公司责任。

第三，房地产公司在销售房屋过程中，因自身工作失误导致出现交付房屋的门窗标准不一，其应当承担不利后果，但其承担的责任应与其过错程度相适应。房地产公司的过错并非恶意，车某某购买案涉房屋也未受到实际损失，其主张更换门窗为断桥铝合金材质的要求超出了房地产公司的过错程度，一审判决不支持其门窗更换要求并无不当。一审判决综合本案实际，采用以两种材质门窗的差价酌情赔偿具有合理性。一审期间，房地产公司提交四川省住房和城乡建设厅《四川省建设工程工程量清单计价定额》，证明断桥铝合金门窗与塑钢门窗差价为 250 元，该定额标准是行业标准，其证据效力高于车某某提交的网络购物平台门窗报价，一审判决采信行业标准的报价确定塑钢门窗与断桥铝合金门窗差价并无不当。应予维持。

四川省雅安市中级人民法院依照《中华人民共和国民事诉讼法》第一百七十七条第一款第一项之规定，判决如下：

驳回上诉，维持原判。

【法官后语】

买卖作为消费者最常见的消费行为，签订买卖格式合同是双方意思自治的表现，格式条款合同与消费者权益息息相关。在买卖行为中双方对格式条款合同发生不同解读时，法院需依据《中华人民共和国民法典》第四百九十六条至第四百九十八条的规定进行审查，综合买卖双方签订合同本意、合同实质内容、双方权利义务关系等因素进一步判断作出合理解读，并根据合同提供方与相对方的真实意思表示判定合同效力。

近年来，我国市场经济发展稳定，格式条款合同在各行业间运用广泛。格式条款合同起草者往往通过格式条款减轻己方责任义务，加重消费者权利负担，消费者的合法权利经常被格式条款合同不断弱化减轻，相反，谨慎审查义务却被不断加大扩宽。在买卖合同纠纷案件中，因为格式条款发生争议的案件比较常见。当合同双方就格式条款发生争议的时候，卖方如何证明尽到说明提示义务，买方如何证明尽到审慎审查义务，法院如何确定格式合同的效力，有赖于人民法院通过对《中华人民共和国民法典》等相关法律及司法解释作出正确解读，审查订立合同目的，明晰格式合同适用规则，引导格式合同发挥实在效力，促进行业进步。

1. 格式条款合同的规制路径

与传统合同相比，格式条款合同兼具持久性、便利性、预先制定性与单方决定性（不可协商性）等特征，格式条款合同发出方常常因为合同订立者的身份在民事行为中占据优势地位，合同相对方由于信息不对等、缺乏专业性等原因在交易中处于劣势地位，其合法权益难以得到有效保障。合同双方签订一份或多份格式条款合同，合同对同一事项有不同规定，且双方协商无法达成一致时，如何对格式条款合同的不同规定作出正确解读，有赖于对《中华人民共和国民法典》进行深入解读，考察法律对格式条款合同的规范原意。

（1）格式条款合同的效力认定

格式条款在各行各业中的广泛运用催生了各式各样的格式合同，格式合同通过事先拟定未经协商的合同模板，使合同模板得以快速便捷地被多次重复使用。对因格式条款合同发生的纠纷案而言，合同的效力认定是重要判断范围。

对格式合同效力认定的步骤来说，可以首先审查双方签订合同的法律行为的效力是否有效，其次审查合同是否符合《中华人民共和国民法典》合同编各类合同规定无效的情形，最后审查格式条款是否具有《中华人民共和国民法典》规定的格式条款无效的情形。具体就本案而言，一审法院和二审法院对当事人车某某与当事人房地产公司之间出于真实意思表示自愿签订的《四川省商品房买卖合同（预售）》的效力一致认定为合法有效。

（2）格式条款合同的法律规范

在《中华人民共和国民法典》颁布实施以前，《中华人民共和国合同法》有对格式条款合同效力认定、争议解释相关的法律规定；《中华人民共和国民法典》颁布实施以后，其中第一编总则编和第三编合同编对民事行为的效力认定、合同的无效情形、格式条款合同的无效认定、格式条款的争议解释等作出法律规定。《中华人民共和国民法典》的出台相较于《中华人民共和国合同法》和相关司法解释而言对格式条款合同的规定更具体系性与阶段性。

2. 格式条款合同的争议认定

《中华人民共和国民法典》第四百九十八条是对格式条款的解释规定，即"对格式条款的理解发生争议的，应当按照通常理解予以解释。对格式条款有两种以上解释的，应当作出不利于提供格式条款一方的解释。格式条款和非格式条款不一致的，应当采用非格式条款"。

本案虽然由于交易事实发生在《中华人民共和国民法典》实施以前，根据《最高人民法院关于适用〈中华人民共和国民法典〉时间效力的若干规定》第一条第二款的规定，应当适用当时的法律、司法解释的规定，一审、二审法院均根据《中华人民共和国合同法》第四十一条的规定判定：当《四川省商品房买卖合同（预售）》和“住宅配置标准”两份格式条款合同中涉及门、窗交付标准发生争议时，应当作出不利于房地产公司的解释。房地产公司应当向车某某交付价值更高的断桥铝合金门窗。

（1）考虑公平正义原则——保障当事人平等主体地位

二审法院对一审法院的判决结果予以维持，但就一审法院认定车某某对格式条款合同没有尽到谨慎注意义务，对两份法律文件没有认真审查，对争议的发生也负有责任不当予以纠正。本案中两份格式条款合同均系房地产公司提供，车某某在交易中本身天然处于弱势地位，其对造成本案交付门窗出现不同材料的表述错误没有过错，不应当承担责任或由此减轻房地产公司责任。法律规定了格式条款概念及格式条款无效情形，旨在保障合同双方当事人平等主体地位、保障合同相对方信息知情权利的享有，践行公平正义原则的理念。

（2）考虑过错责任相当原则——保障企业生存发展空间

本案中房地产公司在销售房屋过程中，因自身工作失误导致出现交付房屋的门窗标准不一，其应当承担不利后果，除践行公平正义原则外，两级法院还考虑到过错责任相当原则，即房地产公司承担的责任应与其过错程度相适应。法院审查认定房地产公司的过错并非恶意。根据住建局答复案涉楼盘业主的材料，以及案涉楼盘向行政审批机关报规报建、设计施工图设计文件，案涉楼盘门窗材料均为塑钢门窗。案涉楼盘共销售627套住房，房地产公司陈述最初销售68套住房因工作失误错误套用了门窗材料为断桥铝合金，后期销售的559套住房均修正为塑钢门窗，车某某购买案涉房屋并未受到实际损失，其主张赔偿20000元损失的请求没有事实依据，也不具有合理性，对其此上诉请求不予支持；其请求更换门窗为断桥铝合金材质的要求超出了房地产公司的过错程度，一审判决不支持其门窗更换要求并无不当，且综合本案实际，一审判断采用以两种材质门窗的差价酌情赔偿具有合理性，二审予以维持。如若法院支持车某某更换门窗的诉讼请求，判决房地产公司将塑钢门窗全部更换为断桥铝合金门窗，因为此前房地产公司已销售了采用错误格式合同的68户住宅，且与其中大多户业主达成了和解，对于房地产公司而言无疑会加重其责任负担，有碍于公司后续发展，甚至可能导致公司无法正常经营、造成公司破产的严重后果；对于法院而言也会导致大量系列案件涌入法院，所以，生效判决文书从过错责任相当原则出发，秉持促进交易完成、保持经济增长理念，判决驳回上诉、维持原判并无不当，既保护了消费者合法权益，也回应了格式条款合同的争议问题。

编写人：四川省雅安市中级人民法院　程冰梅　姜孟丹

24

就无效合同签订的解除协议的效力如何认定

——张某某诉置业公司房屋买卖合同案

【案件基本信息】

1. 裁判书字号

江西省宜春市中级人民法院（2023）赣09民终362号民事判决书

2. 案由：房屋买卖合同纠纷

3. 当事人

原告（上诉人）：张某某

被告（被上诉人）：置业公司

【基本案情】

2018年11月中旬，原告张某某购买被告置业公司开发的一套房屋，并以6万元买下该房屋附属的露台。2021年初，原告在住建部门了解到露台不能买卖，于是联合多位业主集体维权。在住建部门主持协商下，原被告双方达成一致意见：露台款在10万元以下的退回60%，并签署了《承诺书》。最终被告将36000元退还给了原告。后原告反悔要求被告全额退回购买露台款，遂诉至法院。

【案件焦点】

原、被告就买卖露台无效合同签订的《承诺书》（仅退还购买露台款的60%）是否有效。

【法院裁判要旨】

江西省铜鼓县人民法院经审理认为：双方口头达成的关于买卖露台的约定违反了《物业管理条例》第二十七条之规定，应为无效。《承诺书》中双方对于与开发商的购房事项全部结束且没有纠纷有明确约定，《承诺书》与买卖露台的约定是两个完全独立的协议，一个是解除，一个是买卖，内容完全不一样，系双方真实意思表示，也并不违反法律、行政法规关于效力的强制性规定，该部分应为有效。当事人有权在法律规定的范围内处分自己的民事权利和诉讼权利，对当事人依法处分自己权利的行为，应当依法予以认可和保护。依据原、被告达成的解除原买卖露台协议以及原告签署的《承诺书》，原告对其要求被告退还露台款的实体权利已经作出了实体处分，被告未退还部分的款项，原告已经作出实体放弃的处分，两原告对其已放弃的权利重新予以主张，应当不予支持，故原告要求被告退还剩余露台款的诉讼请求没有事实和法律依据，法院不予支持。故江西省铜鼓县人民法院判决如下：

驳回原告的诉讼请求。

张某某不服判决，提起上诉。

江西省宜春市中级人民法院经审理认为：原、被告双方买卖露台的口头协议与承诺书之间虽有先后顺序和因果关系，但根据承诺书的内容可以认定，该承诺系双方对买卖露台口头协议后续处理问题进行协商后签订的新协议，该承诺书未违反法律、行政法规的强制性规定，应当认定为合法有效。原告作为完全民事行为能力人，应当预知其作出民事法律行为的后果，被告未退还部分的款项，原告已经在承诺书中作出实体放弃的处分，原告对其已放弃的权利重新予以主张，法院不予支持。故江西省宜春市中级人民法院判决如下：

驳回上诉，维持原判。

【法官后语】

通常情况下，因违反法律规定签订的合同自成立之日起就不发生任何法律效力，合同当事人应将缔约前的财产状况恢复原状。但在实践中存在当事人就财产状况恢复原状事宜又重新签订协议的情况，本案就是当事人就买卖露台无效合同重新签订了解除协议。

关于该解除协议效力问题主要有协议无效说、协议有效说和区分说三种观点。笔者赞同区分说。就无效合同签订的解除协议与无效合同之间并无法律上的依附关系，二者相互独立。在判断解除协议的效力时，应主要审查解除协议双方当事人签订解除协议时是否明知原合同无效，是否为原合同后续问题的处理达成的一致意见，如解除协议签订时双方明知原合同无效而签订的解除协议，且又独立于原无效合同的，解除协议应当有效；如解除协议签订时，一方并不知道原合同无效，而是为原合同的后续问题的处理达成的一致意见，即使独立于原无效合同，该解除协议也应为无效。在实务中，应当综合考虑以下二个因素：

1. 解除协议是否系双方真实意思表示

解除协议的真实意思表示主要体现在两个方面：一方面，当事人系基于合同无效后就财产状况如何恢复原状自愿达成一个新的合意，如损害赔偿、财产返还、腾退、补偿等内容；另一方面，当事人需要明知原合同无效，才能是彻底的意思表示，否则就存在意思表示瑕疵，其作出的意思表示行为就是待定的。本案中，原告在住建部门了解到露台不能买卖，才联合业主集体维权，可见其与被告达成的仅退露台款60%的协议是在知道露台买卖合同无效的基础上签订的，因此，原告就合同无效后退款签订的协议是基于原告的真实意思表示作出的，对原告具有约束力。

2. 解除协议有无违反法律规定等无效事由

基于无效合同缔约的解除协议系当事人真实意思表示，那么应重点审查其是否违反法律规定等无效事由。如恶意串通，损害国家、集体或者第三人利益；以合法形式掩盖非法目的；损害社会公共利益；违反法律、行政法规的强制性规定等。本案中，露台买卖合同违反了物业管理条例等行政法规关于效力的强制性规定而无效，而双方的解除协议亦是不再履行合同的意思，其内容并未再次违法，且与合同无效情形下的返还财产、赔偿损失的处理导向并不冲突，故应当认定为有效。

编写人：江西省铜鼓县人民法院　柯书盛　袁永胜

（二）订立、变更与解除

25

房屋出卖人未告知居住人非正常死亡事项是否构成欺诈的认定

——徐某诉王某房屋买卖合同案

【案件基本信息】

1. 裁判书字号

北京市第一中级人民法院（2022）京01民终6599号民事判决书

2. 案由：房屋买卖合同纠纷

3. 当事人

原告（反诉被告、被上诉人）：徐某

被告（反诉原告、上诉人）：王某

第三人：房地产经纪公司

【基本案情】

位于北京市海淀区的×号房屋登记在王某名下，王某系所有权人。2021 年 7 月 25 日，王某的父亲（当时王某之法定监护人，出卖人）与徐某（买受人）签订《北京市存量房屋买卖合同》（以下简称《房屋买卖合同》），约定：王某出售其名下位于北京市海淀区×号房屋给徐某，成交价格为 2210 万元，购房定金为 100 万元。第五条第五项写明，出卖人应当保证已如实陈述该房屋权属状况、附属设施设备、装饰装修等情况和相关关系；第五条第七项约定，出卖人承诺已将可能妨碍房屋购买或正常使用的情况如实告知买受人。

《存量房自有交易资金划转计划》中约定，定金 100 万元，其中 20 万元于签约当日由徐某自行支付给王某，剩余 80 万元于查档后 1 日由徐某自行支付给王某。当日，徐某给付王某定金 20 万元。次日，徐某再次向王某支付定金 80 万元。

另查明，王某之生母尚某生前患有抑郁症。尚某于 2017 年 12 月 21 日在北京市海淀区×号楼东侧高坠身亡。

2021 年 7 月 26 日，徐某之母得知王某之母高坠身亡一事，即与房地产经纪公司员工杨某微信联系，要求退还定金。房地产经纪公司多次组织双方协商，但未能达成一致。2021 年 8 月 4 日，徐某向一审法院提起本案诉讼，要求撤销《房屋买卖合同》《房屋买卖居间合同》等，判令王某返还徐某支付的购房定金 100 万元及利息，判令房地产经纪公司承担相应连带责任。王某提出反诉，要求解除《房屋买卖合同》，判令徐某赔偿违约金 663 万元。

二审中，徐某表示其购买涉案房屋系用于结婚，购房过程中没有主动询问出卖人涉案房屋是否涉及居住人非正常死亡事件。王某父亲、房地产经纪公司均表示徐某在购房过程中没有提及上述购房目的。徐某称其于 2021 年 7 月 24 日下午第一次看房，看房时间大约半小时，于 7 月 25 日晚上在中介公司处签订合同。房地产经纪公司表示情况基本属实。

经二审法院释明，徐某主张其购买涉案房屋是作为婚房及改善家庭居住环境使用，王某母亲非正常死亡事件对其购买意愿具有直接决定性的影响。基于重大误解签订的合同，是可撤销的。王某认为本案不构成重大误解。

【案件焦点】

王某对于其母亲非正常死亡事件未主动告知徐某，是否构成欺诈。

【法院裁判要旨】

北京市海淀区人民法院经审理认为：涉案房屋并不构成日常意义上的“凶宅”。死者尚某为出卖人王某之生母，其从涉案房屋楼顶高坠身亡，与涉案房屋存在密切相关关系。从日常生活经验及民间习俗，虽王某之生母坠亡事件不会直接影响涉案房屋实质价值，但是会导致购买人产生恐惧心理，进而影响买受人的缔约基础及购买意愿。王某刻意隐瞒其生母从涉案房屋楼顶高坠身亡的事实，导致徐某陷入错误认识并做出违背其真实意思表示的法律行为，即以基本正常的市场价格购买涉案房屋，故王某的行为构成欺诈。徐某要求撤销其与王某之间签订的《房屋买卖合同》、要求王某退还定金及利息的本诉请求，法院予以支持。徐某的其他诉讼请求及王某的全部反诉请求，法院均不予支持。

北京市海淀区人民法院依照《中华人民共和国民法典》第一百三十六条、第一百五十五条、第四百六十五条，《中华人民共和国民事诉讼法》第六十七条第一款，《最高人民法院关于适用〈中华人民共和国民法典〉时间效力的若干规定》第一条之规定，判决如下：

一、撤销徐某与王某签订的《房屋买卖合同》；

二、王某一次性退还徐某定金100万元及利息；

三、驳回徐某的其他本诉请求；

四、驳回王某的全部反诉请求。

王某不服一审判决，提起上诉。

北京市第一中级人民法院经审理认为：本案中，徐某主张出卖人王某对于其母亲之非正常死亡事件应当主动告知，如不主动告知则属于欺诈。但王某母亲是从涉案房屋所在楼宇之楼顶高坠身亡，死亡地点在涉案房屋之外，涉案房屋不构成徐某所称的“凶宅”。双方签订合同过程中，王某未主动告知其母亲之非正常死亡事件，不属于故意隐瞒真实情况。故徐某所主张的欺诈理由不能成立。

此外，关于徐某订立合同时意思表示是否真实，法院认为，徐某在交易过程中存在重大误解之情形，理由如下：行为人对行为的性质、对方当事人或者标的物的品种、质量、规格、价格、数量等产生错误认识，按照通常理解如果不发生该错误认识行为人就不会作出相应意思表示的，人民法院可以认定为重大误解。从一般购房人的心理考量，涉案房屋居住人在房屋附近非正常死亡，该事件会对购房人造成心理影响，影响其购买意愿及交易之达成。根据当事人陈述的买房过程，虽然涉案房屋总价为2210万元，但徐某的整个看房、签订合同过程非常短，此过程反映出徐某没有时间获取充分的信息。在沟通不充分、信息不对等的情况下，徐某对涉案房屋产生错误认识，错误认为该房屋居住人不存在影响其购买意愿的非正常死亡之情形。如果徐某知晓王某母亲在涉案房屋所在楼宇楼顶高坠身亡，按照通常理解，此事件会影响徐某的购房意愿。徐某在订立合同第二天知晓此情况之后，立即与出卖人协商要求退还定金，可以印证徐某对涉案房屋产生错误认识并基于此作出相应意思表示。因此，徐某基于重大误解与王某订立《房屋买卖合同》，其意思表示不真实，上述合同应予撤销。一审判决认定王某构成欺诈，在适用法律方面存在瑕疵，法院予以纠正。但一审判决结果正确，法院予以维持。

北京市第一中级人民法院依照《中华人民共和国民法典》第一百四十七条、第一百五十五条，《最高人民法院关于适用〈中华人民共和国民法典〉总则编若干问题的解释》第十九条，《中华人民共和国民事诉讼法》第一百七十七条第一款第一项，《最高人民法院关于适用〈中华人民共和国民事诉讼法〉的解释》第三百三十二条之规定，判决如下：

驳回上诉，维持原判。

【法官后语】

本案是买受人购房后认为出卖人故意隐瞒房屋系“凶宅”构成欺诈，所引发的房屋买卖合同纠纷案件。涉案房屋是否构成“凶宅”以及基于该认定结果出卖人是否负有信息披露义务，都是本案需要厘清的争议焦点问题。

1. 出卖人是否构成欺诈

所谓欺诈，是指一方当事人故意告知对方虚假情况，或者故意隐瞒真实情况，诱使对方当事人作出错误意思表示的行为。本案中不存在出卖人虚假告知的情形，主要讨论是否存在故意隐瞒的情况。故意隐瞒真实情况，前提是该情况应当告知而未告知，如果出卖人并不具有主动告知相关事项的义务，也就无所谓“故意隐瞒”。

《中华人民共和国民法典》第五百条第二项规定，当事人在订立合同过程中故意隐瞒与订立合同有关的重要事实或者提供虚假情况，造成对方损失的，应当承担赔偿责任。该条款是关于缔约过失责任的规定，虽未直接从正面规定合同双方的信息披露义务，但从责任承担上体现了该义务，披露的范围为“与订立合同有关的重要事实”，那么何种信息属于“与订立房屋买卖合同有关的重要事实”，房屋居住人非正常死亡事件是否属于这一重要事实就成为本案关键问题。

在法律规定和既往判例都没有标准答案的情况下，笔者认为，结合信息分析学的理论观点及域外法的相关规定，出卖人披露的信息应当为房屋中存在的或与房屋有关的可能影响买受人购买意向以及购买价格因素的信息，往往具有以下特征：第一，关联性。披露的信息应与房屋自身有关，如房屋的架构、质量、权属状况等；或虽与房屋自身无直接关联，但影响房屋价值。第二，重要性。披露的信息应对买受人的购房意向有决定性影响。第三，合乎一般买受人的合理期待。购买房屋是个人生活的重要事项，虽然买受人都希望买到尽善尽美的房屋，但符合现实生活的情况是，房屋或多或少会存在所谓的“瑕疵”，而房屋交易时间的有限性与房屋信息的繁杂性之间就会存在矛盾，只有那些合乎一般买受人合理期待的信息才应属于披露义务范围。如房屋系“凶宅”的信息，由于敬畏死者的信仰与忌讳是一种具有长远历史积淀的传统文化，社会大众对“凶宅”的忌讳是普遍的、根深蒂固的，甚至被认为属于民间风俗习惯的范畴。在这种情况下，应当认定“凶宅”信息是一般买受人希望获取的信息，这种期待具有普遍性和合理性，该信息应当披露。第四，属于一般出卖人的正常认知范围。披露的信息是一般出卖人购买及居住房屋期间经历的事实及自然获取的信息，无须为此花费额外的时间、精力及金钱。

本案中，关于王某是否构成欺诈。首先，王某母亲系从涉案房屋所在楼宇的楼顶高坠身亡，死亡地点亦在房屋外，故涉案房屋并不构成通常意义上的“凶宅”。徐某主张王某应当披露的事项不属于“凶宅”信息。其次，尽管上述事项与房屋具有一定的联系，即死亡人系原房屋居住人，死亡地点在房屋附近，但与“凶宅”信息不同，该信息与房屋的关联性较弱，且根据传统文化及社会背景来看，并不能认定该事项为符合一般买房人合理预期的信息。结合徐某陈述及其买房目的是购置婚房的主张，徐某对房屋忌讳的事项要多于普通买房人，对房屋信息获取的期望要高于普通买房人。因此，如果徐某对房屋居住人非正常死亡类事实有较高关注，其可以通过主动询问获取该信息。法院并不否认在徐某询问后王某有如实告知的义务，但在询问前，王某并没有主动告知其母亲在涉案房屋外非正常死亡事项的义务。据此王某未主动告知上述事项，不属于故意隐瞒真实情况，不构成欺诈。

2. 买受人是否存在重大误解

基于重大误解实施的民事法律行为可撤销的条件如下：其一，表意人对合同内容发生了重大误解；其二，表意人因重大误解作出了意思表示；其三，重大误解是因为表意人自己的过错造成的。本案中，关于徐某是否存在重大误解。首先，徐某对房屋买卖合同的标的物“房屋”的性质产生错误认识。徐某自述其购买房屋目的是作为婚房及改善家庭居住环境使用，其真实意思表示应当为购买一套符合其自身特定要求的房屋，即购买不存在居住人非正常死亡情形的房屋，因此其对房屋买卖合同内容产生了重大误解。其次，徐某基于上述错误认识，作出了购买的意思表示，且徐某产生重大误解是由于自身不谨慎之过失造成。涉案房屋总价较高，但徐某的整个看房、签订合同过程非常短，反映出徐某没有时间获取充分的信息，在沟通不充分、信息不对等的情况下，徐某对涉案房屋产生错误认识。因此，徐某基于重大误解请求撤销《房屋买卖合同》，应予支持。

编写人：北京市第一中级人民法院　闵雪

26

房屋买卖合同履行反复磋商过程中表见代理人解除合同的认定规则

——安某某诉徐某某房屋买卖合同案

【案件基本信息】

1. 裁判书字号

北京市第三中级人民法院（2022）京 03 民终 6289 号民事判决书

2. 案由：房屋买卖合同纠纷

3. 当事人

原告（上诉人）：安某某

被告（被上诉人）：徐某某

【基本案情】

安某某与徐某某签订房屋买卖合同，约定：房屋成交价格为 1530 万元，安某某应当分别于 2020 年 8 月 1 日前、2020 年 9 月 30 日前、2020 年 12 月 31 日前向徐某某支付房价款 200 万元、555 万元、765 万元。如买受人在 2020 年 12 月 31 日前未付清全款，出卖人同意付款时间延迟至 2021 年 5 月 1 日前付清余款，并且不收取任何违约金，如买受人放弃购买此套房屋，出卖人将收取人民币 200 万元整违约赔偿金。安某某向徐某某支付了定金 10 万元及第一期购房款 200 万元。

安某某母亲程某某与徐某某于2020年7月31日成为微信好友。2020年10月28日，程某某发消息称涉案房子不敢往下进展了；徐某某回复其问问中介有没有合适客户。2020年12月15日，程某某表明不敢对涉案房屋再抱有任何幻想，希望涉案房屋能卖个好价钱；徐某某回复知道了。2021年7月23日，程某某表明想继续履约；徐某某回复1450万元行就行，不行就再说；程某某回复真的不行，同日又回复房款已筹齐，涉案房屋继续履约吧。安某某与徐某某于2020年12月31日成为微信好友。2021年4月30日，安某某发送：看到有违约金，事情确实是怪我和我母亲两个人，我们也一直不敢往下迈，能不能再延点时间，我们把这房子卖了；徐某某回复：房子没卖出去，到时候你还有机会咱们再说。

徐某某与案外人孙某某于2021年8月13日签订的《北京市存量房屋买卖合同》，涉案房屋成交金额为1448万元。

安某某称买房事宜由其本人决定，母亲仅是陪同看房并出资部分购房款，安某某未发出解除合同的通知或者弃购的意思，徐某某在合同尚未解除时即将案涉房屋转让，安某某有权要求解除合同并要求徐某某归还已支付的210万元房款。徐某某则主张安某某于2020年12月31日才与其加为微信好友，之前及之后均由安某某母亲沟通购买案涉房屋及付款等内容并全程参与，可以证明安某某母亲为安某某的代理人，安某某及其母亲未按中介要求确认继续履行合同，安某某母亲以微信表明解除合同，徐某某表示同意，系安某某违约解除合同，安某某的购房款系违约金，其不应退还。

【案件焦点】

1. 安某某母亲程某某所从事的行为是否对安某某产生法律效力，是否构成表见代理；2. 涉案合同是否已经解除，安某某或徐某某是否构成违约；3. 若一方存在违约行为，违约责任如何承担，违约金是否需要调整。

【法院裁判要旨】

北京市顺义区人民法院经审理认为：安某某母亲全程参与涉案房屋的交易

磋商与涉案合同签订、合同履行等，而反观安某某在涉案合同约定的第三期房款付款之日、房屋交付之日才与徐某某成为微信好友。安某某向徐某某表明未按期付款的歉意以及买房资金未到位不敢往下的意思表示，与之前其母亲在微信中向徐某某表述的内容基本一致。徐某某作为善意的交易相对人，有充分的理由相信安某某母亲所作出的意思表示系安某某的真实意见，符合表见代理构成。综上，程某某的意思表示对安某某具有法律效力。

双方均应遵守并本着诚信原则履行合同权利义务。在安某某一方表明其实际未按时给付购房款、之后也多次表示无法继续履行，徐某某未按合同过户不构成违约。而安某某未按约定履行第二期、第三期付款，且未在最后宽限期前付清余款构成违约。安某某母亲表示无法继续履行合同，徐某某也回复其再找中介联系看有无其他合适客户，相当于双方对解除合同基本达成了一致。虽双方又就涉案房屋买卖进行磋商，属于重新要约，但双方最终未达成一致，在此种情况下，徐某某将房屋另售他人并不构成违约。根据徐某某的实际损失、安某某的过错程度、市场行情等综合因素依法予以调整安某某应当向徐某某支付的违约金数额，超出违约金的部分，徐某某应当向安某某返还。综上，北京市顺义区人民法院判决如下：

一、解除安某某与徐某某签订的《北京市存量房屋买卖合同》；

二、徐某某返还安某某 1100000 元，于判决生效之日起 7 日内执行；

三、驳回安某某的其他诉讼请求。

安某某不服，提起上诉。

北京市第三中级人民法院经审理认为：一审法院通过分析交易过程的整个参与情况、安某某是否知情以及真实意思表示等，认为徐某某作为善意相对人，有充分理由相信安某某母亲的意思表示系安某某的意见，认定并无不当。安某某就因自身原因未能按照合同约定支付购房款并放弃购买涉案房屋的行为，应当承担相应违约责任。一审法院根据诚实信用原则对本案所作判断和处理，符合案件实际，公平合理。

综上，北京市第三中级人民法院依照《中华人民共和国民事诉讼法》第一百七十七条第一款第一项之规定，判决如下：

驳回上诉，维持原判。

【法官后语】

因房屋买卖合同涉案金额较大、交易程序烦琐，加之交易过程较为漫长，情形变化多，合同双方在履行过程可能就付款、交房、过户等关键问题上进行反复磋商。双方达成终止履行合同后再就合同履行进行磋商，是对合同进行重新变更还是合意解除以及是否存在重新要约的问题较难把握，尤其是与交易人具有特定关系的特定主体参与合同履行过程，其是否构成表见代理，解除合同的意思表示是否对交易本人产生法律效力，使相关司法认定更加复杂。

1. 表见代理中相对人“有理由相信”的认定规则

《中华人民共和国民法典》第一百七十二条规定：“行为人没有代理权、超越代理权或者代理权终止后，仍然实施代理行为，相对人有理由相信行为人有代理权的，代理行为有效。”据此，可将表见代理分为授权表示型、权限逾越型、权限延续型。所谓授权型表见代理是指，行为人自始没有代理权，但由于被代理人明示或默示的行为致使相对人确信行为人有代理权而与之为法律行为，被代理人应当承担代理的法律后果。

(1)“有理由相信”的主客观判断要素

《最高人民法院关于适用〈中华人民共和国民法典〉总则编若干问题的解释》第二十八条第一款规定：“同时符合下列条件的，人民法院可以认定为民法典第一百七十二条规定的相对人有理由相信行为人有代理权：(一) 存在代理权的外观；(二) 相对人不知道行为人行为时没有代理权，且无过失。”

“有理由相信”的客观标准：代理人无权代理行为在客观上形成了有代理权的外观表象。对于代理权外观表象，有诸如被代理人容忍、合同书、公章、印鉴等要素，各要素在司法实践中证明力大小要结合案情具体判断。

“有理由相信”的主观标准：交易相对人的主观状态必须是善意且无过失的。“善意”特指交易相对人在不知道代理人属于无权代理的情形下，对代理权的真实状态产生了错误认知。“无过失”则是指交易相对人的这种不知道主观上不存在过失。司法实践中，应以一个善良人在正常情况下是否尽到合理注意义务为判断标准。

(2)“有理由相信”的举证责任分配

《最高人民法院关于适用〈中华人民共和国民法典〉总则编若干问题的解释》第二十八条第二款规定：“因是否构成表见代理发生争议的，相对人应当就无权代理符合前款第一项规定的条件承担举证责任；被代理人应当就相对人不符合前款第二项规定的条件承担举证责任。”

从司法解释来看，代理人是否具有权利外观的举证责任在于交易相对人，可以从如下三个方面判断：一是表现为具有代理权外观的事实必须客观真实。二是代理权外观与代理行为具有法律上的因果关系。三是该代理权外观的形成系合法的。

相对人“善意”且“无过失”的举证责任在于被代理人。代理制度中的“善意”应属于推定善意，在被代理人无法提供证据证明合同订立时交易相对人已经知晓或应该知晓行为人无代理权的，交易相对人可直接推定为善意。“无过失”属于消极事实，交易相对人无法穷尽所有积极事实来证明自己“无过失”，且由交易相对人证明自己“无过失”与表见代理制度所需保护的交易相对人信赖利益相违背，故而应将“无过失”的举证责任进行倒置，由被代理人来证明。

具体到本案，安某某母亲程某某全程参与涉案房屋的交易磋商与涉案合同签订、履行，并就房屋买卖的各项信息与徐某某及中介进行沟通对接，而反观安某某在涉案合同约定的第三期房款付款之日、房屋交付之日才与徐某某成为微信好友，在第二期、第三期房款均未支付，涉案房屋也未按合同约定进行转移登记和交付的情况下，安某某称之前并未通过其他方式联系徐某某，安某某的母亲此时已经形成代理权限外观，主要因素有其与安某某的特定关系、其对房屋买卖合同订立与履行的参与度、安某某本人的默示。后安某某向徐某某表明未按期付款的歉意以及买房资金未到位不敢往下推进的意思表示，与之前其母亲在微信中向徐某某表述的内容基本一致。此时徐某某有更充分的理由相信安某某母亲的意思表示系安某某的意见，综合分析交易过程和涉案的微信聊天记录，可以认定徐某某已尽到合理注意义务，主观为善意且无过失，因此，安某某的母亲构成表见代理。

2. 反复磋商合同履行相关问题过程中合同解除认定

（1）合意解除的效力核心

《中华人民共和国民法典》第五百四十三条规定："当事人协商一致，可以变更合同。"第五百六十二条第一款规定："当事人协商一致，可以解除合同。"合同签订后，当事人在合同履行前或者履行过程中可能出现一些新的情况，双方对合同权利义务关系重新进行调整和规定系合同变更。双方对合同无法继续履行而终止履行达成合意则构成合同解除。双方先对合同无法继续履行达成合意又继续磋商如何履行问题认定为合同变更还是合同解除后又重新要约，需要从当事人的磋商过程中甄别意思表示的效力。在合同生效后完全履行完毕前，若当事人的意思表示是终结原定给付义务及相关的约定或法定效果，则构成合意解除。若仅仅是双方中止履行合同，则不一定存在解除合意，可能构成合同变更。

（2）合意解除的流程形态

不同的解除流程会直接影响解除效果是否发生以及发生时点的认定。区分合意解除的典型模式和非典型模式：①典型合意模式。一方是否作出了明确的合意解除要约，以理性人处于相对人之位置的通常理解为准，须具备"内容具体确定"和"表明一经承诺即受约束"两项前提。就"内容具体确定"要件，由于合意解除效力的核心仅在于终结原定给付义务之相关内容。②非典型合意模式分为一方为单方解除表示而对方为同意表示和双方互为单方解除表示。非典型合意解除亦可默示地表现为双方实施了与维持原定给付关系相矛盾的行为。

具体到本案，2020年9月30日前，买受人安某某应当向出卖人徐某某支付涉案房屋第二笔分期付款，但是在2020年9月16日安某某的母亲在微信中联系徐某某表示给付房款的困难，但双方未表明原定给付义务终结。2020年10月28日，买受人安某某的母亲程某某向出卖人徐某某发送称涉案房子不敢往下进展了；徐某某回复其问问中介有没有合适客户；此时安某某的母亲表达的意思即涉及原定给付义务终结，而徐某某虽未直接回复合同解除，但其表明另找合适客户，也即其同意安某某的原定给付义务终结，属于非典型的合意解除。2021年7月23日虽然安某某的母亲再次向徐某某提起想继续履约，但在合同解除后，安某某此项意思表示属于重新发出要约邀请，徐某某回复“1450万元行就行，不行就算”属于重新要约，而安某某的母亲回复“不行”表明其拒绝了要约，因此双方未形成新的合同。若2020年10月28日双方的意思表示是先缓缓，等安某某继续筹措房款，则双方构成中止履行合同，属于对履行期限的变更，之后表示继续履约的再次磋商就属于原合同变更合同的继续履行问题。

编写人：北京市第三中级人民法院　韩啸

27

当事人在履行合同附随义务时也应遵循诚信原则

——江某某诉房地产开发公司房屋买卖合同案

【案件基本信息】

1. 裁判书字号

广东省茂名市中级人民法院（2022）粤09民终2208号民事判决书

2. 案由：房屋买卖合同纠纷

3. 当事人

原告（被上诉人）：江某某

被告（上诉人）：房地产开发公司

【基本案情】

2018年1月1日，原告与被告签订《车位出让协议书》一份，约定由原告向被告购买被告开发的某大院 B186 停车位一个；原告在 2018 年 3 月 15 日前到物业管理处办理该车位的接收手续，如因被告原因未能在上述约定期限将验收合格的车位交付给原告使用的，每逾期一天，被告应按车位售价总额的万分之二向原告支付违约金，被告逾期交付达 30 天的，原告有权解除本协议并要求被告退回已收车位价款及支付该车位售价总额 20%的违约金。

2018 年 3 月 12 日，原告江某某签订接收车位确认书，接收其购买的 B186 号车位，车位服务费于 2018 年 4 月 1 日起按月缴交。

涉案车位在 2020 年 1 月 14 日完成了所有权首次登记，登记在被告房地产开发公司名下。原告认为被告未在合同订立之日起 90 日内为原告办理车位不动产权证，构成违约，遂提起本案诉讼。庭审中，被告房地产开发公司请求法院将原告主张的逾期办证违约金标准调减至年利率 2%，并根据实际情况，违约金应计算至被告通知原告配合办证之日止。

涉案车位所在的小区于 2020 年 5 月 12 日进行了首次车位（库）售前公示备案。房地产开发公司分别于 2020 年 12 月 13 日、2020 年 12 月 20 日以短信方式通知江某某签订车位的现售合同。江某某认为上述现售合同免除了房地产开发公司的违约责任，且办证期间过长，故拒绝签订。

【案件焦点】

房地产开发公司应否承担逾期办证的违约责任。

【法院裁判要旨】

广东省茂名市茂南区人民法院经审理认为：原、被告签订车位买卖协议后，原告已足额支付了购买车位价款给被告，房地产开发公司已按合同约定时间交付车位给原告使用，但未办理车位产权登记手续给原告。根据《城市房地产开发经营管理条例》第三十二条的规定，房屋出卖人协助办理产权登记手续是出卖人的基本义务。案涉《车位出让协议书》没有约定办理车位产权转移登记的具体日期，应适用法定原则。根据《最高人民法院关于审理商品房买卖合同纠纷案件适用法律若干问题的解释》第十四条第一款的规定，涉案车位是现售车位，房地产开发公司应自合同订立之日起90日协助原告办理产权登记手续，但房地产开发公司于2020年12月13日才通知原告签订车位现售合同，违反上述法律规定，应承担逾期办证的违约责任。房地产开发公司辩称签订合同时，其尚未取得车位不动产权属证书，不具备办证条件，所以不约定办证时间，其不应承担违约责任。经查，房地产开发公司于2018年1月1日与原告签订《车位出让协议书》，车位已按约定交付原告使用，房地产开发公司当时可以申请办理车位首次产权登记手续，而房地产开发公司拖至2020年1月14日才完成不动产首次登记，责任在于房地产开发公司。案涉《车位出让协议书》没有约定违约金计算标准，根据公平原则，并兼顾合同的实际履行情况、当事人的过错程度，被告主张违约金按年利率2%计算，较为合理。

原告与房地产开发公司订立B186车位的《车位出让协议书》时间为2018年1月1日，该车位违约金应从2018年4月2日开始计算，以原告已交车位款129966元为基数，按年利率2%标准计至房地产开发公司履行协助办理不动产权证义务之日止。该车位逾期办证违约金自2018年4月2日起算至原告诉请的2021年10月1日止为9108.3元。

广东省茂名市茂南区人民法院依照《中华人民共和国民法典》第四百六十五条、第五百零二条、第五百零九条、第五百七十七条、第五百八十五条，《最高人民法院关于审理商品房买卖合同纠纷案件适用法律若干问题的解释》第十四条，《中华人民共和国民事诉讼法》第六十七条以及《最高人民法院关于适用〈中华人民共和国民事诉讼法〉的解释》第九十条之规定，判决如下：

一、限被告房地产开发公司于本判决发生法律效力之日起30日内支付车位逾期办证违约金（从2018年4月2日起暂计至原告诉请的2021年10月1日止为9108.3元，自2021年10月2日起至被告房地产开发公司履行协助办理不动产权证义务之日止的逾期办证违约金以车位款129966元为基数按年利率2%计算）给原告江某某；

二、驳回原告江某某的其他诉讼请求。

房地产开发公司不服一审判决，提起上诉。

广东省茂名市中级人民法院经审理认为：房地产开发公司对涉案车位负有办证义务，但其至今未为江某某办理涉案车位的不动产权转移登记手续，构成违约。

房地产开发公司主张《车位出让协议书》只是一份认购协议，不是正式的买卖合同，涉案车位证无法办理系因江某某拒不签订正式车位销售合同导致，其不应承担逾期办证违约责任。首先，从涉案《车位出让协议书》的内容以及形式看，该协议中约定了由出卖人转移标的物给买受人，买受人向出卖人支付对价，其权利义务明确，具有执行性，且没有载明将来订立本约合同的意思表示，不符合预约合同的法律特征。况且江某某已于 2018 年 3 月 12 日前缴清车位款，房地产开发公司也向江某某交付了涉案车位，双方均履行了主要的合同义务。故应认定涉案《车位出让协议书》系买卖合同的本约合同，而非预约合同。其次，买卖双方均负有配合办理车位产权转移登记手续的义务。根据《中华人民共和国民法典》第七条的规定，双方当事人在合同履行中，应当遵循诚实信用原则。本案中，买卖双方先前签订的《车位出让协议书》已明确了各自的权利义务以及违约责任，房地产开发公司在后续按照备案登记要求提供格式合同范本时不应增加相应条款以免除己方责任。故房地产开发公司虽然积极催告江某某签署备案合同以完成协助办证义务，但其行为违背了诚信原则，应视为房地产开发公司未积极履行协助办证的义务。因此，一审认定房地产开发公司逾期办理涉案车位的产权转移登记手续，构成违约，判令房地产开发公司向江某某支付逾期办证违约金并无不当，应予维持。

广东省茂名市中级人民法院依照《中华人民共和国民事诉讼法》第一百七十七条第一款第一项之规定，判决如下：

驳回上诉，维持原判。

【法官后语】

本案主要涉及两个值得探讨的问题：一是预约合同与本约合同的认定问题；二是履行合同要求按照格式范本再签合同时，双方当事人应遵循的原则问题。

1. 预约合同与本约合同的认定问题

所谓预约合同，是指当事人约定将来订立一定合同（本约）的合同。将来应订立的合同是本约，约定订立本约的合同，称为预约。预约合同在形式上一般多称为意向书、认购书、订购书、预订书等。但预约合同最本质的内容特征，是以将来订立本约作为合同目的，因此，在认定预约合同时，关键要看是否以订立合同（本约）为合同标的。

从司法实践来看，预约合同内容无须包括本约合同的主要条款，内容一般较为简略。但如果预约合同对本约的主要条款已经作了比较完备的约定，合同具有可执行性，且一方当事人履行了主要合同义务，如《最高人民法院关于审理商品房买卖合同纠纷案件适用法律若干问题的解释》第五条规定："商品房的认购、订购、预订等协议具备《商品房销售管理办法》第十六条规定的商品房买卖合同的主要内容，并且出卖人已经按照约定收受购房款的，该协议应当认定为商品房买卖合同。"此类合同应该被倾向于认定为本约合同，而非预约合同。

本案中，买卖双方签订的《车位出让协议书》在形式上及内容上均不符合预约合同法律特征。涉案合同权利义务明确，且没有载明将来订立本约合同的意思表示。虽然因双方未能达成合意重新签订合同导致无法办理产权登记转移手续，但是卖方交付了标的物，买方也支付了对价，双方均履行了主要合同义务。因此，法院将《车位出让协议书》认定为购买车位的本约合同而非预约合同。

2. 履行合同要求按照格式范本再签合同时，双方当事人应遵循的原则问题

涉案买卖双方在订立车位买卖合同时，卖方尚未取得该车位的首次不动产所有权登记，无法完成法定的不动产物权转移登记手续。在涉案车位能够办理产权登记手续时，根据行政登记的有关规定，双方需按住建局提供的格式范本再签合同以完成备案登记要求。但房地产开发公司为办证提供的车位买卖现售合同文本中免除了其应承担的逾期办证违约责任，买方拒绝签订，导致无法完成合同备案登记。对于此种情况，不能僵硬地认为卖方已经积极履行了办证义务，把无法办证的原因简单归责于买方拒绝配合签订备案登记合同。笔者认为，双方对于车位交易约定的权利义务已有生效的合同确定，卖方为办证提供的格

式合同不应加入背离前合同主要内容或超出原合同约定的条款以免除己方责任或加重对方义务。根据民法典的规定，双方当事人在合同履行中，应当遵循诚实信用原则。房地产开发公司这一行为属履约不当，违背诚信原则，买方拒绝领受有合理的理由，故法院应将该行为认定为房地产开发公司未积极履行协助办证的义务，其应承担相应的逾期办证违约责任。

编写人：广东省茂名市中级人民法院　江怡静

28

主合同的解除是否影响团购费的退还

——梁某某诉房产投资公司、房产代售公司房屋买卖合同案

【案件基本信息】

1. 裁判书字号

广西壮族自治区崇左市中级人民法院（2022）桂 14 民终 1198 号民事判决书

2. 案由：房屋买卖合同纠纷

3. 当事人

原告（被上诉人）：梁某某

被告（上诉人）：房产投资公司

被告：房产代售公司

【基本案情】

2019 年 1 月 10 日，房产投资公司与房产代售公司签订《〈商业广场〉销售代理合同》，房产投资公司委托房产代售公司代理销售由房产投资公司投资开发建设的商业广场项目。合同签订后，房产代售公司依约履行了销售代理义务。2021 年 1 月 9 日，经协商，房产投资公司与房产代售公司签订《解除“〈商业

广场〉销售代理合同”协议》，终止销售代理合同，并约定原来由房产代售公司收取的客户团购款及家装礼包退款、兑现由房产投资公司承担。

2019 年 12 月 13 日，房产投资公司未取得案涉商业广场项目商品房预售许可证，梁某某便与房产投资公司签订《房号确认单》，双方确认梁某某购买房产的楼栋和房号为 3A01 号房和 3A02 号房，每套房建筑面积 100.97 平方米，价格 3486.18 元/平方米，总价 352000 元，并约定每套房号确认费 3 万元，待签署《商品房买卖合同》后，房号确认费自动转为购房首付款，还约定每套房支付 1 万元团购费作为享受优惠价格的条件。随后，梁某某于当日按要求向房产投资公司支付房号确认费共计 6 万元，并向房产代售公司支付团购费共计 2 万元。

2020 年 7 月 19 日，梁某某与房产代售公司签订《商品房买卖合同签约确认单》，对梁某某所认购房产的《商品房买卖合同》签约内容进行确认，确认房号为 3A01 号房，付款方式为银行按揭贷款，建筑面积 100.97 平方米，价格 3486.18 元/平方米，总价 352000 元，首付款 16 万元，已付房款 3 万元。随后，梁某某于当日向房产投资公司补交 3A01 号房首付款 13 万元。

2021 年 4 月 9 日，由于房产投资公司迟迟不交房，梁某某向房产投资公司提交一份退款申请，并按房产投资公司的要求将《房号确认单》和《商品房买卖合同签约确认单》原件交与房产投资公司。嗣后，房产投资公司分别于 2021 年 8 月 30 日、11 月 30 日退款给梁某某 2 万元、1 万元。

因房产投资公司一直未履行 16 万元首付款、2 万元团购费的退还义务，梁某某向法院提起诉讼要求房产投资公司退还上述欠款。

【案件焦点】

梁某某与房产投资公司解除双方签订的商品房买卖合同后，梁某某向房产代售公司的员工个人账户转账 2 万元团购费，房产投资公司是否应当承担退还责任。

【法院裁判要旨】

广西壮族自治区天等县人民法院经审理认为：梁某某与房产投资公司虽未

签订正式的商品房买卖合同，但双方签订的《房号确认单》和《商品房买卖合同签约确认单》具备《商品房销售管理办法》第十六条规定的商品房买卖合同的主要内容，并且出卖人已经按照约定收受购房款，因此将上述确认单作为商品房买卖合同予以确认。

梁某某按照房产投资公司的要求提交书面的退款申请，而房产投资公司则以办理退款手续需要为由陆续将《房号确认单》、《商品房买卖合同确认单》、收款收据等原件收回，故双方签订的合同已经协议解除，房产投资公司应当退回梁某某首付款 16 万元。

梁某某向房产代售公司支付团购费共计 2 万元作为享受价格优惠的条件，该团购费系房产代售公司向梁某某提供中介服务而收取的服务费，即便梁某某享受了价格优惠，在房产代售公司最终未能促成梁某某与房产投资公司订立正式《商品房买卖合同》，且在梁某某与房产投资公司之间拟制成立的合同被解除情况下，房产代售公司继续占有团购费也就失去了原有的法律基础。根据房产投资公司与房产代售公司的约定，双方终止销售代理合同后，原来由房产代售公司收取的客户团购款及家装礼包退款、兑现由房产投资公司承担，因此，应在扣除必要费用后将该团购费返还给梁某某。

广西壮族自治区天等县人民法院依照《中华人民共和国民法典》第五百六十二条、第五百六十六条，《中华人民共和国民事诉讼法》第一百四十七条的规定，判决如下：

一、梁某某与房产投资公司签订的《商品房买卖合同》于 2021 年 4 月 8 日解除；

二、房产投资公司退还梁某某购房款 16 万元、团购费 2 万元以及支付利息。

房产投资公司不服一审判决，提出上诉。

广西壮族自治区崇左市中级人民法院经审理认为：同意一审法院裁判意见，依照《中华人民共和国民事诉讼法》第一百七十七条第一款第一项之规定，判决如下：

驳回上诉，维持原判。

【法官后语】

本案审理的关键在于解除买卖合同后开发商是否应当承担团购费的退还责任问题。

《中华人民共和国民法典》第八条规定:“民事主体从事民事活动,不得违反法律,不得违背公序良俗。”《中华人民共和国价格法》第十三条规定:“经营者销售、收购商品和提供服务,应当按照政府价格主管部门的规定明码标价,注明商品的品名、产地、规格、等级、计价单位、价格或者服务的项目、收费标准等有关情况。经营者不得在标价之外加价出售商品,不得收取任何未予标明的费用。”

虽然我国现行法律没有关于开发商直接收取价外费用行为的相关规定,但上述《中华人民共和国民法典》《中华人民共和国价格法》条文规定了民事主体从事民事活动当中,经营者应当遵循法律规定,不得在标价之外加价出售商品。对标价之外加价出售商品,违反法律强制性规定,损害社会公共利益,当属无效民事行为。有观点认为,现实的商品房买卖过程中,购房者向第三方支付指标费、团购费、入会金等相关费用在合同解除后并没有得到支持。

主合同解除后,上述费用是否应当由开发商予以退还应当分情形而论:

第一种情形,该费用是由开发商收取的。此时,不论是与第三人签订合同后费用存到开发商指定账户,或第三人代理开发商收取该费用,费用存入第三方或第三方销售人员账户,购房者已举证证明该费用最终是由开发商收取,因为开发商违反了相关法律的强制性规定,行为无效,购房者要求开发商退还该费用的,应予支持。

第二种情形,该费用是由第三方自行收取。此时应当确认该费用是否确实由第三方自行收取,作为第三方的提成、奖金等费用,最终由第三方支配,与开发商无关。第三方作为最终使用该费用的主体,由于第三方并不是开发商,收取该费用不属于开发商标价之外加价出售商品,开发商并没有因收取该费用受益,该行为属于购房者与第三方的合同行为,此行为没有违反法律规定。根据合同相对性原则,购房者自愿支付相关费用,以获取更大优惠、利益,此时应当尊重当事人的意思自治，认定行为有效，购房者不能要求开发商返还该费用。

第三种情形，此情形是第二种情形的特殊情况，购房者为享受优惠而向第三方缴纳团购费，该费用最终打入第三方的账户，作为中介服务的费用。作为购房者，缴纳该费用是为了在签订正式的《商品房买卖合同》上获得更大的利益，该行为的基础是主合同的签订。作为第三方，收取该费用后才在签订主合同时给予购房者更大的优惠，因此，可以视为一种附生效条件的合同，生效的条件是主合同的签订，在双方都以促成主合同最终签订为目的的情况下，主合同最终不能签订或者拟制要解除，该费用失去了其支付的意义和价值及条件，在扣除合理的费用后，剩余的团购费应当退还购房者。

具体到本案，房产代售公司与房产投资公司签订《〈商业广场〉销售代理合同》，房产代售公司与梁某某签订购房合同、收取团购费，该团购费系房产代售公司向梁某某提供中介服务而收取的服务费，虽然梁某某因此享受了价格优惠，但在房产代售公司最终未能促成梁某某与房产投资公司订立正式《商品房买卖合同》，且梁某某与房产投资公司之间拟制成立的合同被解除情况下，房产代售公司继续占有团购费也就失去了原有的法律基础，因此，应在扣除必要费用后将该团购费返还给梁某某。同时，房产代售公司与房产投资公司约定，双方终止销售代理合同后，原来由房产代售公司收取的客户团购款及家装礼包退款、兑现由房产投资公司承担。因此，梁某某主张返还已收取的团购费，应得到支持。

根据上述理由，本案原告要求开发商退还团购费的诉求应得到法院支持，一审、二审裁判正当合理。

编写人：广西壮族自治区天等县人民法院　梁程

29

“炒房”情境下合同解除后的过错责任原则的适用

——张某某诉黄某某房屋买卖合同案

【案件基本信息】

1. 裁判书字号

福建省厦门市中级人民法院（2022）闽02民终3074号民事判决书

2. 案由：房屋买卖合同纠纷

3. 当事人

原告（反诉被告、上诉人）：张某某

被告（反诉原告、上诉人）：黄某某

【基本案情】

案涉101室房屋登记在黄某某名下。2021年4月15日，黄某某（出售人/甲方）与张某某（买受人/乙方）经案外人提供中介服务签订《不动产买卖合同》，约定：讼争房屋的成交总价为515万元，定金为100万元；乙方分两次支付定金，2021年10月25日支付购房款414万元（不含定金），其中1万元为交房保证金、户口迁出保证金；甲方应于2021年10月11日前办理注销抵押登记事宜，乙方愿意代偿贷款；合同履行期间若出台新的限购限贷政策且该限购限贷政策导致本合同无法继续履行的，各方互不承担违约责任；甲方同意乙方指定第三方作为新产权人，配合办理送件过户、银行按揭、全权委托公证等手续。合同签订后，双方还对装修进行了约定并签订了一份《同意转售协议》，载明“本人自愿同意乙方将上述房产转售第三人，不管市场是涨是跌，本人都不会因此提出任何异议”。

合同签订后，张某某先后向黄某某支付定金共计 100 万元，并代其偿还了 2021 年 5 月至 7 月的房屋按揭款 24900 元。2021 年 4 月 25 日，黄某某将讼争房屋交付给张某某使用。自 2021 年 8 月后，张某某未再代黄某某偿还房屋按揭款，也未向黄某某支付剩余购房款。

2021 年 9 月上旬，黄某某通过微信让中介联系张某某告知因其根本违约，她要收回讼争房屋，原合同已经失效。张某某回复认为自己不是违约，是因政策问题，想协商解约。后黄某某收回讼争房屋并向张某某发送《单方解除合同通知函》，张某某未签收。

张某某户籍在福清市，签订《不动产买卖合同》和《同意转售协议》时，张某某在厦门有一套住宅。

张某某提出诉讼请求：解除双方签订的合同及其全部附件；黄某某返还张某某已支付定金 100 万元并支付利息；黄某某返还张某某按揭款 24900 元、房屋装修款 15 万元、中介费的 50%即 38625 元等。黄某某提出反诉请求：张某某向黄某某支付五个月按揭贷款 41500 元并支付逾期付款违约金 195700 元。

【案件焦点】

以炒房为目的订立的《不动产买卖合同》，在合同确认解除的情况下，双方过错责任该如何分配。

【法院裁判要旨】

福建省厦门市思明区人民法院经审理认为：张某某属于厦门市限购对象，其与黄某某就讼争房屋签订的《不动产买卖合同》客观上无法履行，双方均要求解除合同，法院确定合同解除时间为 2021 年 11 月 1 日。

张某某明知自己属于限购对象，仍与黄某某签订合同及全部附件，意图通过转售第三方谋取利益，其行为违背了“房住不炒”的政策，应对合同解除的后果承担主要责任。黄某某与张某某签订具有炒房性质的合同，即便黄某某不知道张某某属于限购对象，其签订上述合同放任张某某炒房的行为也具有一定过错，黄某某应对合同解除的后果承担次要责任。

合同及全部附件签订后，黄某某将讼争房屋交付张某某使用，张某某支付了定金并对讼争房屋进行装修。针对张某某诉求黄某某返还的购房定金、房屋按揭款以及装修款，法院综合考虑买卖双方的过错程度、讼争房屋的占有使用和装修情况以及款项支付情况，酌情认定黄某某应返还张某某购房定金50万元和房屋按揭款24900元，其余部分不予支持。因张某某对合同解除负有主要责任，故对其诉求的利息不予支持。张某某主张的中介费可另案主张。黄某某提出的反诉请求以合同继续履行为前提，不予支持。

福建省厦门市思明区人民法院依照《中华人民共和国民法典》第五百零九条、第五百六十六条，《中华人民共和国民事诉讼法》第六十七条之规定，判决如下：

一、张某某与黄某某签订的《不动产买卖合同》及附件（即《同意转售协议》及关于装修的约定）于2021年11月1日解除；

二、黄某某于本判决生效之日起10日内向张某某返还购房定金50万元；

三、黄某某于本判决生效之日起10日内向张某某返还其代偿的房屋按揭款24900元；

四、黄某某于本判决生效之日起10日内向张某某支付财产保全申请费2131元；

五、驳回张某某的其他诉讼请求；

六、驳回黄某某的反诉请求。

张某某、黄某某不服一审判决，提起上诉。

福建省厦门市中级人民法院经审理认为：同意一审裁判意见，认为一审判决认定事实清楚，适用法律正确，应予维持。依照《中华人民共和国民事诉讼法》第一百七十七条第一款第一项之规定，判决如下：

驳回上诉，维持原判。

【法官后语】

我国一直致力于促进房地产市场平稳健康发展，从2016年就提出坚持“房子是用来住的，不是用来炒的”政策定位，而“房住不炒”政策也在之后一直被持续强调并贯彻落实。司法实践中，面对“炒房”案件，法院更应该依法妥善审理，引导房产交易回归居住属性，防范炒房投机行为，从司法角度保障我国房地产市场的平稳健康发展。

实务中，常见的炒房纠纷类型以房产中介人员利用自身优势从市民手中购买房屋，在办理房屋手续时过户给第三方赚取差价为主。本案虽然在买方身份上并不属于该类情况，但买卖双方在签订《不动产买卖合同》时也明确约定了要将产权过户给第三方，要求出卖方配合第三方办理过户、按揭贷款等手续，卖方也同意签订《同意转售协议》。从该约定可以明显看出买房人购买房产不是用于自己居住，具有明显的炒房性质。后买方因为自己属于限购对象，无法继续履行合同，提出解除合同。在双方都确认合同解除的情况下，法院该如何根据双方的过错程度去认定各自应当承担的违约责任是本案审理的关键。

过错责任原则是以行为人主观上的过错为承担民事责任的基本条件的认定责任的准则。在过错责任原则中，通常由受害人证明行为人是否有过错。过错是确定行为人是否承担法律责任的核心要件。过错是行为人行为时的一种应受谴责的心理状态。正是由于这种应受谴责的心理状态，法律要对行为人所实施的行为作否定性评价，让其承担相应的法律责任。

在明确具有“炒房”性质的房屋买卖纠纷中，出卖方并不必然是完全的不知情者，法官在审查该类案件时必须从双方当事人的行为出发，分析各自行为背后可能隐藏的意图和目的，才能做到真正地保护合同的善意相对方，有力地打击明知不可为而为之的“炒房客”。本案的处理，合理运用过错责任，让双方当事人根据自己的过错程度为合同解除承担相应的法律后果，既维护了公平正义，又震慑了“炒房客”，有一定的参考意义。

编写人：福建省厦门市思明区人民法院　朱晨　蓝丽婷

30

购房者基于开发商隐瞒行为陷入认识错误，作出的意思表示属于重大误解，购房者主张撤销合同的，人民法院应予支持

——唐某某、刘某某诉房地产开发公司商品房买卖合同案

【案件基本信息】

1. 裁判书字号

江苏省无锡市中级人民法院（2022）苏02民终3932号民事判决书

2. 案由：商品房买卖合同纠纷

3. 当事人

原告（上诉人）：唐某某、刘某某

被告（被上诉人）：房地产开发公司

【基本案情】

2021年8月8日，唐某某、刘某某至房地产开发公司开发小区售楼处现场看房并协商商品房购买事宜。在协商过程中，唐某某、刘某某将102、101、501、301等房屋列入选房范围之内，现场价格核算单上“102”被划掉，房地产开发公司销售人员现场核算了101、501、301等房屋的面积、总价、底价、优惠方式、首付款、贷款等信息。唐某某、刘某某称26栋的房屋朝向好，与101同样户型的102价格相对面积更大，都是其优先考虑的房屋，但因销售人员陈述102以及26栋全部房屋均已出售，所以销售人员在核算单上将“102”划掉，销售人员还称目前仅余101一套叠墅在售，在此情况下其认购了101房屋。2021年11月16日，唐某某、刘某某了解到26栋部分房屋实际于10月出

售。房地产开发公司工作人员对于唐某某、刘某某表示其认购房屋时相邻的102尚未出售的事实并未否认，因为101性价比高，所以并没有带唐某某、刘某某现场看房。唐某某、刘某某认为房地产开发公司隐瞒其他在售房源构成欺诈，故诉请撤销101房屋的认购协议，由房地产开发公司返还首付款及双倍定金。

【案件焦点】

隐瞒其他房源信息行为的法律性质如何确定。

【法院裁判要旨】

江苏省无锡市锡山区人民法院经审理认为：房地产开发公司对案涉房屋这一合同标的本身并未虚构或者隐瞒相关事实，不构成欺诈。

江苏省无锡市锡山区人民法院依照《中华人民共和国民法典》第四百六十五条，《中华人民共和国民事诉讼法》第六十七条、第六十八条、第一百四十五条，《最高人民法院关于适用〈中华人民共和国民事诉讼法〉的解释》第九十条之规定，判决如下：

驳回唐某某、刘某某的诉讼请求。

唐某某、刘某某不服一审判决，提起上诉。

江苏省无锡市中级人民法院经审理认为：首先，在双方的通话录音中，唐某某问："东边那一家为什么不和我们说呢？东边面积比我们大啊。"柏某某答："告诉你东边的，你就选东边的了？你确定？"分析可知，如果柏某某确实告知过可以选择东边的102室房屋，其在面对唐某某的质问时，完全可以复述当时的过程澄清事实。但柏某某并未否认而是进行了反问。该反问句式隐含的事实非常有可能是没有告知。因此结合现场价格核算单102被划掉的事实，房地产开发公司未告知的可能性更大，存在隐瞒房源信息的行为。其次，本案并无证据证明房地产开发公司存在故意告知虚假情况或隐瞒真实情况，欺诈主张不成立。房屋系不动产，坐落、朝向、户型、楼层均是唯一的，通常不具有可替代性。房地产开发公司告知102室房屋已出售但实际尚未出售，导致唐某某、刘某某在不能选择102室房屋的情况下，退而选择购买案涉房屋，确实误导了唐某某、刘某某，唐某某、刘某某确系基于错误认识作出购买案涉房屋的意思表示，本案更符合重大误解。

江苏省无锡市中级人民法院依照《中华人民共和国民法典》第一百四十七条、第一百五十二条第一款第一项、第一百五十五条、第一百五十七条，《最高人民法院关于适用〈中华人民共和国民法典〉总则编若干问题的解释》第十九条之规定，判决如下：

一、撤销无锡市锡山区人民法院（2022）苏0205民初829号民事判决；

二、撤销房地产开发公司与唐某某、刘某某于2021年8月8日签订的《商品房认购协议（住宅）》；

三、房地产开发公司于判决发生法律效力之日起10日内返还唐某某、刘某某50万元及按中国人民银行同期同类存款利率计算的利息（10万元、40万元分别自2021年8月8日、2021年8月16日起算）；

四、驳回唐某某、刘某某的其他诉讼请求。

【法官后语】

为了保障交易安全与稳定，开发商对商品房交易行为负有信息披露义务，为此住房城乡建设部《关于进一步规范房地产开发企业经营行为维护房地产市场秩序的通知》规定开发商“要发布真实房源信息和广告”。当事人将开发商隐瞒房源信息等不正当经营行为均视为构成欺诈要求撤销购房合同，但该主张未获一审法院的支持，二审法院却根据相同事实作出完全不同的判决结果，表明两级法院对于开发商隐瞒事项符合何种撤销情形，形成了不同的认定路径。这涉及对欺诈构成要件的认定以及重大误解中动机错误定义的把握，需要进一步厘清两种路径之间的区别。

1. 欺诈应以违反告知义务的程度予以认定

有法律规定、契约约定、交易习惯上或依诚实信用原则有告知义务时之沉默，为事实之隐蔽，方构成沉默欺诈。[①] 在商品房买卖领域，开发商负有发布

① 史尚宽：《民法总论》，中国政法大学出版社2000年版，第424页。

真实房源信息和广告的义务。购房是满足居住等需要，但购房作为重大支出，不同的要素决定房屋价格高低，对于购房者是否缔约产生重大影响。因此，判断开发商隐瞒信息构成欺诈与否的关键在于：告知义务的范围应当与购买目的及房屋价格有直接关系。由于交易房屋的坐落、朝向、户型、楼层、学区均是确定唯一的，不具有可替代性，且与房屋价格有直接关系，对于购房人交易安排具有重要意义，属于核心范围的信息，开发商对此负有主动告知的义务。而且核心房源信息当属于此标的物之实质信息，非其他标的物的信息。而在核心范围之外的信息，则属于次要信息，开发商未主动告知，并不存在过错，购房者可通过瑕疵责任、缔约过失责任或重大误解等规则进行救济。就本案而言，相邻房源是否出售并不影响案涉房屋的价格及购房者购买房屋的目的，仅影响当事人是否选择认购案涉房屋，开发商未能告知相关情况不属于故意，不满足欺诈的构成要件。一审法院对于购房人的主张不予支持，具有法律依据。

2. 购房者基于开发商隐瞒行为陷入错误认识属于重大误解

商品房买卖过程中影响购房人选定房屋的因素很多，其中不乏一些主观、个人化、与购房目的及价格无关的因素。本案中，购房人认为相邻房屋的朝向更好，将相邻房源纳入购房意向范围，在陷入案涉房屋系唯一在售的叠墅的错误认识后选择认购了案涉房屋，因此，购房者误认为标的物是最优选择而认购，属于意思表示内容以外事项的错误，表意人对此类事项认识错误而作出意思表示，符合《最高人民法院关于适用〈中华人民共和国民法典〉总则编若干问题的解释》第十九条规定的“按照通常理解如果不发生该错误认识行为人就不会作出相应意思表示的”情形，应认定为重大误解。由于人民法院的审理范围被当事人提出的主张所限制，判决不能超出当事人主张的范围，如机械地认定理由不成立并驳回当事人主张，无益于纠纷的化解。《全国法院民商事审判工作会议纪要》明确了穿透式审判思维，二审法院认为本案购房人关于欺诈的主张虽不能成立，但其提出诉讼的目的在于撤销认购协议，按照重大误解的相关规定，支持关于认购协议撤销的诉讼请求，本质上并未背离原告诉讼请求所反映的利益范畴。

需要注意的是，隐瞒次要房源信息构成重大误解规则应当谨慎适用，避免将表意人的动机错误与意思表示错误混为一谈，对房地产交易安全及稳定产生冲击。

编写人：江苏省无锡市中级人民法院　林中辉　周喆菁

31

买受人支付房款后已取得房屋，出卖人无权以房屋未过户、合同履行陷入僵局为由解除合同

——周某某等诉韦某某、张某某房屋买卖合同案

【案件基本信息】

1. 裁判书字号

江苏省无锡市中级人民法院（2022）苏 02 民终 5495 号民事判决书

2. 案由：房屋买卖合同纠纷

3. 当事人

原告（上诉人）：周某某、蒋某甲、朱某某、蒋某乙

被告（被上诉人）：韦某某、张某某

【基本案情】

2001 年 2 月 11 日，蒋某丙、周某某与韦某某、张某某签订《房屋买卖协议书》，约定蒋某丙、周某某将 258 号房屋（该房屋于 1996 年 8 月 23 日办理房屋产权登记）自愿、依法出售给韦某某、张某某。房屋售价为 178000 元。付款方式为签字之日付款 168000 元，转户办成完毕之日付款 10000 元。若转户不成，甲方全款退还乙方。甲方提供转户手续，乙方支付转户费用。协议签订当日，蒋某丙、周某某向韦某某、张某某交付了案涉房产，韦某某、张某某则向

蒋某丙、周某某支付了房款168000元。

2003年8月，蒋某丙、周某某曾函告韦某某，要求办理房屋产权变更登记。

2005年1月7日，韦某某向蒋某丙支付了所欠房款10000元中的5000元。

2017年7月7日，蒋某丙去世。周某某、蒋某甲、朱某某、蒋某乙为蒋某丙的法定继承人。

2021年9月16日，周某某、蒋某甲、朱某某、蒋某乙诉至法院，请求：(1) 解除2001年2月11日蒋某丙、周某某与韦某某、张某某签订的《房屋买卖协议书》；(2) 判令韦某某、张某某返还258号房屋；(3) 判令韦某某、张某某支付自2001年3月11日起至实际返还房屋之日止的房屋占用费（以25000元/年为计算标准，计算至具状之日暂计500000元）；(4) 判令韦某某、张某某承担本案诉讼费用。

审理中，法院函询市自然资源和规划局，案涉房产能否办理所有权人变更登记，市自然资源和规划局于2022年3月30日答复，案涉房产为某冶金厂于1995年开发出售，当时整宗地未办理用地手续，只办理了每户的房产证，用途为住宅。按照市政府文件要求，对于房屋已登记但土地无审批手续的国有土地上的个人住宅用房，若房屋于1999年1月1日前建造且竣工的，可由房屋所有权人提出申请，经村民委员会（居委会）、属地镇政府审核同意后，换发不动产权证后现办理转移登记。

【案件焦点】

案涉合同是否应当解除。

【法院裁判要旨】

江苏省宜兴市人民法院经审理认为：蒋某丙、周某某与韦某某、张某某签订的《房屋买卖协议书》合法、有效，应受法律保护。法律对合同的解除有明确规定。现周某某、蒋某甲、朱某某、蒋某乙以房产不能办理变更登记，合同履行陷入僵局为由，要求解除合同，无法律和事实依据，故对其要求解除合同，由韦某某、张某某返还房屋的诉讼请求不予支持。案涉房产系韦某某、张某某通过买卖合法取得，周某某、蒋某甲、朱某某、蒋某乙要求韦某某、张某某支付房屋占用费的诉讼请求，与法律规定不符，不予支持。对韦某某、张某某与上述相同的答辩意见予以采纳。

江苏省宜兴市人民法院依照《最高人民法院关于适用〈中华人民共和国民法典〉时间效力的若干规定》第一条第二款，《中华人民共和国合同法》第八条、第六十条、第九十三条、第九十四条、第九十七条之规定，判决如下：

驳回周某某、蒋某甲、朱某某、蒋某乙的全部诉讼请求。

周某某、蒋某甲、朱某某、蒋某乙不服一审判决，提起上诉。

江苏省无锡市中级人民法院经审理认为：《房屋买卖协议书》系双方自愿签订，且不违反法律法规的强制性规定，应为合法有效。因此，韦某某、张某某系合法占有案涉房屋。周某某等人要求韦某某、张某某支付房屋租金的主张无事实和法律依据，法院不予支持。

首先，依据一审法院查明的事实，案涉房屋可以进行所有权变更登记，故本案不适用案涉合同关于“若转户不成，甲方全款退还乙方”的约定，周某某等人无权依据该条款解除案涉合同。其次，因履行房屋过户的合同义务在于周某某等人，故《中华人民共和国民法典》第五百八十条规定并不适用于周某某等人。况且，在韦某某、张某某已支付绝大部分购房款，且未催促周某某等人办理房产过户的情况下，解除《房屋买卖协议书》对韦某某、张某某明显不公平。保持合同现状，显然更符合双方签订合同时所追求的效果和目的。对于转户费用，《房屋买卖协议书》明确约定由韦某某、张某某承担，该费用是否过高，与周某某等人并无关联。对周某某等人的上述主张不予支持。

江苏省无锡市中级人民法院依照《中华人民共和国民事诉讼法》第一百七十七条第一款第一项之规定，判决如下：

驳回上诉，维持原判。

【法官后语】

本案争议焦点在于，周某某等人是否享有法定或者约定的合同解除权。

1. 合同解除权的一般规则

合同是民事主体之间设立、变更、终止民事法律关系的协议。依法成立的合同，对当事人双方具有法律约束力。合同是当事人之间的“法律”，在合同未终止的情况下，当事人应当始终遵守。如在履行该合同中陷入僵局或者继续履行有违公平公正，通过合适的方式解除，使当事人在合同目的不能实现时，解除现有权利义务关系的束缚，也属于民事合同救济的方式。坚持诚实信用及维护市场秩序，是法律法规判定合同效力及合同解除问题遵守的基本原则。

根据合同解除的条件和原因，合同解除分三种情形：法定解除、约定解除和协议解除。法定解除，是指当事人按法律规定行使合同解除权致使合同发生解除效果；约定解除，是指当事人在订立合同中约定合同解除的条件，当该条件成就时，享有解除权的一方或双方行使解除权，使合同解除；协议解除，是指合同既不是基于法定事由，也不是基于约定事由，而是由单方行使解除权而解除。

2. 违约方合同解除权的认定

一般情况下，因违约导致产生合同解除权的，仅守约方才享有法定解除权，违约方不享有法定解除权。但实践中，可能出现一方并非恶意违约，且事实上继续履行合同对违约方来说已经显失公平，追究违约责任也并不是为了实现合同目的，守约方可能存在恶意不解除合同的情况。完全排除违约方解除合同，可能不利于破解合同僵局，实现实质正义，促进市场经济发展。《中华人民共和国民法典》第五百八十条在立法层面上明确了违约方在特殊情形下享有合同解除权，但该种合同解除权的行使也需要受到诸多限制。

《中华人民共和国民法典》第六条规定，民事主体从事民事活动，应当遵循公平原则，合理确定各方的权利和义务。公平原则作为民事立法领域内的基本原则，其意义和作用在于该原则体现了社会公德与商业道德的结合。将该原则作为规范合同当事人行为的准绳，可以有效防止当事人权利的滥用，维护与平衡当事人之间的利益。本案中，当事人双方在合同中有“若转户不成则退还全款”的约定，案涉房屋至今也未办理过户登记，故周某某等人以合同履行陷入僵局导致合同目的不能实现为由，提出解除合同。然如上所述，履行房屋过户的合同义务在于周某某等人，且在韦某某、张某某已支付绝大部分购房款并未主动要求办理房屋过户的情况下，如仍解除案涉合同，不仅使得当事人签订合同的目的得不到实现，也使得当事人之间的利益失衡，不利于维护交易的稳定，也有违公平、诚实信用原则。一、二审法院在查明事实的基础之上深入领会立法本意，并不拘泥于对法律规定进行机械的理解与适用，在既维护交易稳定又兼顾公平原则的前提下综合评判，取得了较好的法律效果和社会效果。

编写人：江苏省宜兴市人民法院　柳杰

32

无书面房屋买卖合同买受人解除权的行使

——赵某诉房地产公司、房地产公司某分公司房屋买卖合同案

【案件基本信息】

1. 裁判书字号

山东省淄博市中级人民法院（2022）鲁 03 民终 3020 号民事判决书

2. 案由：房屋买卖合同纠纷

3. 当事人

原告（被上诉人）：赵某

被告（上诉人）：房地产公司、房地产公司某分公司

【基本案情】

张某与赵某系母子关系，原告赵某欲购买被告房地产公司开发的商铺，原、被告双方确定房款为 1631660 元，但双方未签订书面房屋买卖合同。2017 年 10

月 1 日，张某向房地产公司某分公司缴纳市场培育金 10000 元。2018 年 2 月 24 日，赵某签订某商铺确认单，并缴纳定金 50000 元。2018 年 3 月 30 日，赵某缴纳房款 761660 元。2018 年 4 月 25 日，房地产公司某分公司出具收据，确认缴纳房款 821660 元。赵某又于 2018 年 8 月 29 日缴纳房款 50000 元，于 2019 年 5 月 29 日缴纳房款 100000 元，总计缴纳 971660 元。因双方在微信聊天中对交房时间进行协商但未达成一致意见，原告遂请求：判决两被告返还原告购房款 971660 元；支付资金占用期间的利息损失 145563 元，并支付 2021 年 12 月 14 日至实际清偿之日的利息损失。

案涉商铺所在的项目楼于 2017 年 11 月 9 日取得商品房预售许可证。2018 年 11 月 15 日，该楼房工程经五方竣工验收。现该楼房商铺均未交付购房者，被告称该楼需等整体商业项目建成之后一起交房。在张某与房地产公司某分公司荣某微信聊天中，张某于 2019 年 5 月 27 日询问何时交房，荣某称 2020 年 5 月 1 日开业之前交付。2019 年 8 月 30 日荣某询问张某何时付房款，张某称交房之前肯定付款，荣某按照剩余房款在交房时一次性付清上报公司。2021 年 3 月 15 日，张某向荣某提出想退房，房地产公司及房地产公司某分公司未同意退房申请，为此形成诉讼。

【案件焦点】

涉案商铺购买人是否享有解除权以及解除权是否因存续期间届满而消灭。

【法院裁判要旨】

山东省淄博市临淄区人民法院经审理认为：原告与被告房地产公司某分公司虽未签订书面商品房买卖合同，但原告已支付被告定金、超过 50% 的房款，被告出具选铺确认单、收据，表明双方之间形成了房屋买卖的合意，原告履行了主要付款义务，被告接收了房款、确定了出售房屋坐落，双方之间房屋买卖合同成立。即便双方未签订书面房屋买卖合同，根据交易习惯，原告应履行支付房款的义务，被告应履行交付房屋并转移房屋所有权的义务。原告法定代理人张某与被告工作人员荣某的微信聊天记录应视为原告与被告对付款时间和交房时间的协商。被告承诺于2020年5月1日前交房，原告承诺于交房前付清房款，双方应按照各自承诺履行义务。但被告一直怠于交付至今，构成违约。原告以此要求被告退还房款实际为要求解除合同，原告该要求符合法律规定。被告未按约定于2020年5月1日前交房，原告未催告交房，于2021年3月15日提出退房，系在一年内行使解除权，故对被告主张原告解除权消灭的抗辩理由不予支持。因被告违约致使合同目的不能实现，原告要求被告支付利息损失符合法律规定，故对原告的该项诉讼请求予以支持。据此，根据《中华人民共和国民法典》第七十四条、第四百九十条、第五百六十三条、第五百六十五条、第五百六十六条，《最高人民法院关于审理商品房买卖合同纠纷案件适用法律若干问题的解释》第十一条第二款，《中华人民共和国民事诉讼法》第六十七条之规定，判决如下：

一、被告房地产公司某分公司返还原告赵某房款971660元，于本判决生效后10日内付清；

二、被告房地产公司某分公司赔偿原告赵某经济损失（以821660元为基数自2018年4月26日起、以50000元为基数自2018年8月30日起、以100000元为基数自2019年5月30日起均至实际支付之日止，均按照当时全国银行间同业拆借中心公布的一年期贷款市场报价利率计算），与第一项同时付清；

三、被告房地产公司某分公司对上述第一项、第二项不足以清偿的，由被告房地产公司承担清偿责任。

房地产公司、房地产公司某分公司不服一审判决提起上诉。

山东省淄博市中级人民法院经审理认为：同意淄博市临淄区人民法院裁判意见，依照《中华人民共和国民事诉讼法》第一百七十六条、第一百七十七条第一款第一项之规定，判决如下：

驳回上诉，维持原判。

【法官后语】

本案争议焦点在于涉案商铺购买人是否享有解除权以及解除权是否因存续期间届满而消灭。

1. 关于合同解除权问题

合同解除权属于形成权。《中华人民共和国民法典》规定了协议解除、约定解除、法定解除。《中华人民共和国民法典》第五百六十三条第一款第三项规定了因迟延履行主要债务而引起的合同解除。只要当事人一方在履行期限到来后迟延履行债务，另一方当事人就可主张解除合同，必然会导致合同解除的任意性，造成不必要的财产损失和交易成本的增加。因此《中华人民共和国民法典》规定，履行期限对合同目的之实现不具有根本影响的，债务人在履行期限届满后履行，通常仅会令债权人遭受有限损失，不至于使其合同目的落空。在这种情况下，即使债务人迟延履行合同主要债务，也不允许债权人立即解除合同，其应向债务人发出履行债务的催告。催告的主要目的在于，尽快确定宽限期，明确解除权行使的条件。债务人在宽限期届满时仍未履行的，债权人便有权解除合同。催告一般在履行期限届满后发出，履行期限届满之前发出的催告，因债务人在履行期限届满前并无给付的义务，此时催告行为不能发生催告的效力。宽限期可通过当事人就宽限期达成合意，或债务人主动提出债务履行延展期来确定。若不存在上述两种情况，则应根据合同类型、交易习惯、案件实际情况等因素来认定宽限期的合理性。一般而言，债务履行期限较短的，相应合理的宽限期就越短。履行期限对债权人合同目的实现有较大影响的，合理的宽限期就越短。因此，本案被告一直怠于交付房屋至今，经催告仍未交房，构成违约。原告以此要求被告解除合同、退还房款，符合法律规定。

2. 关于原告行使解除权是否超期问题

合同解除权系形成权，依法定或约定享有合同解除权的一方当事人，经其单方面意思表示即可使合同效力归于消灭，打破已有的交易秩序，对当事人的权利义务产生重大影响。故《中华人民共和国民法典》不仅严格规定其行使要件，还限制其行使时间，以免滋生流弊。如果解除权人对于享有的合同解除权，既不行使也不放弃，因合同随时有被解除的可能，将使合同当事人的权利义务关系长期处于不稳定的状态，这与该法保护交易安全和维护社会经济秩序稳定的立法目的相悖。因此，合同解除权与其他形成权一样，应受到除斥期间的限制。故当事人经过除斥期间不行使法定解除权或约定解除权，则应认定解除权归于消灭。从另一个方面来说，“权利上的睡眠者”本不应受到保护，一方当事人长时间不行使合同解除权，足以证明其并无解除合同的真实意愿，应视为其自行放弃了解除合同的权利。解除权除斥期间的起算点，从解除权人知道或者应当知道解除事由之日起算一年。本案中，被告未按约定于2020年5月1日前交房，原告于2021年3月15日提出解除合同，要求退房款，系在一年内行使解除权，并未超过解除权行使期间。

编写人：山东省淄博市临淄区人民法院　张晓明　刘程

33

已过户的二手房屋被认定为危房，能否要求解除房屋买卖合同

——张某甲诉喻某某房屋买卖合同案

【案件基本信息】

1. 裁判书字号

湖北省武汉市江岸区人民法院（2021）鄂0102民初17251号民事判决书

2. 案由：房屋买卖合同纠纷

3. 当事人

原告（反诉被告）：张某甲

被告（反诉原告）：喻某某

【基本案情】

2021年5月20日，张某甲作为出售方与作为购买方的张某乙签订《武汉市存量房买卖合同》，合同确认出售方与购买方通过房产经纪公司中介介绍成

交。该《武汉市存量房买卖合同》约定：张某乙以1170000元的价格购买张某甲12室房屋，建筑面积71.41平方米，购房定金20000元，付款方式为首付款和商业贷款结合支付。合同签订后，张某乙向张某甲支付购房款定金20000元。该合同约定了违约责任等内容。

同时，张某甲（甲方、出售方）、张某乙（乙方、购买方）、房产经纪公司（丙方、中介方）三方签订了《中介服务合同》《房屋交易按揭、过户服务合同》《服务承诺告知书》等协议。2021年8月18日，张某甲（甲方、出售方）、张某乙（乙方、原买受方）、房产经纪公司（丙方、中介方）、喻某某（丁方、新买受方）四方签订《变更买受方协议书》，协议约定：甲、乙、丙、丁四方协商一致，甲、乙、丙三方就上述房屋交易相关事宜分别就共同签署的《交易资金风险告知函》《武汉市存量房屋买卖合同》《中介服务合同》《房屋交易按揭、过户服务合同》《收据》《服务承诺告知书》及其他相关合同备件项下的乙方权利义务全部转移于丁方，丁方同意受让前述合同项下的全部权利义务；甲、乙、丙、丁四方一致认可上述合同的变更，并按照变更后的合同继续履行。

2021年8月20日，张某甲、喻某某在房产经纪公司员工陪同下前往登记机关，办理了涉案房屋的过户手续，同日喻某某向张某甲支付首付款530000元，并缴纳涉案房屋过户税费8926元，土地收益金1104元。

另查明，住房保障和房屋管理局的档案材料中存有《房屋安全鉴定书》，该鉴定系检测技术公司于2018年10月18日受建筑公司委托所作，鉴定目的为因邻近工地施工，根据委托方委托，对房屋进行二次结构安全性鉴定，鉴定类别为整栋鉴定。该鉴定意见书载明："房屋建于1983年，2008年因房屋墙体严重倾斜，加固公司对房屋地基进行了灌浆加固处理及女儿墙加固处理。2017年临近工地施工前，委托检测机构进行过房屋安全鉴定，鉴定等级为C级。本次查勘时，房屋周边地基未见明显沉降，基础未见异常，砼梁、板构件基本牢固；1-33/D轴承重墙体有倾斜；房屋整体倾斜率未超标。房屋损坏情况综述：承重墙体有倾斜。"

庭审中，双方当事人均认可，67号房屋外立面订有金属标示牌，其上载明“房管局安全警示牌，C级危险房屋，请过往行人、相邻人员注意安全，危房禁止对外出租，房屋所有人为房屋安全责任人，应当检查维修房屋、及时治理房屋安全隐患”，并标注有房屋安全应急投诉电话。对于该警示牌，喻某某称其于2021年10月7日到涉案房屋处查验房屋时才看见楼栋外墙上钉着C级危险房屋的警示牌；张某甲则称其于2006年购买涉案房屋并居住至2015年4月，其后一直将该房屋出租，后又空置一年多，因并未在该房屋内居住，并不知道楼栋外墙何时被钉上警示牌。张某甲、喻某某及中介公司均称涉案房屋虽为腾空状态，但因发生争议，房屋钥匙一直由中介公司即房产经纪公司持有，并未向喻某某交付。

再查明，喻某某主张，在涉案房屋整个交易过程中，张某甲及房产经纪公司通过中介平台发布房屋的相关信息向买方进行推介，中介平台上注明该房屋建于1993年。

【案件焦点】

1. 签订了二手房买卖合同并已过户后，发现房屋属于危房能否要求解除房屋买卖合同；2. 因危房买卖合同解除后的责任承担。

【法院裁判要旨】

湖北省武汉市江岸区人民法院经审理认为：本案主要有三点重要事项。

第一，张某乙、喻某某、张某甲、房产经纪公司四方签订的《变更买受方协议书》，明确约定原购房人张某乙的权利义务全部转移于喻某某，对此四方均予认可，由此可以确定本案房屋买卖合同的买方为喻某某。涉案房屋买卖合同的买方即为喻某某、卖方系张某甲，相关权利义务应由合同相对人行使。

第二，危房本身属于应当及时修复或者拆除的建筑，如继续使用会给房屋使用人带来生命财产安全、健康隐患。涉案房屋经房屋安全鉴定，有《房屋安全鉴定书》评定鉴定等级为C级。相关部门也以安全警示牌的形式提示“C级危险房屋，请过往行人、相邻人员注意安全，危房禁止对外出租，房屋所有人为房屋安全责任人，应当检查维修房屋、及时治理房屋安全隐患”。涉案房屋买卖合同订立时虽系双方当事人真实意思表示，但涉案房屋系危房，存在重大的质量安全隐患，对房屋使用人的生命财产安全、健康存在较大威胁，属于事实上不能履行的情形。保障房屋使用人的生命财产安全和健康是无条件的，其价值远大于卖方出售涉案房屋获得的债权，或交易流失、变动造成的交易各方的经济损失。被告（反诉原告）喻某某一旦使用涉案房屋，其生命财产安全、健康便处于危险中，其购买涉案房屋的合同目的不能实现，即无论是使用还是收益（出租）均有安全隐患，事实上导致涉案房屋买卖合同不能履行。故案涉《武汉市存量房买卖合同》应予解除。

第三，考虑到张某甲于2006年购买涉案房屋，并非新房入住，其是否明知房龄的准确时间尚且存疑，何况房龄与是否构成危房并无直接联系，故喻某某对张某甲明知涉案房屋系危房而销售，甚至构成欺诈的诉讼主张不能成立。考虑到涉案房屋的鉴定系其他楼盘引起，加之买卖双方均未能证实涉案房屋业主得到危房通知，因此，本案中业主得知涉案房屋系危房的实际途径系房屋外墙警示牌。双方当事人均无法举证证明涉案房屋外墙上的警示牌何时出现，但应晚于鉴定时间，因此对于直接钉在外墙上的警示牌，买卖双方在交易过程中均有发现的可能和义务，现买卖双方均称订立合同时未发现外墙上有警示牌，对于涉案房屋买卖合同事实上不能履行的后果均有过错，买卖双方应各自承担责任。

湖北省武汉市江岸区人民法院依照《中华人民共和国民法典》第五百八十条，《中华人民共和国民事诉讼法》第一百四十五条之规定，判决如下：

一、驳回原告（反诉被告）张某甲的全部诉讼请求；

二、解除原告（反诉被告）张某甲与被告（反诉原告）喻某某签订的《武汉市存量房买卖合同》；

三、原告（反诉被告）张某甲于本判决生效之日起10日内向被告（反诉原告）喻某某返还购房款550000元；

四、原告（反诉被告）张某甲配合被告（反诉原告）喻某某将12室房屋过户至原告（反诉被告）张某甲名下，相关费用由原告（反诉被告）张某甲承担；

五、驳回被告（反诉原告）喻某某的其他诉讼请求。

判决后，双方当事人均未上诉，本判决现已生效。

【法官后语】

危房本身属于应当及时修复或者拆除的建筑，如继续使用会给房屋使用人带来生命财产安全、健康隐患。保障房屋使用人的生命财产安全和健康是无条件的，其价值远大于卖方出售涉案房屋获得的债权，或交易流失、变动造成的交易各方的经济损失。此类案件审判的价值基准应从维护公共安全及确立正确的社会价值导向的角度出发，司法不应鼓励这种为追求经济利益而忽视公共安全的有违社会公共利益和公序良俗的行为，即使房屋已过户，也应赋予买方解除权。

涉案房屋买卖合同订立时虽系双方当事人真实意思表示，但涉案房屋系危房，存在重大的质量安全隐患，对房屋使用人的生命财产安全、健康存在较大威胁，属于事实上不能履行的情形。买方一旦使用涉案房屋，其生命财产安全、健康便处于危险中，其购买涉案房屋的合同目的不能实现，即无论是使用还是收益（出租）均有安全隐患，事实上导致涉案房屋买卖合同不能履行。此时，应认可买方享有解除权。考虑到涉案房屋的隐患、鉴定系其他楼盘建造引起、实施，全楼业主实际上均未得到危房通知，可推知业主得知涉案房屋系危房的最初途径系房屋外墙警示牌。双方当事人均无法举证证明涉案房屋外墙上的警示牌何时出现，但应晚于鉴定时间，因此，对于直接钉在外墙上的警示牌，买卖双方在交易过程中均有发现的可能和义务，现买卖双方均称订立合同时未发现外墙上有警示牌，对于涉案房屋买卖合同事实上不能履行的后果均有过错，买卖双方应各自承担责任。

编写人：湖北省武汉市江岸区人民法院　夏露

34

虚假意思表示与隐藏民事法律行为的界定

——段甲诉段乙房屋买卖合同案

【案件基本信息】

1. 裁判书字号

北京市第二中级人民法院（2022）京02民终392号民事判决书

2. 案由：房屋买卖合同纠纷

3. 当事人

原告（上诉人）：段甲

被告（被上诉人）：段乙

第三人：印某

【基本案情】

段甲与印某原为夫妻关系，双方于2010年12月10日协议离婚。段乙为双方所生之女。涉案房屋原登记在段甲名下。2010年12月10日，段甲与印某签订协议书，约定：（1）涉案房屋归二人共同所有，如有一方毁约，该方就自动放弃房屋所有权。（2）共同抚养女儿，到女儿独立生活为止。（3）当环境改变后，办理复婚手续。2010年12月11日，段甲与印某办理了离婚手续，双方签订的《离婚协议书》中约定在段甲名下的涉案房屋归男方所有。2018年5月，段甲对外欠债本金500000元。2018年6月11日，段乙帮助段甲偿还了对外债务本息632000元。2018年8月27日，段甲作为出卖人，段乙作为买受人，签订《北京市存量房屋买卖合同》，双方约定：段甲以1元的价格将涉案房屋出售给段乙，该合同中未作其他约定。当日，段甲协助段乙办理了房屋过户手续。

2020年，双方因涉案房屋买卖合同的解除问题产生争议。2021年5月19日，段甲通过微信向段乙发送通知："段乙，2018年8月27日，你与我签订了《北京市存量房屋买卖合同》，约定我将自有的房屋出售给你，因你一直未履行合同义务。现通知你，该合同解除。特此通知。通知人：段甲，2021年5月19日。"段乙对此未作回复。据此，段甲请求法院确认段甲与段乙于2018年8月27日签订的《北京市存量房屋买卖合同》于2021年5月19日解除，并要求将涉案房屋产权变更登记在其名下。

庭审中，段乙主张涉案房屋之所以进行过户，是因为段甲在2018年5月欠付巨额债务无力偿还，抵押涉案房屋，其出资632000元帮助段甲偿还了对外债务赎回了房屋，后经家庭成员协商同意，段甲以买卖的形式将涉案房屋过户至其名下，过户的目的是保住父母的共同财产。该合同签订后，其向段甲支付的钱款也早已超出1元的合同标的，其不存在违约行为。段乙提交了过户后为段甲购买衣物、报销医药费、带段甲旅游、通过微信向段甲转款的证据，段甲对证据的真实性均予认可，亦认可段乙为其偿还债务的事实，但坚持认为段乙未向其支付购房款构成违约。

【案件焦点】

1. 房屋买卖合同是否为双方真实意思表示；2. 段甲能否解除合同。

【法院裁判要旨】

北京市西城区人民法院经审理认为：根据双方合同约定内容、履行情况，双方虽然履行了订立存量房屋买卖的合同形式，但结合当事人之间身份关系及房屋过户背景情况等因素分析，当事人之间并非单纯的市场主体间的买卖合同关系，而是具有特定身份关系的当事人基于一定目的而订立。本案中，买卖并非双方当事人的真实意思表示，段甲主张双方之间仅为房屋买卖合同关系，并以此为基础要求解除该合同的诉讼理由，与客观事实不符，段甲以段乙不履行买卖合同义务请求解除合同的理由不能成立，法院对段甲的诉讼请求不予支持。段甲可依双方虚伪意思表示背后隐藏的民事行为涉及的相关法律规定，另行主张权利。北京市西城区人民法院判决如下：

驳回原告段甲的诉讼请求。

段甲不服一审判决，提起上诉。

北京市第二中级人民法院经审理认为：同意一审法院裁判意见，依照《中华人民共和国民事诉讼法》第一百七十七条第一款第一项之规定，判决如下：

驳回上诉，维持原判。

【法官后语】

近年来，围绕着房屋买卖合同所发生的纠纷和诉讼日益增加，占据了房地产纠纷的很大一部分。其中，具有特定身份关系的当事人基于一定目的而订立房屋买卖合同造成的纠纷较为常见，当事人之间并非单纯的市场主体间的买卖合同关系，应当结合合同约定、履行情况、身份关系及房屋过户背景情况等因素综合分析认定。对于此种法律关系，不宜片面、机械地以表面合同形式予以处理，否则将发生法律后果与当事人真实意思严重偏离的不利后果。

《中华人民共和国民法典》第一百四十六条沿用了《中华人民共和国民法总则》第一百四十六条之规定，行为人与相对人以虚假的意思表示实施的民事法律行为无效。意思表示是构成民事法律行为的核心要件之一，它指向外部表明当事人希望发生某种私法意义上的效果的意思的行为。由于此种意思发乎于当事人的内心，如果不对外表达出来，是不可能为他人所知晓的，也就当然不可能发生当事人所希冀的法律效果。虚假意思表示又称虚伪表示，所谓虚伪表示，是指行为人与相对人都知道自己所表示的意思并非真意，通谋作出与真意不一致的意思表示。一个民事法律行为要想成立，当事人就必须将自己的意思完整、有效地向他人表达出来并为该人所知悉，真实的意思表示是民事法律行为得以成立及有效的前提条件。如果当事人的意思表示不真实，则必然会影响其行为之后果。探究双方当事人缔约时的真实意思表示，是审查认定涉案民事法律行为性质的基本事实。

本案中，原、被告签订房屋买卖合同，依常理双方之间应存有交易诉争房屋的意思表示及相应的履约行为。但双方对房屋交付的时间及条件、违约责任的承担方式及违约金标准等重要合同条款均未约定。合同约定购房款为 1 元，缔约当日即完成了房屋转移登记手续，此举与房屋买卖的交易习惯不符。综合分析可以认定双方不存在真实的房屋买卖行为。因此，双方当事人之间的房屋买卖行为为无效法律行为。

二人的内心意思与外部的表示行为并不一致，双方合作完成了通谋虚伪行为，形成了真实与虚假两项意思表示。虚假的房屋买卖意思表示浮现于表面，真实的意思表示则被隐藏于内。而隐藏在房屋买卖合同形式下的真实意思表示有多种可能性。既有可能是以合法形式掩盖非法目的的民事行为，也概括了其他隐藏行为。例如，为躲避债务而虚假让与财产的代持，又如，碍于情面的名为买卖实为赠与等。以虚假的意思表示隐藏的民事法律行为的效力，依照有关法律规定处理。当事人可基于隐藏的民事法律行为另行主张权利。

本案例的典型意义在于，法官以法律规定和合同约定为着眼点，在准确理解与适用相关法律法规的基础上，结合经验法则界定虚假意思表示和隐藏的民事法律行为，对坚持以虚假意思表示实施的民事法律行为起诉解除的诉讼请求不予支持，而对于隐藏的民事法律行为可另行主张，依据相关规定处理。本案对具有特定身份关系基于一定目的订立房屋买卖合同效力的认定，具有一定的指导和示范意义。

编写人：北京市西城区人民法院　韩进红　姚岚

（三）合同的履行

35

房屋买受人对于合同不能履行存在过错的，应当适当减轻出卖人的赔偿责任

——王某某诉满某房屋买卖合同案

【案件基本信息】

1. 裁判书字号

北京市第三中级人民法院（2022）京03民终8130号民事判决书

2. 案由：房屋买卖合同纠纷

3. 当事人

原告（被上诉人）：王某某

被告（上诉人）：满某

【基本案情】

2019年1月31日，经房地产经纪公司居间，王某某（买受人）与满某（出卖人）签订《北京市存量房屋买卖合同》及《补充协议》，约定满某将案涉房屋出售给王某某，房屋总价为995万元，满某有义务确保案涉房屋无查封、保全等强制措施，若房屋被查封或设置其他权属转移登记限制，致使无法办理交易手续的，买受人有权单方解除合同，出卖人应赔偿买受人损失。后双方又签订两份《补充协议》，王某某按照协议约定支付了房款，具体为：签约当日，王某某支付定金10万元；2019年2月15日，满某向王某某借款12000元并承

诺在过户交房后返还或从购房款中扣除；2019 年 2 月 18 日（过户前一日），王某某以银行监管方式向满某支付购房款 659 万元并缴纳契税，剩余 266 万元购房款约定于房屋交接当日支付。

2019 年 2 月 19 日，王某某在办理房屋权属转移登记时发现涉案房屋因满某涉及一继承纠纷案件被法院查封导致无法过户。该案件审理中查明，涉案房屋原登记于满某之母范某 1 名下，范某 1 曾订立遗嘱明确涉案房屋由范某 2 继承，范某 1 去世后满某曾经签署过一份放弃继承的声明书，此后又办理了要求继承涉案房屋的公证并将房屋变更过户至自己名下。2018 年底，范某 2 将满某诉至法院，要求判令案涉房屋由范某 2 继承并归范某 2 所有。满某将涉案房屋出卖给王某某时，上述情况并未向王某某披露过。

得知该案件后，王某某妻子刘某某立即联系满某的律师研究案情，经初步分析认为满某很有可能胜诉，本案的房屋买卖合同可能会继续履行，故告知满某再等等该案件的诉讼情况。此后，刘某某还向满某推荐律师帮助分析案情，双方多次沟通案件的审理进度情况。2019 年 12 月 16 日，王某某取回了通过银行监管方式支付的购房款 659 万元。2020 年 7 月 31 日，该案一审判决涉案房屋由范某 2 继承，满某协助办理过户登记手续；满某不服，提起上诉，2020 年 11 月 30 日，该案二审判决驳回满某上诉，维持原判。后范某 2 申请强制执行，将涉案房屋过户至范某 2 名下。

本案审理过程中，经评估涉案房屋在 2021 年 7 月 23 日的市场价值为 1247.92 万元。

现王某某将满某诉至法院，请求法院判决：（1）解除双方 2019 年 1 月 31 日签订的《北京市存量房屋买卖合同》及《补充协议》；（2）满某赔偿王某某 2825320 元（含房屋差价损失 252.92 万元及维权损失）；（3）满某返还王某某定金 10 万元；（4）满某偿还王某某欠款 12000 元并支付利息；（5）满某协助王某某办理涉案房屋的网签注销手续。

【案件焦点】

因房屋升值而产生的可得利益损失是否应当全部由满某承担赔偿责任。

【法院裁判要旨】

北京市朝阳区人民法院经审理认为：本案中，王某某、满某签订的《北京市存量房屋买卖合同》及三份《补充协议》是双方的真实意思表示，合法有效，双方均应依约履行。案涉房屋系因满某原因无法办理过户登记，故满某系根本违约方，满某虽抗辩称王某某对案涉房屋涉诉知情，但未出示充分证据予以证明，且即便存在此情况，合同责任系严格责任，对其此项抗辩意见法院不予采纳，在满某构成根本违约且同意解除房屋买卖合同关系的情况下，对王某某要求解除与满某之间的房屋买卖合同关系的诉讼请求予以支持。关于王某某主张的各项损失及差价损失一项，因满某的根本违约行为，致使王某某不能取得案涉房屋，案涉房屋诉讼中评估价格与约定的购房款价格之间的差额252.92万元应为房屋买卖合同履行后王某某可以获得的利益，且该预期利益数额合理，因此对王某某主张的此项损失予以支持。保函费法院予以支持，律师代理费一项，法院仅支持已实际支出的部分。关于退还定金一项，满某实际收取定金且同意退还，法院对此不持异议。关于返还借款及利息一项，法院依法予以确认。关于王某某主张的配合办理网签注销手续的诉讼请求，满某同意配合，法院对此不持异议。

北京市朝阳区人民法院依照《中华人民共和国民法典》第四百六十五条、第五百零九条、第五百七十七条、第五百八十四条的规定，判决如下：

一、解除王某某与满某签订的《北京市存量房屋买卖合同》及《补充协议》；

二、满某于判决生效之日起15日内赔偿王某某房屋差价损失252.92万元、律师代理费损失2万元、保函费损失1.2万元；

三、满某于判决生效之日起15日内退还王某某定金10万元；

四、满某于判决生效之日起15日内偿还王某某借款1.2万元并支付利息；

五、满某于判决生效之日起15日内配合王某某办理涉案房屋的网签注销手续；

六、驳回王某某的其他诉讼请求。

满某不服，提起上诉。

北京市第三中级人民法院经审理认为：在认定和计算可得利益损失时，应从守约方主张的可得利益赔偿总额中扣除守约方未采取合理措施不当扩大的损失、守约方亦有过失所造成的损失、守约方因此获得的利益以及守约方取得利益需要支出的必要的交易成本，并综合考虑守约方的履约情况等因素予以确定。

本案中，关于满某应承担的差价损失赔偿数额，需要结合双方的过错程度、买卖合同的实际履行情况以及房屋升值的可得利益损失等因素综合酌定。

首先，关于双方的过错情况。满某作为本案房屋的出卖人应当保证房屋产权不存在任何争议，但根据本案查明的事实以及此前生效判决确认的事实可知，满某未将房屋权属争议状况向王某某披露过，满某作为出卖人存在明显过错。同时，王某某作为买受人虽然最初不知道该房屋还存在权属争议，但在2019年2月19日拟办理产权过户登记手续时已经得知该房屋因民事诉讼被法院查封，随后又通过律师了解到该案件的具体诉讼情况，此时，其本可以依据房屋买卖合同的约定及时主张解除合同并要求满某返还购房款、支付违约金或赔偿损失等，但其主观认为满某有可能胜诉，愿意继续等待该案件的审理结果，直至2020年11月30日终审判决驳回了满某的上诉请求。可见，王某某对于后来房屋升值损失的扩大亦存在过错。

其次，关于房屋买卖合同的实际履行情况。根据查明的事实，双方于2019年1月31日签订房屋买卖合同，约定的总房款为995万元。王某某于签约当日支付了定金10万元，2019年2月18日通过银行监管方式支付购房款659万元，2019年2月19日发现该房屋存在权属争议诉讼，2019年12月16日取回了通过银行监管方式支付的购房款659万元，此后王某某未再支付购房款，双方一直在等待另案的诉讼结果，直至2020年11月30日终审判决驳回了满某的上诉请求后，王某某于2021年1月提起了本案诉讼。

最后，关于本案房屋的升值情况。双方于2019年1月31日签订房屋买卖合同时约定的总房款为995万元，在一审法院诉讼期间经评估鉴定本案房屋在2021年7月23日的市场价值为1247.92万元，两者相差252.92万元。

根据上述情况可知，满某和王某某对于合同不能履行直至2021年7月23日的房屋升值损失达到252.92万元均存在过错，王某某未付清全部购房款995万元且于2019年12月16日就实际取回了已付款659万元，满某仅持有王某某支付的购房定金10万元，综合上述因素酌定满某应赔偿王某某的可得利益损失数额为120万元，一审法院判决满某赔偿王某某全部差价损失252.92万元不当。

满某的上诉请求及理由部分成立，一审法院判决满某赔偿王某某的房屋差价损失数额不当，应予以纠正。一审法院判决的其他事项正确，应予以维持。

北京市第三中级人民法院依照《中华人民共和国民事诉讼法》第一百七十七条第一款第二项之规定，判决如下：

一、维持北京市朝阳区人民法院（2021）京0105民初29382号民事判决第一项、第三项、第四项、第五项；

二、变更北京市朝阳区人民法院（2021）京0105民初29382号民事判决第二项为“满某于本判决生效之日起15日内赔偿王某某房屋差价损失120万元、律师代理费损失2万元、保函费损失12000元”；

三、撤销北京市朝阳区人民法院（2021）京0105民初29382号民事判决第六项；

四、驳回王某某的其他诉讼请求。

【法官后语】

1. 出卖人违约致使房屋买卖合同不能履行，应赔偿房屋升值的可得利益损失

根据《中华人民共和国民法典》第五百八十四条的规定，当事人一方不履行合同义务或者履行合同义务不符合约定，造成对方损失的，损失赔偿额应当相当于因违约所造成的损失，包括“合同履行后可以获得的利益”，即可得利益的损失。本案中，房屋买受人的可得利益损失即为房屋价格上涨之后的房屋差价损失，是买受人在签订合同时未享有但合同完全履行后所能享有的利益，该利益是一种未来的利益。若合同如期履行，该利益就会被买受人获得，该预

期的纯利润的损失具有确定性。同时，对于能否预见，应采用一个和违约方同类型的社会一般人的标准来衡量，本案出卖人在出售房屋前明知房屋可能存在权属争议，但并没有将上述情况向买受人披露过，作为参与民事活动的一般理性人，其理应预见到因其违约，会导致买受人无法享有其在合同完全履行时应享有的房屋增值的利益或替代购买而多支出的差额。出卖人对于违约导致的损失的类型以及房屋价值波动的大概范围均有所预见，故因出卖人违约致使房屋买卖合同不能履行，买受人要求出卖人赔偿房屋差价损失的，应予支持。

2. 买受人未采取适当措施防止损失扩大，对合同不能履行亦存在过错的，应当适当减轻出卖人的赔偿责任

根据《中华人民共和国民法典》第五百九十一条第一款的规定，当事人一方违约后，对方应当采取适当措施防止损失的扩大；没有采取适当措施致使损失扩大的，不得就扩大的损失请求赔偿。根据该规定，非违约一方负有防止损失扩大的减损义务，该义务作为一种不真正义务，非违约方需要与法院共同保护期待利益，而不能单纯等待损失的扩大。在认定和计算可得利益损失时，应从守约方主张的可得利益赔偿总额中扣除守约方未采取合理措施不当扩大的损失、守约方亦有过失所造成的损失、守约方因此获得的利益以及守约方取得利益需要支出的必要的交易成本，并综合考虑守约方的履约情况等因素予以确定。本案买受人作为理性民事行为人，理应知道诉讼可能导致合同无法履行的风险，在此情况下，应当及时采取解除合同、要求返还房款、违约损害赔偿或进行替代房屋购买等合理措施防止损失扩大，而其主观认为出卖人有可能胜诉，愿意继续等待该案件的审理结果，显然未能尽到理性买受人的注意义务，对合同不能履行及损失的扩大亦具有过错，应根据双方的过错程度酌定违约金的数额。

3. 买卖合同的履行反映出履约的主观意愿和过错程度，房屋差价损失赔偿数额需结合买卖合同的实际履行情况酌定

合同的履行情况反映出交易双方的履约态度，可作为过错的考量因素之一。若买受人支付价款存在迟延等违约情形，可从共同过错等角度减轻赔偿。根据买受人实际支付价款占总价款的比例，可酌减或折算可得利益。本案中，买受

人虽不存在迟延给付价款的过错行为，但买受人未付清全部房款995万元且于2019年12月16日就实际取回了已付款659万元，出卖人仅持有买受人支付的购房定金10万元，若买受人无须投入任何成本或投入较少成本，直接获取过大的经营利润，不公平也不可预见。

关于认定房屋差价损失的时点。该时间点的认定可以结合买卖合同的履行情况一并考量。一般在出卖人违约的情况下，买受人应当依据诚实信用原则及时采取解除合同、主张定金罚则、要求违约赔偿或进行替代购买房屋等合理措施防止损失扩大，但对于买受人的此种减损义务亦不能提出过高的要求，在确定房屋差价损失的截止时点及计算可得利益损失时，法院需要综合考虑买受人支付定金、办理按揭贷款手续、按期还款的履约具体情况。本案买受人于2019年12月16日就实际取回了已付款659万元，此时买受人无论是要求解除合同还是在合理期间内进行替代房屋购买，都不存在过高的障碍，由于买受人未采取合理措施防止损失扩大，对于此后的房价上升的风险与损失应当自行承担。故结合买受人对于诉讼结果的合理预期、买卖合同的实际履行情况，以买受人取回购房款的时间节点计算房屋差价损失，扩大的损失由买受人自行承担较为合理。

编写人：北京市第三中级人民法院　张清波　李雅茹

36

出卖人主给付义务履行标准的认定

——李某诉置业公司商品房销售合同案

【案件基本信息】

1. 裁判书字号

天津市第三中级人民法院（2022）津03民终4482号民事判决书

2. 案由：商品房销售合同纠纷

3. 当事人

原告（上诉人）：李某

被告（上诉人）：置业公司

【基本案情】

2013年12月，原告李某与被告置业公司签订《天津市商品房买卖合同》，李某购买置业公司开发建设的1122号房屋。合同签订后，原告依约付清房款，被告依约将房屋交付李某使用。

2016年4月，因被告未按约定履行义务，原告李某诉至法院，要求被告履行协助办理权属转移登记手续。后经两级法院审理，原告诉求依法支持。判决生效后，原告申请强制执行，执行程序中查明，被告尚未办理案涉房屋初始登记，不符合办证条件。双方就办证期限达成执行和解，故裁定终结本次执行。

2018年4月，因被告仍未履行办证义务，原告再次诉至法院，要求被告赔偿逾期办理产权转移登记的违约金。经两级法院审理，部分支持原告诉讼请求。判决生效后，李某再次申请强制执行。

被告至起诉时，仍未按合同约定协助原告办理产权转移登记手续，原告诉至法院，要求被告履行协助办理产权变更登记手续。

【案件焦点】

1. 出卖人未向买受人履行协助办理权属登记义务的，出卖人的主给付义务是否履行完毕；2. 约定限制买受人行使法定解除权的合同条款是否有效；3. 买受人是否享有法定解除权；4. 如买受人享有解除权，解除权的起算时间是何时。

【法院裁判要旨】

天津市滨海新区人民法院经审理认为：出卖人在不动产买卖合同中对买受人解除权行使限制的条款无效，合同目的不能实现时，买受人享有合同解除权。根据物权法定原则，不动产权属变更应依法登记，自记载于不动产登记簿时产生法律效力。在商品房买卖合同中，出卖人向买受人交付商品房的义务为主合同义务，既包括将案涉商品房使用权交付买受人，也包括将不动产的权属登记变更为买受人。既要符合形式要件要求，也要符合实质要件要求。要将案涉房屋交付买受人使用，也要将不动产权属登记变更所有权人为买受人。本案中，出卖人直至今日并未将不动产权属登记所有权人变更。案件审理中查明，案涉不动产未办理产权登记的原因系被告违约，案涉不动产未进行初始登记，故被告并未向原告完成交付商品房的法定义务，其违约行为一直持续发生。现买受人取得物权的合同目的不能实现，买受人享有法定解除权。出卖人以案涉争议已经其他诉讼、强制执行程序，多次经人民法院受理，买受人行使权利已超过诉讼时效的，人民法院应综合考虑当事人订立合同目的、合同义务履行时间、不动产交付行为是否完成等因素确定解除权行使时间。权利人行使解除权的起算时间自知道或者应当知道其权益受损之日起计算，经过其他诉讼、执行程序，并不必然导致权利人知道权利受到实际损失。已进行诉讼、强制执行程序的时间并不能作为解除权行使时间。因原告要求被告履行办理过户义务，经过强制执行程序后，依然履行不能。现买受人知道其取得所有权的合同目的不能实现，故起算时间应以起诉主张权利时间为解除权起算时间，公平合理。

天津市滨海新区人民法院依照《中华人民共和国民法典》第五百零九条、第五百六十六条，《最高人民法院关于审理商品房买卖合同纠纷案件适用法律若干问题的解释》第十五条，《最高人民法院关于适用〈中华人民共和国民法典〉时间效力的若干规定》第一条第三款，《中华人民共和国民事诉讼法》第六十七条，《最高人民法院关于适用〈中华人民共和国民事诉讼法〉的解释》第九十条之规定，判决如下：

一、解除原告李某与被告置业公司签订的《天津市商品房买卖合同》；

二、被告置业公司于本判决生效之日起 10 日内退还原告李某购房款 4279760 元并赔偿已付购房款的利息损失；

三、驳回原告李某的其他诉讼请求。

一审判决作出后，原、被告提起上诉。

天津市第三中级人民法院经审理认为：一审判决认定事实清楚，裁判结果正确，应予维持。依照《中华人民共和国民事诉讼法》第一百七十六条第一款、第一百七十七条第一款第一项之规定，判决如下：

驳回上诉，维持原判。

【法官后语】

在商品房买卖合同中，出卖人通常利用自己在交易中的优势地位，通过事先约定来排除合同解除权的行使。买受人作为弱势群体一方，未取得房屋的所有权时，如何主张权利？买受人通过诉讼程序向出卖人主张权利，是否意味着其行使解除权已超过除斥期间？本案例具有典型性，对上述焦点问题进行了回应。

1. 合同解除权排除条款是否有效

出卖人在不动产买卖合同中对买受人解除权行使限制的条款无效，合同目的不能实现时，买受人享有合同解除权。合同法定解除权本质上是对非违约方的一种权利救济，通过行使法定解除权从不能继续履行的合同中抽身，以免遭受更大损失。系合同规定守约方的一种权利，不能够通过约定予以限制、排除。

2. 出卖人主给付义务履行标准

根据物权法定原则，不动产权属变更应依法登记，自记载于不动产登记簿时发生法律效力。在商品房买卖合同中，出卖人向买受人交付商品房的义务为主合同义务，既包括将案涉商品房使用权交付买受人，也包括将不动产的权属登记变更为买受人。既要符合形式要件要求，也要符合实质要件要求。既要将案涉房屋交付买受人使用，也要将不动产权属登记变更所有权人为买受人。本案中，原、被告签订商品房买卖合同后，被告未完全履行交付义务，未协助原告办理不动产权证，造成买受人无法取得完整房屋所有权。

3. 未完全履行主给付义务，买受人解除权行使的起算时间

因合同履行争议，原告依法向法院提起诉讼，要求被告协助办理过户的诉讼请求得到法院支持。判决生效后，原告依法申请强制执行。在强制执行程序中查明，因被告未向不动产登记部门办理产权初始登记造成暂无法办理过户。双方嗣后达成执行和解，由开发商向不动产登记部门递交办理初始登记材料后协助原告办理，案件裁定终结本次执行。因被告未履行办理过户的义务，原告另向法院起

诉，要求开发商承担逾期办证的违约责任，其诉讼请求也被法院依法予以支持。故出卖人未完全履行合同的主给付义务，买受人可行使解除权。

出卖人以案涉不动产纠纷争议已提起过其他诉讼，买受人行使解除权已超除斥期间为由抗辩，如何认定买受人知道其权利受损起算时间，是否适用除斥期间规定，出卖人未完全履行其主给付义务，导致买受人合同目的无法实现时，买受人可请求解除合同。出卖人未按合同约定履行协助办证义务，买受人行使解除权的合理期限，未有法律明确规定。逾期办理产权登记行为系持续性行为，出卖人逾期办证行为持续侵害买受人权益。买受人行使权利应适用除斥期间，以买受人知道或者应当知道其权利实际受损之日起算。案涉争议经过其他诉讼并不必然导致权利人解除权行使时间超过法定除斥期间。应综合考虑当事人订立合同目的、合同义务履行时间、不动产交付行为是否完成等因素确定解除权行使时间。逾期办理不动产变更登记的，买受人行使权利应当遵循除斥期间规定，买受人解除权受一年除斥期间的限制，超过一年的，权利丧失。

编写人：天津市滨海新区人民法院　孙印利　张艳辉

37

抵押物转让规则转变前后“先售后抵”均不必然构成合同履行的障碍

——李某某、王某某诉宋某某、张某房屋买卖合同案

【案件基本信息】

1. 裁判书字号

江苏省盐城市中级人民法院（2022）苏09民终5637号民事判决书

2. 案由：房屋买卖合同纠纷

3. 当事人

原告（被上诉人）：李某某、王某某

被告（上诉人）：宋某某、张某

【基本案情】

李某某、王某某为夫妻关系。宋某某、张某为夫妻关系。2018年12月6日，李某某夫妇与宋某某夫妇签订《购房协议》一份，约定将某广场一处房屋作价900万元出售给宋某某夫妇，并保证案涉房屋没有设定担保、没有权属纠纷。宋某某夫妇已付款110万元，剩余房款等政府拆迁玻璃厂房款到账后一次性支付，同时办理过户手续。2018年12月13日，拆迁款到账200万元。2019年8月15日，李某某在案涉房屋上设立最高额抵押，债务履行期限为自2019年8月14日起至2023年8月13日止。后拆迁款分别于2021年1月8日到账400万元、2021年2月24日到账100万元、2021年3月12日到账409.98万元。2021年11月16日，李某某夫妇向宋某某夫妇发函催告履行《购房协议》，完成付款义务，并办理过户。2022年6月3日，李某某夫妇涤除抵押权。2022年6月6日，宋某某夫妇向李某某夫妇发送通知，因李某某夫妇隐瞒房屋设有抵押，欲解除购房协议。

双方对合同能否继续履行发生争议，李某某夫妇诉至法院，要求宋某某夫妇继续履行《购房协议》，支付剩余房款，并承担违约金270万元。庭审中，李某某夫妇陈述，如法院支持继续履行合同的诉请，同意法院一并判决其履行过户义务。

【案件焦点】

1. 李某某夫妇擅自设立抵押是否构成合同继续履行的障碍；2. 违约责任的承担问题。

【法院裁判要旨】

江苏省盐城市经济技术开发区人民法院经审理认为：案涉《购房协议》是

双方真实意思表示，不违反法律法规的强制性规定，应为合法有效，双方均应恪守履行。

关于合同能否继续履行问题。李某某夫妇擅自设立抵押，违反协议约定，构成违约，但不会导致合同根本无法履行。支付尾款及过户的条件成就时，宋某某夫妇可以催告对方还款或者代为清偿以涤除抵押办理过户。《中华人民共和国民法典》实施后，其还可以带押过户，而实际上，李某某诉讼中已涤除抵押，合同可以继续履行。

关于违约责任承担问题。违约责任应以损失为基础，兼顾合同履行情况、当事人过错程度以及预期利益等因素综合确定。（1）李某某夫妇擅自设立抵押，在宋某某夫妇对抵押存有异议，影响合同后续履行时，仍未将抵押及时涤除，对合同履行陷入僵局存在主要过错。（2）《购房协议》仅约定尾款待拆迁款到账后支付，付款同时办理过户，而拆迁款的具体发放时间并不明确。李某某夫妇在房屋具备过户条件之前，设立抵押为其提供资金周转，合乎情理。（3）宋某某夫妇对案涉房屋拖延至今未过户亦具有一定责任，其领取拆迁款后未及时告知对方，未催告对方还款或者代为清偿以涤除抵押、办理过户。（4）从预期利益看，对比如房屋按约过户给宋某某夫妇可获得的租金收益及李某某夫妇尾款的利息收益，宋某某夫妇损失约 15 万元，故法院酌情确定李某某夫妇承担违约金 10 万元。

江苏省盐城市经济技术开发区人民法院依照《最高人民法院关于适用〈中华人民共和国民法典〉时间效力的若干规定》第一条第三款，《中华人民共和国民法典》第五百零九条、第五百六十三条、第五百八十五条、第五百九十一条、第五百九十二条之规定，判决如下：

一、被告宋某某、张某继续履行《购房协议》，向原告李某某、王某某支付剩余房款 780 万元；

二、原告李某某、王某某协助被告宋某某、张某办理房屋不动产权转移变更登记手续；

三、驳回原告李某某、王某某其他诉讼请求。

判决后，宋某某、张某不服，提起上诉。

江苏省盐城市中级人民法院经审理认为：一审法院判决认定事实清楚，适用法律正确，应予维持。据此，依照《中华人民共和国民事诉讼法》第一百七十七条第一款第一项之规定，判决如下：

驳回上诉，维持原判。

【法官后语】

房屋出售后未办理产权转移登记，出卖人将房屋抵押给第三人并办理登记的行为，即“先售后抵”行为，是否会给不动产转移登记义务的履行带来障碍，涉及抵押物转让规则的转变问题。本案特殊之处在于，出卖人设立抵押至涤除抵押期间经历了《中华人民共和国民法典》施行前后抵押物转让规则的立法转变。

1. 抵押物转让规则的立法嬗变

关于抵押物的转让，我国民法经历了一个较为复杂的发展过程。1988年施行的《最高人民法院关于贯彻执行〈中华人民共和国民法通则〉若干问题的意见（试行）》第一百一十五条采用“同意模式”，未经债权人同意的抵押物转让行为被认定无效。1995年施行的《中华人民共和国担保法》第四十九条改采相对宽松的“通知模式”。2000年施行的《最高人民法院关于适用〈中华人民共和国担保法〉若干问题的解释》第六十七条在未通知抵押权人之抵押物转让的效力问题上改变了《中华人民共和国担保法》的规定，肯定了未通知抵押权人的已登记的抵押物转让行为的效力。2007年施行的《中华人民共和国物权法》第191条似乎又回到了《最高人民法院关于贯彻执行〈中华人民共和国民法通则〉若干问题的意见（试行）》的立场上，对抵押物转让实行“同意转让”规则。该规则实践中存在诸多弊端，既不利于抵押物的流转，也不利于鼓励交易，更不利于物尽其用，故《中华人民共和国民法典》第四百零六条对抵押物转让改采“自由转让”规则。

2. 《中华人民共和国民法典》确立的抵押物转让规则

《中华人民共和国民法典》第四百零六条是在承认抵押权具有追及效力的

基础上，允许抵押人自由转让抵押物，但同时设置了三个具体规则：一是当事人可以约定限制或者禁止抵押物的转让；二是转让抵押财产须通知抵押权人；三是抵押权人能够证明抵押物转让可能损害抵押权的，可以请求抵押人将转让所得的价款向抵押权人提前清偿债务或者提存。既尊重当事人意思自治，又充分发挥物的效用，大大促进市场交易，符合时代发展需求，更能够促进市场经济发展。

3. “先售后抵”对合同履行的影响

无论《中华人民共和国民法典》施行前还是施行后，“先售后抵”均不必然导致房屋买卖合同根本上无法履行。李某某于2019年设立抵押时，依据当时的物权法，抵押物未经抵押权人同意不得转让。若房屋上没有权利设定的外观显征，抵押权人如属善意，经登记的抵押权具有物权效力，优先于买受人请求继续履行合同的债权效力。此时，买受人可以催告抵押人清偿债务或者代为清偿以涤除抵押权后，再要求继续履行合同。否则，买受人可以依据《最高人民法院关于审理商品房买卖合同纠纷案件适用法律若干问题的解释》（法释〔2020〕17号）第十一条规定，向出卖人主张解除合同、赔偿损失。若抵押权人非属善意，买受人可以先起诉注销抵押再要求履行不动产变更登记手续。

《中华人民共和国民法典》第四百零六条规定为不动产“带押过户”奠定了制度基础，提供了法律依据，自此，抵押权不构成买卖合同履行障碍。买受人有权在不解除房屋原有的抵押登记情况下，要求出卖人将房屋不动产权转移登记至买受人名下，实现出卖人“免涂销抵押过户”和买受人“新抵押登记贷款还旧”的有效衔接，即“带押过户”。

不动产的“带押过户”是《中华人民共和国民法典》实施后我国重大资产交易制度领域内的重大创新，2023年，其已从地方探索迈入全国化、常态化和全面推进的新阶段，对提高交易效率、防范交易风险、促进市场良性循环等大有裨益。

编写人：江苏省盐城市经济技术开发区人民法院　李静静

38

“一房多卖”均未办过户手续且未实际交付情形下应优先维护诚信当事人合法利益

——黄某甲诉黄某乙、黄某丙房屋买卖合同案

【案件基本信息】

1. 裁判书字号

福建省泉州市中级人民法院（2021）闽05民终7780号民事判决书

2. 案由：房屋买卖合同纠纷

3. 当事人

原告（被上诉人）：黄某甲

被告（上诉人）：黄某乙

被告：黄某丙

第三人：房产中介所

第三人（上诉人）：吴某乙

【基本案情】

2020年8月8日，黄某乙（卖方）、黄某丙（卖方代表人）与黄某甲（买方）及房产中介所（居间方）签订《房屋买卖合同》一份，约定卖方将204号房屋（建筑面积108.1平方米，并取得房屋所有权证）出售给买方，总价款为235万元；买方于2020年8月8日向卖方支付定金10万元，买方将定金在合同约定期限内存入卖方户名黄某丙的银行账户，即视为卖方收讫，卖方收到定金之日起本合同生效。在合同履行过程中，定金自动转为购房款；合同签订后，双方同意于2020年10月15日前至行政服务中心办理不动产权属过户手续或者

办理全权委托公证，买方于办理不动产权属过户手续当日将剩余房款220万元（不含尾款5万元）支付给卖方；买卖过户所涉及税、费由买方承担；居间方提供居间服务以及促成买卖双方签订合同，居间方有权向买方收取佣金23500元，该笔佣金于买卖双方至行政服务中心办理不动产过户完毕时付清；卖方于2020年10月15日前将上述房产正式交付给买方，届时买方将尾款5万元支付给卖方；签订合同后，一方未按合同约定擅自变更或解除合同的，或未按合同及合同相关附件的约定履行义务的，视为违约；自违约行为发生之日起，违约方按成交价款每日万分之五向守约方支付违约金；守约方有权要求违约方支付产生的佣金、服务费、交易过程中所产生的其他费用、因违约行为给守约方增加的律师代理费等费用等内容。合同签订当日，黄某甲向黄某乙支付购房定金10万元，黄某乙、黄某丙共同作为收款人向黄某甲出具一份《定金收条》。之后，黄某乙因未能及时办妥将案涉房屋不动产权变更登记至其名下的手续，遂与黄某甲协商延期办理过户时间。

2020年10月13日，黄某乙、黄某丙与黄某甲及房产中介所签订《房产买卖补充协议》一份，约定过户时间改为2020年12月30日。2021年1月26日，黄某乙办妥将案涉房屋登记至其名下的不动产权登记手续。

2020年11月间，黄某乙（通过其子）经与案外人王某某商谈后，确定将案涉房屋以250万元的价格出售给王某某，双方签订了一份书面买卖合同。2021年2月3日，黄某乙与王某某又签订一份《房产买卖合同》，约定黄某乙将案涉房屋出售给王某某，成交价250万元，协议签订之日，王某某应支付购房定金50万元，案涉房屋从黄某乙名下过户到王某某名下过程中产生的所有交易税费由王某某承担；王某某应于不动产过户当日向黄某乙支付250万元（含定金）；双方约定于2021年2月26日之前办理交易过户手续；黄某乙应于收到购房定金当日将房产交付给王某某使用；黄某乙需办理该房屋的继承换证手续，于签订合同之日起3个工作日内配合将案涉房屋过户给王某某指定的人名下等内容。合同签订当日，王某某向黄某乙支付50万元。黄某乙与王某某签订了一份《房屋交接确认书》，确认黄某乙将案涉房屋交付王某某。嗣后，王某某随即就案涉房屋联系房产中介从业者李某某寻找买家，并于2021年3月6日寻得买家吴某甲、吴某乙（父子），双方约定房屋成交价335万元。同日，吴某甲、吴某乙作为购买人与高某某作为“出售人代理人”、某中介服务公司作为中介方、李某某作为中介方经办人签订一份《房产买卖合同》，合同约定出售人同意将案涉房屋出售给购买人，成交价款335万元，购买人于2021年3月6日向出售人支付20万元，于2021年3月15日前向出售人支付315万元等。该合同上无黄某乙的签名，高某某亦未持有黄某乙的书面委托书或授权书。2021年3月6日，吴某乙支付20万元至李某某银行账户，2021年3月12日，吴某乙汇款315万元至某建材商行（经营者王某某）银行账户。2021年3月12日，吴某乙、黄某乙持一份《泉州市存量房买卖合同》向泉州市不动产登记中心申请办理不动产转移登记。该《泉州市存量房买卖合同》记载黄某乙将案涉房屋以44万元的价格出售给吴某乙，吴某乙于2021年3月19日前支付现金44万元等内容。2021年3月15日，吴某乙就案涉房屋以与黄某乙买卖成交价44万元的金额向税务部门缴纳了相关的契税、个人所得税等，并持税收完税证明向不动产登记部门申请办理不动产转移登记。

黄某甲为购买案涉房屋，其某银行账户中截至2021年4月30日存款余额225万元。

另查，鲤城法院曾于2019年1月4日受理了黄某丙诉黄某乙等人继承纠纷一案，该案当事人诉请就案涉房屋（登记在郑某名下）的继承问题进行处理。法院经审理后于2019年6月14日作出民事判决，判决案涉房屋归黄某乙所有，由黄某乙向其他继承人支付相应房屋补偿款。该民事判决已生效。

【案件焦点】

1. 黄某乙就其所有的房屋先后分别与多人签订房屋买卖合同，且合同均已部分履行，各买受人均要求履行合同，应优先保护哪方当事人的合同利益；2. 后签订合同的买受人吴某乙是否构成善意取得。

【法院裁判要旨】

福建省泉州市鲤城区人民法院经审理认为：黄某甲与黄某乙签订的《房屋买卖合同》《房产买卖补充协议》，系当事人的真实意思表示，其内容没有违反国家法律、行政法规的强制性规定，应属合法有效，具有法律约束力，各方均应依约履行各自义务，不得擅自变更或者解除合同。黄某甲已依约履行支付定金以及备齐购房款的义务，但黄某乙作为讼争房产的出让方，在2021年1月26日办理完将案涉房屋登记至其名下后，并经黄某甲多次催告的情况下，仍不积极履行合同义务，已构成违约。同时，黄某乙在尚未与黄某甲解除案涉房屋买卖合同的情况下，又与案外人王某某就案涉房屋另行签订了《房产买卖合同》，违背了诚实信用原则，显属严重违约，应承担相应的违约责任。黄某乙主张已于2020年12月7日与黄某甲口头解除涉案合同，但黄某甲对此予以否认，且其提供的银行交易明细及微信聊天记录等均足以证明其在2021年4月30日之前已经备齐225万元的购房款且一直要求黄某乙履行合同，而黄某乙并未提供相关证据证明双方已达成口头解除合同的意思表示，其抗辩理由不能成立。由于案涉房屋至今仍登记在黄某乙名下且空置，而黄某甲购买案涉房屋系自用且具有方便子女就学的目的，黄某甲要求黄某乙继续履行双方签订的《房屋买卖合同》《房产买卖补充协议》并不存在履行障碍，其该项请求符合双方合同约定和法律规定，应予支持。黄某甲要求黄某乙支付以235万元为基数自2020年12月31日起至其起诉之日2021年3月8日止按日万分之五计算的违约金72850元，符合双方合同约定和法律规定，予以支持。因黄某乙的违约，黄某甲为维护自己的合法权益而支出律师费3万元、保全申请费5000元，其要求黄某乙承担该两项费用，符合合同约定及法律规定，予以支持。由于黄某甲为申请财产保全提供相应担保支付的保险费，不属于法定的诉讼费用，其为自身举证需要支付公证费1000元，其尚未支付中介服务费23500元，故其要求黄某乙向其支付前述三项费用缺乏依据，不予支持。由于前述《房屋买卖合同》《房产买卖补充协议》上均明确记载黄某丙系卖方代表人，其在案涉的合同行为仅为代理行为，其代理行为对被代理人黄某乙发生效力，产生的法律后果亦应由黄某乙承担，黄某甲要求其与黄某乙共同承担应由黄某乙承担的案涉责任的请求，缺乏事实和法律依据，不予支持。由于吴某乙在审理中陈述其仅与房产中介从业者李某某洽谈购买案涉房屋事宜，但其未提供李某某持有出售案涉房屋的相关凭证，其提供的2021年3月6日签订的《房产买卖合同》记载的购房款335万元，签约的出售方系未持有黄某乙授权的高某某，中介方为某中介服务公司及经办人李某某，而其提供的付款凭证显示购房款分别支付给李某某、某建材商行（经营者王某某），但其在向不动产登记部门申请办理转移登记时，又提供了其与黄某乙签订的成交价为44万元的《泉州市存量房买卖合同》，因此，对吴某乙系与谁成立案涉房屋买卖关系问题，不作认定。吴某乙如认为有需要可自行主张权利。

福建省泉州市鲤城区人民法院依照《中华人民共和国民法典》第七条、第一百六十二条、第四百六十五条、第五百零二条、第五百零九条、第五百七十七条、第五百八十五条，《中华人民共和国民事诉讼法》第五十六条第二款、第六十四条第一款之规定，判决如下：

一、黄某乙应于判决生效之日起10日内依照其与黄某甲、房产中介所于2020年8月8日签订的《房屋买卖合同》及2020年10月13日签订的《房产买卖补充协议》相关条款规定继续履行，并协助黄某甲将案涉房产的不动产权转移登记到黄某甲名下，将房产交付给黄某甲；

二、黄某乙应于判决生效之日起10日内向黄某甲支付违约金72850元；

三、黄某乙应于判决生效之日起10日内向黄某甲支付律师代理费30000元；

四、黄某乙应于判决生效之日起10日内向黄某甲支付保全申请费5000元；

五、驳回黄某甲的其他诉讼请求。

一审宣判后，黄某乙、吴某乙不服原审判决，提起上诉。

福建省泉州市中级人民法院经审理认为：同意一审法院裁判意见，并认为不动产的善意取得应当符合受让人受让该财产时是善意的、以合理的价格受让、受让的不动产依照法律规定已经办理权属变更登记手续等条件。黄某乙、吴某乙虽认为吴某乙签订合同后支付了相应价款并实际占有、使用该房屋，但至本次诉讼时止，案涉房屋尚未依法办理权属变更登记，吴某乙并不符合不动产善意取得的条件。黄某乙、吴某乙亦未举证案涉房屋已实际交付吴某乙，案涉房屋不存在履行不能的问题，且黄某甲愿意全款履行，黄某乙认为案涉合同已构成事实上的不能履行依据不足，不予支持。一审认定事实清楚，适用法律正确。

福建省泉州市中级人民法院依照《中华人民共和国民事诉讼法》第一百七十七条第一款第一项的规定，判决如下：

驳回上诉，维持原判。

【法官后语】

该案体现的“一房多卖”产生的纠纷，在社会经济生活中频发易见。根据《中华人民共和国民法典》第七条的规定，民事主体从事民事活动，应当遵循诚信原则，秉持诚实，恪守承诺。诚实信用原则要求合同当事人要讲诚实，守信用，不欺诈，不任意毁约，法律赋予合同当事人的一个最重要的义务就是信守合同义务，当事人必须及时履行合同约定的义务，非经当事人的同意或法律的规定，不能任意变更、解除合同和违反合同。如果允许合同一方当事人为追求最大利润而随意违约，这将严重损害无过错的合同一方当事人的合法利益，这对信守合同的一方当事人是极不公平的。本案中，黄某乙在已经与黄某甲签订房屋买卖合同并实际履行的情况下，且黄某甲已备齐购房款等待交易，违反合同约定的办理产权过户手续的义务，将该房屋又出卖给王某某，不管其是否具有牟取更高价的意思，但其主观上不信守第一个合同的故意非常明显。如果黄某乙的违约行为被允许，将容易助长人们的功利主义倾向，淡化合同责任意识，长此以往，不利于维护交易安全，保障交易秩序。如果任这种违约行为发展下去，将会破坏整个社会的正常秩序，签订的合同只不过是一纸空文，并导致合同无人信守的局面，这将从根本上危害交易安全。民法典合同编的目标是鼓励交易，促成交易，但维护交易安全也是《中华人民共和国民法典》的目标，不仅要追求效益最大化，同时更要兼顾公平、正义。

社会主义核心价值观是社会主义价值体系的内核，是社会主义核心价值体系的高度凝练和集中表达。“诚信”是社会主义核心价值观的重要内容，是社会主义市场经济的基础规则，在民事活动中也应当遵循诚实信用原则。该案裁判文书在裁判依据和裁判理由部分，法官将“诚信”这一社会主义核心价值观融入案件裁判文书说理，通过准确引用《中华人民共和国民法典》诚信原则条款，结合案件具体情况，指出法律赋予合同当事人的一个最重要的义务就是信守合同义务，当事人必须及时履行合同约定的义务，并进一步引申到应强化合同当事人的诚信意识，不能纵容人们的功利主义倾向，以利于维护交易安全，保障交易秩序。该裁判强调了诚实信用原则是一切市场活动参与者所应遵循的基本准则，市场主体不论是在民事活动还是民事诉讼活动中，都应当遵循诚信原则。该裁判文书较好地通过释法说理，根据庭审查明的案件事实，结合社会主义核心价值观，重点说明裁判事实认定和法律适用的过程和理由，并作出最后的裁判。该案的成功审理，对类似案件的裁判提供了良好的借鉴。

编写人：福建省泉州市鲤城区人民法院　张文俊

（四）违约金与违约责任

39

商品房认购书认定为买卖合同的，按相关解释认定逾期办证违约金

——齐某诉房地产开发公司房屋买卖合同案

【案件基本信息】

1. 裁判书字号

北京市第三中级人民法院（2022）京03民终4678号民事判决书

2. 案由：房屋买卖合同纠纷

3. 当事人

原告（上诉人）：齐某

被告（被上诉人）：房地产开发公司

【基本案情】

2013年4月12日，房地产开发公司作为出卖人与认购人齐某签订《商品房认购书》，齐某认购房地产开发公司开发建设的案涉房屋，该商品房用途为住宅，建筑面积175.38平方米，总价1163296元。2013年5月28日，齐某向房地产开发公司缴纳案涉房屋契税34898.9元、公共维修基金17538元、产权代办费600元及其他物业相关费用后入住该房屋。2013年12月10日，齐某向房地产开发公司交付全部购房费用1163296元。齐某入住房屋至今房地产开发公司未给齐某代办房屋产权证书，双方由此发生纠纷。在法院审理过程中，法院依职权向区住房和城乡建设委员会核实，2012年10月31日，政府召开关于某小区规划验收相关问题专题会议，研究房地产开发公司开发建设的某小区北侧代征市政道路用地和遮阴范围内拆迁补偿工作，决定区住房和城乡建设委员会暂扣房地产开发公司未出售的15套商品房屋（含齐某购买的案涉房屋），专项用于保障某小区北侧代征市政道路用地和遮阴范围内拆迁补偿工作。若房地产开发公司销售已暂扣的15套商品房，购房款要缴入县住房和城乡建设委专项账户，保障某小区北侧代征市政道路用地和遮阴范围内拆迁补偿工作。2013年4月12日，房地产开发公司将案涉房屋销售给齐某。2014年9月至2020年9月间，房地产开发公司先后多次向区住建委申请将暂扣冻结的房屋解除冻结，至今未果。因案涉房屋被区住房和城乡建设委员会暂扣冻结，致使房屋无法网签及办理产权证书。在法院审理过程中，齐某称房地产开发公司承诺六个月内为其办理房屋产权登记，房地产开发公司予以否认，齐某对此未向法院提供证据。

【案件焦点】

1. 关于齐某与房地产开发公司的合同关系；2. 关于齐某主张的逾期办证违约损失是否应该得到支持。

【法院裁判要旨】

北京市密云区人民法院经审理认为：依法成立的合同具有法律效力，双方当事人均应严格遵照执行。齐某与房地产开发公司签订的商品房认购书具有法律效力，支付购房款并实际居住，应视为双方存在房屋买卖关系。鉴于房屋被行政机关行政限制，无法办理产权登记，双方在商品房认购书中没有约定办理产权证具体期限，故齐某要求房地产开发公司给付逾期办证违约金的诉求，不予支持。

北京市密云区人民法院依据《中华人民共和国合同法》第六十条第一款，《中华人民共和国民事诉讼法》第六十七条第一款，《最高人民法院关于适用〈中华人民共和国民法典〉时间效力的若干规定》第一条第二款之规定，判决如下：

驳回原告齐某请求判令房地产开发公司支付逾期办理房屋所有权证书违约损失558382元（自2013年10月12日起，暂计算至2021年10月11日止，共2921天，按年利率6%）计算的诉讼请求。

齐某不服一审判决，提起上诉。

北京市第三中级人民法院经审理认为：本案属于合同在《中华人民共和国民法典》实施前成立，在其施行后履行合同发生争议的情况，应当适用民法典的相关规定。根据《最高人民法院关于审理商品房买卖合同纠纷案件适用法律若干问题的解释》第五条的规定，商品房的认购协议具备《商品房销售管理办法》第十六条规定的商品房买卖合同的主要内容，并且出卖人已经按照约定收受购房款的，该协议应当认定为商品房买卖合同。齐某与房地产开发公司签订的《商品房认购书》具备商品房买卖合同的主要内容，且齐某已向房地产开发公司交纳了全部房款并实际入住该房屋，应当视为双方之间存在商品房买卖合同关系。根据上述司法解释第十四条的规定，由于出卖人的原因，买受人在下列期限届满未能取得不动产权属证书的，除当事人有特殊约定外，出卖人应当承担违约责任：……（三）商品房买卖合同的标的物为已竣工房屋的，自合同订立之日起90日。合同没有约定违约金或者损失数额难以确定的，可以按照已付购房款总额，参照中国人民银行规定的金融机构计收逾期贷款利息的标准计算。本案中双方未约定办证时间，齐某购买时案涉房屋已经竣工，至今未能办理房产证。该限制状态系因房地产开发公司的原因造成，其在房屋被暂扣的状态下对外出售房屋的行为以及未按照会议纪要的要求提存房款的行为，均与办理房产证受限具有一定的因果关系，故属于因出卖人原因买受人未能取得不动产权属证书的情形，应当适用《最高人民法院关于审理商品房买卖合同纠纷案件适用法律若干问题的解释》的规定。在房地产开发公司一审即提起诉讼时效抗辩的情况下，齐某关于违约损失的诉讼请求应受到三年诉讼时效的约束。认定房地产开发公司应当支付齐某 2018 年 10 月 12 日至 2021 年 10 月 11 日期间的逾期办理房屋所有权证书违约损失。

北京市第三中级人民法院依照《最高人民法院关于适用〈中华人民共和国民法典〉时间效力的若干规定》第一条、第二十条，《中华人民共和国民法典》第一百八十八条，《最高人民法院关于审理商品房买卖合同纠纷案件适用法律若干问题的解释》第五条、第十四条，《中华人民共和国民事诉讼法》第一百七十七条第一款第二项之规定，判决如下：

一、撤销北京市密云区人民法院（2021）京 0118 民初 9250 号民事判决；

二、房地产开发公司给付齐某自 2018 年 10 月 12 日起至 2021 年 10 月 11 日止的逾期办理房屋所有权证书的违约损失 19 万元，于本判决生效之日起 7 日内执行清；

三、驳回齐某的其他诉讼请求。

【法官后语】

本案的争议焦点为原告齐某要求被告房地产开发公司支付案涉房屋逾期办理房本违约损失的诉求是否应该得到支持。案件的特殊之处在于原、被告双方就案涉房屋签订的是商品房认购书，并非商品房买卖合同。在认购书中，并没有关于逾期办理房本违约损失的约定。另外，案涉事实发生在 2013 年，涉及时效及法律适用的问题。

首先，关于原告齐某与被告房地产开发公司的合同关系。一审视为双方存在房屋买卖关系，却没有明确是否成立商品房买卖合同。根据《最高人民法院关于审理商品房买卖合同纠纷案件适用法律若干问题的解释》第五条，认购书符合《商品房销售管理办法》第十六条所规定的商品房买卖合同主要内容，并且出卖人已经按照约定收受购房款的，应当认定为商品房买卖合同。本案中，原、被告双方签订的《商品房认购书》包含双方基本情况、房屋具体位置、平方米单价、房屋总价及付款方式等商品房买卖合同的主要内容，而且齐某在2013年5月28日向房地产开发公司缴纳了案涉房屋契税34898.9元、公共维修基金17538元、产权代办费600元及其他物业相关费用后入住该房屋，并于2013年12月10日向房地产开发公司交付全部购房费用1163296元。二审根据上述法律及事实予以明确双方存在商品房买卖合同的法律关系，房地产开发公司负有为齐某办理产权登记的义务。

其次，关于原告齐某诉请主张的逾期办理房本违约损失是否应该得到支持以及如何计算的问题。一审法院认为案涉房屋因行政限制无法办理产权登记、认购书中未约定办理产权登记具体期限，故对原告诉请不予支持。二审法院在认定双方存在商品房买卖合同的法律关系的前提下，结合一审查明的事实，又对房地产开发公司进行了关于房屋暂扣一节的补充询问，房地产开发公司表示没有将被暂扣房屋的售房款缴纳至住建委专项账户；因为公司和政府协商不到位至诉讼时仍被政府暂扣。据此，二审法院认为，案涉房屋虽然受行政限制无法办证，但这种限制状态因房地产开发公司的原因造成，其在房屋被暂扣的状态下对外出售房屋的行为以及未按照相关会议纪要的要求提存房款的行为，均与办理房产证受限具有一定的因果关系，故该案属于因出卖人原因买受人未能取得不动产权属证书的情形。房地产开发公司虽然主张在售房时已告知齐某被政府暂扣无法办证，但齐某不认可，房地产开发公司亦未举证证明。故案涉房屋属于《最高人民法院关于审理商品房买卖合同纠纷案件适用法律若干问题的解释》第十四条中的第三种情形，应当自双方签订《商品房认购书》之日起90日为起点计算逾期办证违约金。同样根据该条，虽然没有违约金条款，但可按照已付购房款总额1163296元为基数，参照中国人民银行规定的金融机构计收逾期贷款利息的标准进行计算。

最后，关于原告齐某的主张是否超过诉讼时效的问题。一审法院未支持原告诉请，亦未采纳被告时效抗辩。二审法院认为，诉讼时效期间为三年。房地产开发公司的违约行为一直处在持续状态中，每日产生新的违约损失，属于继续性债权，应当以每个个别的债权单独适用诉讼时效，齐某关于违约损失的诉讼请求受到三年诉讼时效的约束，应对其至诉讼时三年期内的诉讼请求予以支持。

编写人：北京市密云区人民法院　刘昕迪

40

二手房买卖中按揭款因政策原因放款迟延不可归责于买方

——郑某某诉谢某某房屋买卖合同案

【案件基本信息】

1. 裁判书字号

广东省广州市中级人民法院（2022）粤01民终2467号民事判决书

2. 案由：房屋买卖合同纠纷

3. 当事人

原告（上诉人）：郑某某

被告（被上诉人）：谢某某

【基本案情】

2020年8月9日，原、被告签订了《房屋买卖合同》，约定原告将涉案房屋以310万元的价格出售给被告。其中第九条第三款约定："买方逾期支付楼款，每逾期一天，按未付楼款金额的千分之一向卖方支付违约金。"附件为涂销抵押按揭付款，约定："①签订本合同时支付10万元作为定金。卖方收取定金款当日即时向抵押银行申请提前偿还贷款手续，并在完成提前偿还银行贷款、涂销抵押登记及归档等手续/天内协助买方完成申请银行贷款手续。②买卖双方约定2020年9月20日完成网签合同手续，并于签订网签合同当天起7日内支付楼款（含定金）60万元。如因房管局或银行原因导致延迟，则支付该楼款时间相应顺延。③部分楼款64万元应在买卖双方共同到房管部门办理交易过户递件手续并取得房地产交易中心收缴证件收据时支付。④186万元于交易过户完成并办妥他项权利登记证，由贷款银行直接划入卖方银行账号作为楼价余款，银行实际贷款额与原贷款额之间的差额由买方以现金支付。交易手续需在2020年12月31日前完成（以付清双方交易契税为准），如因房管局或银行原因导致延迟，则时间相应顺延。"原、被告办理了《存量房买卖合同》，其中约定"186万元由乙方于2021年1月31日前委托按揭服务机构协助申请办理银行按揭手续"等内容，涉案房屋于2021年3月22日登记至被告名下。2021年1月26日，被告签署了《代办贷款协议》。2021年3月9日，某银行广州分行出具《贷款初审结果通知书》，并与被告签订了《某银行个人二手房按揭抵押借款合同》，约定的贷款金额为186万元。2021年4月2日，涉案房屋办理了抵押贷款登记。2021年10月27日，某银行向原告支付186万元。原告认为被告应在2021年4月2日付清房款，故主张自2021年4月3日起至10月27日止的违约金、保全费、律师费。被告不同意原告主张，并认为房款支付迟延，是银行原因导致，房款支付时间应延迟，其不存在恶意拖欠房款的意愿。

【案件焦点】

银行迟延放款，购房者应否承担违约。

【法院裁判要旨】

广东省广州市南沙区人民法院经审理认为：涉案的《房屋买卖合同》《存量房买卖合同》均为当事人的真实意思表示，其内容没有违反法律、行政法规的强制性规定，合法有效，当事人应当按照约定全面履行自己的义务。本案中，上述合同的签订时间均是在民法典施行之前，故本案应当适用当时的法律、司法解释的规定。

本案双方的争议在于购房款186万元于2021年10月27日支付是否构成违约。一方面，原、被告对于购房款186万元约定为按揭方式支付，双方对于附件涂销抵押按揭付款的约定存在不同的理解。该条内容为："186万元于交易过户完成并办妥他项权利登记证，由贷款银行直接划入卖方银行账号作为楼价余款，银行实际贷款额与原贷款额之间的差额由买方以现金支付。"从字面意思上理解，186万元是在过户完成且办妥他项权利登记证，由贷款银行直接划入卖方银行账户，其中没有约定是由被告在办妥他项权利登记证之日支付，被告仅负有以现金方式支付实际贷款额与原贷款额之间差额的责任。因此，原告的理解不符合合同的字面含义。另一方面，《房屋买卖合同》没有约定被告办理按揭贷款的时间，被告也按照《存量房买卖合同》的约定提交了办理贷款的资料。根据一般的生活经验和二手房按揭贷款的常识，买方无法控制银行的放款时间，银行放款的时间均晚于办理抵押登记的时间。因此，原告将上述约定理解为"被告在涉案房屋办理过户且办妥他项权利登记证之日支付按揭贷款"显然违背常理。房地产的按揭贷款本身就受到国家政策的影响，本案中因政策导致放款迟延，不可归责于被告。综合上述两方面，原告主张被告迟延付款的违约责任不成立，法院对其提出的迟延付款违约金不予支持。同理，原告主张的担保服务费、律师费均以被告构成违约为由，故在被告违约不成立的情况下，法院对原告的相应诉讼请求均不予支持。

广东省广州市南沙区人民法院依照《中华人民共和国合同法》第六十条第一款，《中华人民共和国民事诉讼法》第六十四条第一款，《最高人民法院关于适用〈中华人民共和国民法典〉时间效力的若干规定》第一条第二款之规定，判决如下：

驳回原告郑某某的全部诉讼请求。

一审审判后，郑某某不服，提起上诉。

广东省广州市中级人民法院经审理认为：同意一审法院裁判意见，郑某某的上诉请求不能成立，应予驳回；一审判决认定事实清楚，适用法律正确，应予维持。依照《中华人民共和国民事诉讼法》第一百七十七条第一款第一项的规定，判决如下：

驳回上诉，维持原判。

【法官后语】

在二手房买卖中，房款的支付通常包含全款支付、贷款支付、分期支付。以贷款支付方式的二手房买卖交易流程通常包含签订房屋买卖合同、支付首期款、提交贷款申请资料、银行审批贷款、办理过户、银行放贷至指定账户、房屋交易、支付尾款等阶段。银行放贷至指定账户的时间通常具有不确定性，容易产生纠纷，本案即系因银行放贷至指定账户时间较长而产生的纠纷，卖方主张买方承担贷款支付迟延的违约责任，有违公平。本案主要从两个方面进行认定：

一方面，从双方的约定来看，二手房买卖与普通的交易相同，由买卖双方磋商最终达成合意，双方应当全面履行各自的义务。卖方主张买方对银行放款迟延承担责任，首先应从双方的约定入手。本案中，原、被告对于购房款186万元约定为按揭方式支付，双方对于附件涂销抵押按揭付款第⑤点的约定存在不同的理解。该条内容为："186万元于交易过户完成并办妥他项权利登记证，由贷款银行直接划入卖方银行账号作为楼价余款，银行实际贷款额与原贷款额之间的差额由买方以现金支付。"从字面意思上理解，186万元是在过户完成且办妥他项权利登记证，由贷款银行直接划入卖方银行账户，其中没有约定是由被告在办妥他项权利登记证之日支付，被告仅负有以现金方式支付实际贷款额与原贷款额之间差额的责任。因此，原告主张房屋余款应于2021年4月2日当天付清，其理解不符合合同的字面含义。

另一方面，从一般的交易习惯来看，《房屋买卖合同》没有约定被告办理按揭贷款的时间，被告也按照《存量房买卖合同》的约定提交了办理贷款的资料。根据一般的生活经验和二手房按揭贷款的常识，买方无法控制银行的放款时间，银行放款的时间均晚于办理抵押登记的时间。因此，原告将上述约定理解为"被告在涉案房屋办理过户且办妥他项权利登记证之日支付按揭贷款"显然违背常理，有违公平。房地产的按揭贷款本身就受到国家政策的影响，本案中因政策导致放款迟延，不可归责于被告。

在现行房地产市场下，采取贷款付款方式较为普遍，而贷款支付房款的时间具有不确定性，易受贷款政策影响，买卖双方在交易时对贷款政策是知悉的，买方具备贷款条件并提交了贷款申请后，银行审批及放贷的时间具有不可控性，不可将银行放贷的时间责任强加于买方，不仅不利于交易，也有违公平。

编写人：广东省广州市南沙区人民法院　廖活年　周书宇

41

二手房买卖中违约金的认定及调整

——卫某、林某诉尤某房屋买卖合同案

【案件基本信息】

1. 裁判书字号

江苏省无锡市中级人民法院（2022）苏02民终3258号民事判决书

2. 案由：房屋买卖合同纠纷

3. 当事人

原告（反诉被告、被上诉人）：卫某、林某

被告（反诉原告、上诉人）：尤某

【基本案情】

2021年3月20日，出售方尤某（甲方）与买受方卫某、林某（乙方）在居间方某房产公司（丙方）的居间下签订房屋买卖居间合同，双方约定甲方出售案涉房屋，房屋总价235万元，乙方采取贷款方式支付房款，乙方于2021年3月20日支付甲方定金2万元，乙方于过户当日将户口押金1万元交由丙方保管，待确认户口迁出后一次性支付给甲方。甲方于合同签订之日将房屋权属证明交予丙方，并承诺于甲方收到乙方银行贷款日起7日内腾空该房屋，将该屋钥匙交与乙方，并于2021年9月1日前办理完毕户口迁移手续。就违约责任，双方约定甲乙任何一方拒绝履行或解除合同，均由违约方向另一方支付该房屋成交价20%作为违约金，实际损失超过违约金总额的，责任方应据实赔偿。乙方未按约定付款，每逾期一日，应向甲方支付该房屋成交价的1‰作为违约金，逾期十五日甲方有权视为乙方拒绝履行合同，甲方有权请求乙方支付该房屋成交价20%作为违约金，且即日起本合同解除，甲方有权将该房屋另行转让。就其他事宜，双方约定：经甲、乙双方协商一致，甲方承诺不影响乙方子女以该房屋名义就读某实验学校（小学部）。

2020年实验小学公布的招生公告，要求该校施教区内每户地址六年内只享有一次在本校对口入学机会（符合计划生育政策的除外）。签订合同前卫某、林某与房产公司的冯某沟通时知晓尤某女儿正上实验小学的四年级，尤某准备将房屋卖掉，将其女儿转入其他学校上学，而卫某、林某女儿将于当年9月办理入学手续。为此，在合同签订前卫某、林某询问涉案房屋的学籍占用情况。合同签订后，卫某、林某又多次与房产公司的工作人员沟通，要求尤某将户口及学籍迁出涉案房屋，冯某也告知了尤某需要将学籍与户口迁出，尤某也表示同意。2021年5月8日卫某、林某领取了涉案房屋的不动产权证书。6月7日，实验小学开始报名。6月17日，尤某将其及其女儿的户口从涉案房屋内迁出。卫某、林某曾电话咨询实验小学的招生政策，该校老师答复称涉案房屋所在的学籍被占用，无法报名入学，后其无奈只能至另一小学报名入学。卫某、林某支付了尤某234万元，尚有1万元未付。双方为此产生纠纷，均诉至法院。

【案件焦点】

案涉违约金金额的认定及调整。

【法院裁判要旨】

江苏省无锡市惠山区人民法院经审理认为：卫某、林某与尤某签订的房屋买卖居间合同系双方真实意思表示，不存在违反法律、行政法规规定的事由，应当认定有效。卫某、林某购买涉案房屋的目的，即女儿上某实验小学，因此双方在合同中约定“甲方承诺不影响乙方子女以该房屋名义就读某实验学校”。从双方的聊天记录中可以看出尤某在出售房屋时及出售房屋后同意将户口及其女儿学籍迁出涉案房屋，但最终因学籍并未迁出，导致卫某、林某女儿无法入学某实验小学，因此尤某违反合同的约定，已经构成根本违约，应当承担违约责任，故卫某、林某主张违约金 47 万元合法有据，法院予以支持。尤某抗辩其并未收到尾款 1 万元，结合房屋买卖的目的、合同的履行情况，可以看出该 1 万元系因尤某未能迁出涉案房屋上的学籍导致卫某、林某未能最终付款，故卫某、林某并未构成根本违约，现其同意支付该款项，法院予以确认。卫某、林某要求继续履行该合同合法有据，法院予以支持，其要求尤某迁出学籍的诉讼请求并非属于民事诉讼受案范围，法院不予受理。尤某主张未征得其女儿同意转学籍而签订的合同条款内容无效，法院认为双方签订合同的目的即卫某、林某的女儿按时入学某实验小学，而合同中约定的尤某迁出户口、学籍的情形并不属于合同无效的情形，因此法院对于尤某的反诉请求不予支持。

江苏省无锡市惠山区人民法院依照《中华人民共和国民法典》第一百四十三条、第五百零九条、第五百七十七条、第五百七十九条、第五百八十五条，《中华人民共和国民事诉讼法》第六十七条第一款之规定，判决如下：

一、尤某与卫某、林某签订的房屋买卖居间合同继续履行，卫某、林某于本判决发生法律效力之日起立即支付尤某购房款 1 万元；

二、尤某于本判决发生法律效力之日起立即支付卫某、林某违约金 47 万元；

三、驳回卫某、林某的其他本诉诉讼请求；

四、驳回尤某的反诉诉讼请求。

尤某不服一审判决，提起上诉。

江苏省无锡市中级人民法院经审理认为：同意一审法院裁判意见。依照《中华人民共和国民事诉讼法》第一百七十七条第一款第一项的规定，判决如下：

驳回上诉，维持原判。

【法官后语】

在我国合同类纠纷案件的司法实务中，将违约金一般赋予为赔偿性属性，包括合同履行后可以获得的利益，但不得超过违约一方订立合同时预见到或者应当预见到的因违约可能造成的损失，这里的损失包括合同履行后可以获得的利益。这有利于充分救济守约方的利益，惩处违约行为，维护诚信原则。

关于违约金的计算基础，在具体适用时，要注意把握以下三个问题：

1. 关于损失范围问题

《中华人民共和国民法典》第五百八十四条规定的损失包括实际损失和可得利益的损失。前者是当事人现有财产的损失，如为准备履行合同义务支出的费用、守约方因采取补救措施所支付的费用以及其他因违约所造成的损失。后者是假设合同得到履行后，当事人利用合同标的从事生产经营可以获得的利益的丧失。一般认为，此种利益丧失应当包括三种类型：一是生产利润损失；二是经营利润损失；三是转售利润损失。

2. 要注意对合同履行过程中"综合因素"的把握

违约金的调整有多个因素，其中有几个比较重要：一是合同履行情况，二是当事人过错程度。就合同履行情况而言，包括瑕疵履行的严重程度、迟延履行的时间长短、部分履行对合同的影响程度等。就当事人过错程度而言，对于当事人恶意违约的场合，人民法院在调整违约金时应当体现出对当事人主观恶性的惩罚。双方都有违约的，在调整违约金时也要充分考虑双方违约程度的大小、主观恶性的大小等。需要特别注意的是，"综合因素"不限于上述列举的两种情形，还包括其他因素，由法官根据案件的具体情况考虑。比较典型的因素包括：一是当事人的主体身份。如当事人是否为商事主体，是否为格式条款提供方等。如果债务人是商事主体，其对违约风险的预见和控制能力更强，因此在酌减违约金时就要更加审慎。另外，格式条款提供方请求减少违约金的，一般也要十分慎重。二是当事人约定违约金的目的。如果当事人约定违约金的目的本身带有惩罚性质，又不存在其他显失公平的因素，此时就要尊重当事人的意思自治，不能因为司法干预而使当事人约定的违约金目的完全落空。三是其他因素。实践中，实际损失、可得利益的损失有时难以确定，可以斟酌考虑合同标的的总价款、一定倍数的租金或者承包费、通常利率的一定倍数、投资性合同中投资总额的一定比例等。

3. 要注意把握损失的认定标准

人民法院在认定《中华人民共和国民法典》第五百八十四条规定的“因违约所造成的损失”时，应当综合运用可预见规则、减损规则、损益相抵规则以及过失相抵规则等，从非违约方主张的合同履行后可以获得的利益总额中扣除违约方订立合同时不可预见或者不应当预见到的因违约所造成的损失、非违约方不当扩大的损失、非违约方因违约获得的利益、非违约方与有过失所造成的损失以及必要的交易成本。

4. 关于违约金司法酌减的举证责任问题

笔者认为，举证责任应该由主张调整违约金的一方承担。举证责任的分配原则是谁想偏离原预定目标，朝着自己有利的方向，谁就应该承担真伪不明的后果，想要调整的一方，需要证明实际损失，该实际损失是不同的要件事实，应当由谁承担该事项的证明责任，这也符合罗森贝克的证明责任理论。

另需注意的问题是：一是合同双方当事人均不能证明因违约所造成的损失的数额的情形。此时人民法院可以结合案件具体情况，根据公平原则酌定违约金数额。二是当事人以合同不成立、合同未生效、合同无效或者不构成违约等为由进行免责抗辩而未主张调整过高的违约金的情形。此时人民法院应当就法院若不支持免责抗辩，当事人是否需要主张调整违约金进行释明。一审法院认为免责抗辩成立且未予释明，二审法院认为应当判决支付违约金的，可以直接释明并改判。

具体到本案，应当认定哪方违约：首先，尤某未能按合同约定将其女儿的学籍及时从案涉房屋中迁出，致使卫某、林某的女儿无法入读某实验小学，尤某的上述行为已经构成违约。其次，结合卫某、林某买房的目的、合同的履行情况以及中介冯某的说明可以看出，1 万元的支付条件尚未成就，卫某、林某有权拒绝支付该 1 万元房屋尾款。在此情况下尤某应当支付违约金。因此在该情况下，产生第二个问题，即违约金的调整举证责任的分配。虽然尤某抗辩违约金过高，要求司法酌减，但其应当举证证明约定的违约金数额高于卫某、林某的实际损失，否则会变相加重卫某、林某的举证责任，也使得守约方通过事先约定的违约金条款弥补损失的目的难以实现。因此，尤某在没有提交初步证据表明所涉违约金过高的情况下要求调整违约金的上诉请求不能成立。

编写人：江苏省无锡市惠山区人民法院　顾杰

42

及时消除第三人造成的履行障碍不构成根本违约

——沈某某诉骆某某、黄某某房屋买卖合同案

【案件基本信息】

1. 裁判书字号

福建省厦门市中级人民法院（2022）闽 02 民终 3870 号民事裁定书

2. 案由：房屋买卖合同纠纷

3. 当事人

原告（反诉被告、被上诉人）：沈某某

被告（反诉原告、上诉人）：骆某某、黄某某

【基本案情】

2021 年 6 月 23 日，骆某某、黄某某（作为甲方）与沈某某（作为乙方）签订一份《房产买卖居间协议书》，约定：甲方将案涉 601 室房屋出售给乙方，成交总价为 240 万元；乙方应在协议签订当日支付甲方购房定金 30 万元，于 2021 年 6 月 23 日支付甲方购房款 50 万元（含定金），于 2021 年 9 月 23 日前支付甲方购房款 190 万元；甲方应在收到房屋全款时将房屋交给乙方使用；甲方

收到房屋全款后配合乙方到指定公司进行更名。该合同还对违约责任进行了约定。同日，沈某某支付给骆某某购房款 50 万元（含定金 30 万元），并支付给钱之米公司中介费 5 万元。

厦门市中级人民法院在执行申请执行人洪某某与被执行人建设发展公司、胡某达债权转让合同纠纷一案中，于 2021 年 7 月 8 日查封讼争房屋。骆某某知晓讼争房屋被查封后向该院提出异议，要求排除对讼争房屋的执行。厦门市中级人民法院于 2021 年 9 月 2 日作出执行裁定，认为“骆某某于法院查封前支付讼争房屋的全额款项并占有、使用，且未办理过户登记非其自身原因”，裁定：中止对讼争房屋的执行。后该院于 2021 年 10 月 22 日解除了对讼争房屋的查封。

【案件焦点】

1. 沈某某未支付剩余购房款是否构成违约；2. 骆某某、黄某某未在 2021 年 9 月 23 日前解决讼争房屋被查封的行为是否构成根本违约。

【法院裁判要旨】

福建省厦门市思明区人民法院经审理认为：沈某某与骆某某、黄某某签订的案涉合同合法有效，双方应依约全面履行。讼争房屋被查封确实将影响到沈某某能否实现合同目的，故沈某某在讼争房屋未解除查封之前中止履行支付剩余购房款的义务，不构成违约。而骆某某在知晓讼争房屋被查封后，已及时向厦门市中级人民法院提出异议，后该院于 2021 年 10 月 22 日解除了对讼争房屋的查封，此时距沈某某应履行付款义务的时间还有一个月，该期间尚难以认定为已经超过了骆某某、黄某某恢复履行能力的合理期间；结合讼争房屋被查封并非骆某某、黄某某原因所致，故骆某某、黄某某未在 2021 年 9 月 23 日前解决讼争房屋被查封的行为，尚不足以认定为构成根本违约。现双方当事人均不同意继续履行合同，故案涉合同应以解除为宜。根据在案情况，双方当事人对案涉合同不再履行都存在过错，不可完全归责于一方当事人，双方当事人均应承担相应的责任。因此，双方当事人主张对对方适用定金罚则，并要求对方支付律师费，缺乏依据，不予支持。骆某某、黄某某应将收取的购房款50万元返还给沈某某并支付资金占用利息（性质上属于赔偿损失），法院酌情予以支持。鉴于双方当事人均存在过错，根据公平原则，沈某某支出的中介费50000元，应由骆某某、黄某某负担25000元。至于骆某某、黄某某要求沈某某支付违约金及赔偿租金损失，理据不足，法院不予支持。

福建省厦门市思明区人民法院判决如下：

一、解除沈某某与骆某某、黄某某签订的《房产买卖居间协议书》；

二、骆某某、黄某某于本判决生效之日起10日内返还沈某某购房款500000元并赔偿损失（以200000元为基数，按年利率3.7%，自2021年6月23日起计算至实际清偿之日止）；

三、骆某某、黄某某于本判决生效之日起10日内支付沈某某中介费25000元；

四、驳回沈某某的其他诉讼请求；

五、驳回骆某某、黄某某的其他反诉请求。

骆某某、黄某某不服该判决，提起上诉。后又撤回上诉。

福建省厦门市中级人民法院依照《中华人民共和国民事诉讼法》第一百八十条之规定，裁定如下：

准许骆某某、黄某某撤回上诉。一审判决自本裁定书送达之日起发生法律效力。

【法官后语】

当事人一方因第三人的原因造成无法依约履行合同义务，该方当事人的行为是否构成违约及其违约程度如何评价，属于违约责任中的一个特殊问题，也属于审判实践活动中的热点和难点。本案即为一起典型案例。

《中华人民共和国民法典》第五百九十三条规定："当事人一方因第三人的原因造成违约的，应当依法向对方承担违约责任。当事人一方和第三人之间的纠纷，依照法律规定或者按照约定处理。"该条款涉及一个特殊问题，即第三人的原因与债务人的责任（可以称为第三人负责）。这一问题因法律对于违约责任所采取的归责原则不同，在学界和司法实务中，存在不同的观点。在对于债务不履行采取过错责任原则时，债务人仅就故意或过失负责，故债务人亦仅就选任、指示或监督履行辅助人具有过失负有责任；此时为第三人负责一般在“履行辅助人”的范围内展开。《中华人民共和国民法典》合同编采纳了严格责任原则，前述条款对“第三人”未做任何字面限制，可见并未局限于履行辅助人，尚包括其他的第三人。

从司法实践看，第三人原因造成当事人一方无法履行合同义务的情形主要包括：履行辅助人的原因；政府主管部门的审批等原因；第三人迟延交货造成一方当事人迟延履行；因与一方当事人存在纠纷申请对标的物采取保全措施或采取其他方式阻止给付标的物的第三人的原因；不存在合同关系的第三人的原因。

对当事人一方因第三人的原因造成无法依约履行合同义务的审查处理，应着重把握以下几方面：第一，对于第三人的原因造成当事人不能履行的，应认定该方当事人构成根本违约，如第三人导致标的物灭失。第二，对于第三人的原因造成该方当事人迟延履行或不完全履行的，第三人为履行辅助人的，应按“自己责任原则”直接作为该方当事人违约处理；第三人为履行辅助人之外的，应结合该方当事人是否存在过错，是否有积极采取措施消除履行措施，是否导致对方当事人无法实现合同目的，进行综合审查判断。第三，如果履行辅助人之外的第三人的原因构成不可抗力事件的，应当适用民法典关于不可抗力免责条款，排除《中华人民共和国民法典》第五百九十三条的适用。

本案的审理，综合考虑了第三人并非履行辅助人，骆某某、黄某某对讼争房屋被查封并无过错且采取了积极措施解除查封，查封期间所导致的迟延履行并未影响到沈某某合同目的的实现，进而认定骆某某、黄某某未在沈某某的付款义务期限届满前解除房屋的查封，不构成根本违约。本案准确界定了骆某某、黄某某因第三人的原因造成无法依约履行合同义务的性质及其违约程度，进而对双方当事人的责任进行了正确稳妥的处理，对今后此类型案件的审理具有一定的借鉴意义。

编写人：福建省厦门市思明区人民法院　刘宪昌

43

开发商故意隐瞒商品房情况应承担缔约过失责任

——李某诉房地产公司房屋买卖合同案

【案件基本信息】

1. 裁判书字号

广东省中山市中级人民法院（2022）粤 20 民终 1500 号民事判决书

2. 案由：房屋买卖合同纠纷

3. 当事人

原告（被上诉人）：李某

被告（上诉人）：房地产公司

【基本案情】

2018 年 8 月 24 日，李某与房地产公司签订中山市商品房买卖合同及附件，约定李某购买房地产公司案涉房产，房地产公司应于 2019 年 12 月 31 日前取得中山市建设工程竣工验收备案登记证并将符合合同约定的商品房交付李某使用。合同及附件对付款方式、期限、逾期付款及逾期交房的违约责任以及其他内容作了约定。

上述合同签订后，李某依约支付首期款及以银行按揭贷款的方式向房地产公司付清了全部购房款。2018 年 10 月 15 日，涉案商品房预告登记至李某名下。2019 年 12 月 26 日，涉案商住小区办理了建设工程竣工验收备案登记证。2020 年 4 月 28 日，房地产公司向李某发出房屋验收通知书，通知涉案商品房已达到约定的交付条件，并预约李某于 2020 年 5 月 13 日前来验收。李某在验收过程中，发现涉案商品房所在楼盘附近有一墓园，遂拒绝收楼。

经一审法院勘查：墓园面积约5亩，规划设置墓位2000多个，包括墓碑区、壁葬区、骨灰屋，现有地上墓碑302个，骨灰屋已安放300个骨灰，壁葬区设置400多格，现已使用约20个格位。涉案小区与墓园的垂直直线距离约50米，进入该小区的2幢202房（样板房）从屋内（包括阳台、窗）均看不到前述墓园（外景），但2幢401房、701房、1601房的主人房、阳光房、洗手间均能通过窗户以及南向阳台看到墓园的外景。另外，案涉楼盘的售楼样板房有两间，均在住宅区一栋的二楼，在样板房无法看到墓园。案涉楼盘向买受人提供了告知书，并未明确提示该墓园，仅表示根据本项目周边现状、政府审批的规划设计文件等对外披露的信息收集而成，旨在提供相关信息以供参考，非我司对本项目周边情况作出的任何承诺和保证，我司已尽最大努力履行了勤勉告知义务，但受客观条件、个体认知有差异等因素影响，本告知书所载信息难免存在一定局限性，敬请您在选购本项目商品房前，亲临现场，对周边环境仔细考察后再做购买决策。

【案件焦点】

房地产公司是否应支付违约赔偿金。

【法院裁判要旨】

广东省中山市第一人民法院经审理认为：房地产公司确存在故意隐瞒涉案楼盘附近有墓园的事实。房地产公司将能影响楼盘价值及购房者购买意愿的周边设施，如车站、厂房、市政道路、学校、建筑工地等情况在案涉小区公告（公告书）作明确标注或说明，唯独没有将墓园这一重要情况进行标注或提示；另样板房设在二楼，墓园刚好被路边商铺遮挡，购买人在参观查看时无法直接看到墓园；并且房地产公司也没有证据证明其销售涉案房屋时已将墓园这一情况告知购买人。根据商品房交易习惯，对于楼盘周边存在墓园这一重大影响房价的购房者意愿的因素，房地产公司仅向购买人告知楼盘周围除墓园外的其他情况，说明房地产公司存在故意隐瞒的事实，违反了诚实信用原则。但是，从案涉小区情况公告、情况告知书的内容来看，房地产公司告知了购买人楼盘周边除墓园外的其他情况，由此可见，告知楼盘周边情况属于合同的附随义务。因此，房地产公司有义务如实、全面将楼盘周边情况（包括靠近墓园）告知李某。房地产公司应当向李某赔偿。房地产公司作为房地产开发公司，在出售房屋时没有履行告知义务，存在故意隐瞒的行为，应承担相应的违约责任。对于房地产公司没有履行告知义务应承担的违约责任问题。由于双方在合同中没有对此约定违约金，李某亦未举出具有证明力的证据证明其具体损失，且购买房屋也是一般家庭的重大经济支出，其在签订合同前也应尽到考察责任，应对房屋本身情况及周边情况进行了解和观察，对可能影响购买决定的因素予以排除，李某作为购房者，其没有尽到考察责任，本身亦存在一定的过错。

根据双方在履行涉案合同过程中的责任大小程度，酌定按涉案商品房买卖合同中总房价的3%计算违约金。

综上所述，广东省中山市第一人民法院依照《中华人民共和国合同法》第六条、第六十条、第一百零七条，《最高人民法院关于适用〈中华人民共和国民法典〉时间效力的若干规定》第一条第二款，《中华人民共和国民事诉讼法》第六十四条，《最高人民法院关于适用〈中华人民共和国民事诉讼法〉的解释》第九十条、第二百四十七条之规定，判决如下：

一、房地产公司于一审判决生效之日起7日内向李某支付违约金51708.54元；

二、驳回李某其他诉讼请求。

房地产公司不服一审判决，提起上诉。

广东省中山市中级人民法院经审理认为：虽然主张的是违约赔偿金，但其实质是李某在双方签订案涉商品房买卖合同中因信赖利益受到损失，基于缔约过失责任向房地产公司主张的赔偿，故根据《中华人民共和国合同法》第六条“当事人行使权利、履行义务应当遵循诚实信用原则”之规定，作为房地产开发公司，在出售房屋时虽然披露了商品房周边的情况，但从其设置样板房位置时规避墓园的情况以及没有对商品房周边存在墓园这一足以影响购房者决策的重要因素履行告知义务，存在故意隐瞒的行为，故房地产公司在销售案涉商品房过程中违反了诚实信用原则，其应承担相应的缔约过失责任。一审法院酌定按涉案商品房买卖合同中总房价的3%计算李某的损失并无明显失当，予以维持。

广东省中山市中级人民法院依照《中华人民共和国民事诉讼法》第一百七十七条第一款第一项之规定，判决如下：

驳回上诉，维持原判。

【法官后语】

房屋是家的重要组成部分。因此，当人们倾其积蓄购买房屋的时候，民众的共同心愿是房屋具有舒适、正常的生活环境，与“凶宅”情况类似，对居住在墓地附近的一般购房者会造成精神压力和负面心理影响，进而会影响房屋的市场售价，故一般人对所居住的房屋靠近墓园且从屋内也能看见墓园等因素通常具有一定的排斥性。商品房预售广告是开发商的单方信息，此时购房者尚无法直观了解商品房的具体信息，开发建设单位应当充分考虑购买者的需求，应当从公众的普遍心理认知考量，并在销售过程中作出合理且明确的提示注意义务。买房人在发现所购商品房是开窗即见墓地的墓景房时，第一反应往往便是退房，并希望通过解除房屋买卖合同达到目的，案涉购房者就先于另案以开发商侵犯购房者民族风俗习惯受尊重权为由主张返还购房款，经二审终审驳回其诉讼请求，遂提起本案诉讼。李某在该案中先主张侵权之诉并以此为由要求解除合同并返还购房款，双方签订的商品房买卖合同并未明确约定相关披露义务的具体情形，虽然告知义务是开发商应当履行的义务，但以开发商未告知墓地侵犯了其民族风俗习惯作为解除合同的理由，其请求权基础尚不充分，故在合同中没有明确约定开发商相关披露义务的情况下，购房者要求开发商承担违约责任或主张解除均存在依据不足的情况。结合本案开发商在售卖案涉房屋时，刻意将样板房设置在二楼无法观测到墓地的位置，同时在告知书中仅提醒购房者在选购本项目商品房前，亲临现场，对周边环境仔细考察后再做购买决策，并未明确告知商品房的周边有墓地这一足以影响购房者决策的因素，根据《中华人民共和国民法典》第四百七十三条第二款“商业广告和宣传的内容符合要约条件的，构成要约”以及《最高人民法院关于审理商品房买卖合同纠纷案件适用法律若干问题的解释》（2020 修正）第三条“商品房的销售广告和宣传资料为要约邀请，但是出卖人就商品房开发规划范围内的房屋及相关设施所作的说明和允诺具体确定，并对商品房买卖合同的订立以及房屋价格的确定有重大影响的，构成要约。该说明和允诺即使未载入商品房买卖合同，亦应当为合同内容，当事人违反的，应当承担违约责任”之规定，更加强有力地限制房地产广告和宣传资料虚假夸大宣传或刻意欺瞒商品房的情况，能够精准控制开发商的营销推广，赋予商品房广告和宣传资料相应的合同约束力，同时新的司法解释对于违约损失的认定遵循了民法损害填补的原则。案涉开发商的上述行为显然存在故意隐瞒案涉房产属于墓景房的情形，购房者无法从开发商已披露的书面材料中作出合理审慎的判断，故开发商在销售案涉商品房的过程中违反诚实信用原则，应对购房者承担相应的缔约过失责任并赔偿购房者损失，但应以损害填补原则综合考量。

编写人：广东省中山市中级人民法院　卢俊廷

44

买受人长期空置房屋主张租金损失的不应支持

——林某某诉房地产公司房屋买卖合同案

【案件基本信息】

1. 裁判书字号

福建省厦门市中级人民法院（2022）闽 02 民终 4096 号民事判决书

2. 案由：房屋买卖合同纠纷

3. 当事人

原告（上诉人）：林某某

被告（被上诉人）：房地产公司

【基本案情】

2013年11月17日，房地产公司（出卖人）与林某某（买受人）签订《商品房买卖合同》一份，约定林某某向房地产公司购买3306室房屋；商品房建筑面积共135.62平方米，其中，套内建筑面积106.36平方米，公共部位共有分摊建筑面积29.26平方米；该商品房单价为每平方米15018元，总金额2036741元。合同第八条“交付条件与期限”载明：“出卖人应当在2014年12月31日前，依照国家和地方人民政府的规定，将同时符合下列各项约定条件的商品房交付买受人使用：（1）该商品房经建设单位依法组织勘察、设计、施工、监理等单位竣工验收合格和消防验收合格；（2）该商品房所在建筑物生活给排水、用电、管道燃气、电信、有线电视、消防、邮政信报箱等设施达到设计要求条件；（3）小区内部道路、绿化、室外照明、消防、环卫及其他商业、社区服务和管理等公共配套建筑、基础设施按规划设计要求建设完成。分期建设的，该商品房所在分期建设部分应按规划设计要求全部完成，并与在建工程之间设置有效的隔离设施和施工安全设施。”第九条“出卖人逾期交房的违约责任”载明：“除本合同第八条规定的特殊情况外，出卖人如未按本合同规定的期限将该商品房交付买受人使用，按下列第1方式处理：（1）按逾期时间，分别处理（不作累加）：……（2）逾期超过90日后，买受人有权解除合同……买受人要求继续履行合同的，合同继续履行，自本合同第八条规定的最后交付期限第二天起至实际交付之日止，出卖人按日向买受人支付已付款万分之三（该比率应不小于本条第一项和第七条中的比率）的违约金。”

2014年12月24日，房地产公司向林某某邮寄《交房通知书》，通知其于2014年12月30日办理房屋交接手续。林某某分别于2014年12月30日、2015年6月25日、2016年5月10日、2016年6月15日、2017年2月17日、2017年10月15日至讼争房屋现场查看，并通过填写《房屋接管验收记录表》书面反映问题。2019年9月4日，林某某在《房屋接管验收记录表》写明：本日交房只接收钥匙，其余问题另行解决。

2019年6月21日，林某某向法院提起（2019）闽0211民初3584号一案诉讼，要求房地产公司支付逾期交房违约金1051569.23元（以房款总金额2036741元为基数，自2015年1月1日起按每日万分之三计算至2019年9月4日止）。该案经审理认为讼争房屋在2014年12月30日已达到《商品房买卖合同》第八条约定的交付条件。林某某于2014年12月30日验房当日及之后在《房屋接管验收记录表》中反映的问题应当属于保修范畴，其可以在收房后要求房地产公司予以整改，不得据此认为房屋不符合交付条件而拒绝收房，故应以2014年12月30日为交房完成日，即房地产公司不存在逾期交房。据此，法院于2019年9月23日判决：驳回原告林某某的诉讼请求。该案已于2019年10月26日生效。

【案件焦点】

房地产公司是否应赔偿林某某2015年1月1日至2019年9月4日期间的租金损失。

【法院裁判要旨】

福建省厦门市集美区人民法院经审理认为：本案系房屋买卖合同纠纷。本案争议的焦点为房地产公司是否应赔偿林某某2015年1月1日至2019年9月4日期间的租金损失。法院认为，林某某提供的《房屋接管验收记录表》等证据未能充分证明讼争房屋确有存在相应质量问题，即使存在部分质量问题，亦无法证明该质量问题足以影响其居住使用，且林某某2019年9月4日接收房屋后已经正常使用房屋，可见其主张的质量问题完全可以通过装修予以修复，若因质量问题导致装修费用增加，其可要求房地产公司予以赔偿，而不应长时间空置房屋主张相应的租金损失。此外，林某某庭审中陈述其另有房屋居住，故其主张的租金损失并未实际产生，亦非必然产生。因此，林某某主张房地产公司支付因房屋质量问题造成的无法居住使用的损失，缺乏事实及法律依据，法院不予支持。

福建省厦门市集美区人民法院依照《中华人民共和国合同法》第六十条第一款，《中华人民共和国民事诉讼法》第六十七条第一款，《最高人民法院关于适用〈中华人民共和国民事诉讼法〉的解释》第九十条之规定，判决如下：

驳回原告林某某的诉讼请求。

林某某不服一审判决，提起上诉。

福建省厦门市中级人民法院经审理认为：房地产公司与林某某签订的《商品房买卖合同》系双方当事人的真实意思表示，内容不违反国家法律、行政法规的效力性强制性规定，应为合法有效合同，双方均应严格按照约定履行合同义务。该合同第八条约定，房地产公司应当在2014年12月31日前，依照国家和地方人民政府的规定，将符合各项约定条件的商品房交付林某某使用。本案二审争议的焦点为房地产公司是否应赔偿林某某2015年1月1日至2019年9月4日期间的租金损失。根据查明的事实和在案证据，案涉房屋在2014年12月30日已达到《商品房买卖合同》第八条约定的交付条件，林某某提供的证据未能充分证明案涉房屋存在的质量问题足以影响其居住使用，且林某某2019年9月4日接收房屋后已经正常使用房屋，可见其主张的质量问题完全可以通过装修予以修复，林某某因长时间空置案涉房屋而主张租金损失缺乏事实和法律依据。

综上所述，林某某的上诉请求不能成立，应予驳回；一审判决认定事实清楚，适用法律正确，应予维持。

福建省厦门市中级人民法院依照《中华人民共和国民事诉讼法》第一百七十七条第一款第一项之规定，判决如下：

驳回上诉，维持原判。

【法官后语】

因房屋质量争议而引起的纠纷系商品房买卖合同纠纷中的主要纠纷类型，如买受人因质量问题拒绝领受房屋而主张逾期交房违约责任或领受房屋后主张赔偿维修费用、因对精装房的装修标准认定不一主张装修费用差价等。本案中，原告则是主张因房屋质量问题导致其无法入住，而要求赔偿在此期间内的租金损失。

1. 房屋质量问题责任承担

《最高人民法院关于审理商品房买卖合同纠纷案件适用法律若干问题的解释》第九条规定："因房屋主体结构质量不合格不能交付使用，或者房屋交付使用后，房屋主体结构质量经核验确属不合格，买受人请求解除合同和赔偿损失的，应予支持。"第十条第一款规定："因房屋质量问题严重影响正常居住使用，买受人请求解除合同和赔偿损失的，应予支持。"由此可见，商品房存在主体结构质量不合格或其他严重影响居住使用的情形系法定的解除合同的条件，在此种情形下，买受人已无法实现其购买房屋所期望达到的基本目的，应当认定开发商构成基本违约，除解除合同外，买受人还可以要求赔偿相应的损失，如维修损失或购房款的利息等。

在司法实践中，多数房屋质量问题并未达到根本违约的程度，多为一些房屋质量上的瑕疵，如墙壁的空鼓、裂缝，线路的裸露，轻微的渗水等，该些问题多未影响房屋的正常居住使用，且可以通过后期的装修等予以修复。《最高人民法院关于审理商品房买卖合同纠纷案件适用法律若干问题的解释》第十条第二款规定："交付使用的房屋存在质量问题，在保修期内，出卖人应当承担修复责任；出卖人拒绝修复或者在合理期限内拖延修复的，买受人可以自行或者委托他人修复。修复费用及修复期间造成的其他损失由出卖人承担。"因此，在房屋保修期内，若因修复房屋质量瑕疵而产生了相应的费用损失，可以要求开发商予以赔偿。若买受人以此为由主张解除合同或因轻微质量瑕疵而拒绝接收房屋进而主张逾期交房违约责任的，不应予以支持。例如，在本案中，原告曾起诉要求被告赔偿逾期交房违约金，但生效判决认为原告在验房当日及之后在《房屋接管验收记录表》中反映的问题应当属于保修范畴，其可以在收房后要求被告予以整改，不得据此认为房屋不符合交付条件而拒绝收房，故认定被告不存在逾期交房，从而驳回了原告的诉讼请求。

2. 开发商的保修责任

如前文所述，房屋存在质量瑕疵在保修期内可以要求出卖人承担修复责任。

关于商品房质量保修的范围和期限方面。《房屋建筑工程质量保修办法》第七条规定："在正常使用条件下，房屋建筑工程的最低保修期限为：（一）地基基础工程和主体结构工程，为设计文件规定的该工程的合理使用年限；（二）屋面防水工程、有防水要求的卫生间、房间和外墙面的防渗漏，为5年；（三）供热与供冷系统，为2个采暖期、供冷期；（四）电气管线、给排水管道、设备安装为2年；（五）装修工程为2年。其他项目的保修期限由建设单位和施工单位约定。"《商品房销售管理办法》第三十三条第二款规定，商品住宅的保修期限不得低于建设工程承包单位向建设单位出具的质量保修书约定保修期的存续期；存续期少于《商品住宅实行质量保证书和住宅使用说明书制度的规定》中确定的最低保修期限的，保修期不得低于该规定中确定的最低保修期限。实践中，正常使用情况下各部位、部件保修内容与保修期如下：屋面防水3年；墙面、厨房和卫生间地面、地下室、管道渗漏1年；墙面、顶棚抹灰层脱落1年；地面空鼓开裂、大面积起砂1年；门窗翘裂、五金件损坏1年；管道堵塞2个月；供热、供冷系统和设备1个采暖期或供冷期；卫生洁具1年；灯具、电器开关6个月；其他部位、部件的保修期限，由房地产开发企业与用户自行约定。

根据上述规定，商品房的保修期限不得低于建设工程承包单位向建设单位出具的质量保修书约定保修期的存续期，但现实中可能存在买受人购买商品房时上述期限即将届满或已经届满，此种情况下，相应保修期应不低于上述"两书规定"中所确定的保修期限，相应的保修期则应从房屋交付之日起计算。

3. 损失赔偿范围

若商品房存在不影响居住使用的质量瑕疵，则买受人应及时接收房屋，不宜以此为由拒绝接收，从而导致损失进一步扩大。根据《中华人民共和国民法典》第五百九十一条第一款规定，当事人一方违约后，对方应当采取适当措施防止损失的扩大；没有采取适当措施致使损失扩大的，不得就扩大的损失请求赔偿。因此，对于因买受人自身原因放任损失的扩大，对于扩大部分的损失不应得到赔偿。此外，根据过失相抵的规则，若因买受人在装修过程中导致的质量问题，如违法改建、变更房屋主体结构等所造成的损失也不应支持。

买受人在接收房屋后，若发现质量问题的，应及时在保修期内要求出卖人承担保修责任，也可以自行或者委托他人修复，修复费用及修复期间造成的其他损失应由出卖人承担，例如房屋修复的费用、因房屋无法使用而在外租房产生的租金等。

具体到本案，原告在验收房屋时提出了质量问题，但该问题并不影响实际居住使用，从之后原告接收房屋自行装修后正常使用也可以体现，而原告却怠于验收以及接收和使用房屋，使房屋长时间空置，放任损失的扩大，且其主张的租金系期待利益损失，并未实际产生，故对其主张不应予以支持。

编写人：福建省厦门市集美区人民法院　罗玉洁

45

诉讼和解约定的惩罚性违约金一般不予调整

——喻某某诉葛某房屋买卖合同案

【案件基本信息】

1. 裁判书字号

江苏省无锡市中级人民法院（2022）苏02民终3909号民事判决书

2. 案由：房屋买卖合同纠纷

3. 当事人

原告（上诉人）：喻某某

被告（被上诉人）：葛某

【基本案情】

2021年2月，喻某某与葛某签订房屋买卖合同约定喻某某出售房产，合同约定房价为157万元，违约金为总房价的20%。2021年7月，喻某某以葛某违约诉至法院，诉讼中双方达成谅解协议，重新确定交易金额为 180 万元，并约定如葛某逾期支付房款，则按照原合同约定的违约金“一分不少”承担违约责任。喻某某撤回前案起诉及保全措施，后因葛某未履行付款义务提起本案诉讼。

【案件焦点】

诉讼中当事人约定惩罚性违约金金额不予调整的条款是否有效。

【法院裁判要旨】

江苏省无锡市惠山区人民法院经审理认为：葛某构成根本违约应承担违约责任，喻某某主张总房价 20%的违约金，因喻某某未就葛某违约产生的相关损失提供合理有效的依据，酌情认定违约金为 5 万元。

江苏省无锡市惠山区人民法院依照《中华人民共和国民法典》第五百六十三条、第五百六十六条、第九百六十一条的规定，判决如下：

一、解除喻某某与葛某于 2021 年 2 月 22 日签订的关于地处无锡市某小区 602 室的房屋买卖合同及 2021 年 8 月 9 日达成的新交易协议（谅解协议书）；

二、葛某于判决发生法律效力后 3 日内向喻某某支付违约金 30000 元；

三、葛某于判决发生法律效力后 3 日内向喻某某赔付第一次诉讼费用受理费 2855 元，保全费 1990 元，合计 4845 元；

四、驳回喻某某的其他诉讼请求。

喻某某不服一审判决，提起上诉。

江苏省无锡市中级人民法院经审理认为：喻某某第一次起诉时主张总房价 20%的违约金，葛某对此已经知悉且有权提出违约金过高抗辩。后双方达成谅解协议，对总房价 20%的违约金再次予以确认。该违约金不仅包含了葛某再次违约造成的损失，也带有明确的惩罚性，数额并未超出葛某应预见的范围。在葛某再次违约后，喻某某有权根据谅解协议主张违约金，谅解协议约定的违约金已经确定了喻某某的损失以及对葛某的惩罚性赔偿，葛某无权再次主张调低违约金，法院也不应酌情调低。

江苏省无锡市中级人民法院依照《中华人民共和国民法典》第七条之规

定，判决如下：

一、维持无锡市惠山区人民法院（2021）苏0206民初6548号民事判决第一项、第三项；

二、撤销无锡市惠山区人民法院（2021）苏0206民初6548号民事判决第二项、第四项；

三、葛某于判决发生法律效力之日起10日内向喻某某支付违约金294000元；

四、驳回喻某某的其他诉讼请求。

【法官后语】

当事人明确放弃对具有惩罚性质的违约金调整的权利，该约定是否有效，有不同观点：有效说认为系基于对合同自由的尊重，依当事人的意思自治所产生的惩罚性违约金，具有保证履约的功能，司法不应过多干预①；无效说认为放弃该权利容易造成意思自治对公共秩序的冲击，法定的违约金调整规则将被规避，并使《中华人民共和国民法典》第五百八十五条第二款的立法目的被架空。② 大多数法院对该条款的效力持否定态度。预先放弃惩罚性违约金调整条款一律有效或者无效的结论过于简单，难以适应复杂的司法实践，应区分情形具体分析。

1. 放弃就违约金调整向法院提起诉讼的权利

当事人放弃就违约金调整向法院提起诉讼的权利，属于排除一方所享有的基本民事权利即诉权，而诉权是民事主体享有的法定权利，具有公法性质。当事人约定放弃诉权，属于意思自治对公共秩序的冲击，排除当事人向法院提出调整主张的约定应属无效。

2. 放弃对违约金数额调整的约定

违约金有补偿及惩罚的性质之分，《中华人民共和国民法典》并未区分两

① 张能宝：《惩罚性违约金适用问题研究》，载《人民司法·应用》2016年第13期。

② 《合同当事人预先放弃调整违约金条款的效力》，载最高人民法院司法案例研究院微信公众号2022年9月28日，https://mp.weixin.qq.com/s/lVTfZHnzrIYdtLESGYRY_w，最后访问时间：2024年3月1日。

种类型的违约金调整规则，从《中华人民共和国民法典》的文义解释看，两类违约金都应当适用酌减规则，强调举证责任。但实践中还是应根据违约金功能的不同进行区分。就惩罚性违约金而言，放弃金额调整条款属于争议解决内容，不影响合同的实质，具有敦促合同主体按约履行义务的功能，且触发惩罚性违约金条款需符合一定条件，限制惩罚性违约金调整一定程度上维护了交易稳定和安全，也不违背合同正义与等价有偿的原则。但为预防惩罚性违约金成为当事人滥用权利、获取不正当利益的工具，惩罚性违约金金额不予调整应符合以下三个要件：

一是金额不予调整基于双方明确的真实意思表示。只要当事人在缔约时没有意思表示瑕疵，系真实意思表示，且不损害国家利益、公共利益与第三人利益，对当事人来说就是公平合理的，守约体现了合同正义及诚信原则。若债务人因社会地位、经济实力、特定环境等因素处于意思表示的弱势地位而被迫接受，则惩罚性违约金不予调整的条款失去合法性、正当性。但当债务人为强势缔约方时，为吸引相对方与其交易，明确惩罚性违约金不调整，系其基于利益的充分考虑，作出的真实意思表示，该条款显然还具有扶弱抑强功能。本案中，虽双方均是民事主体，但谅解协议系在人民法院组织之下达成，并无证据证明惩罚性违约金不予调整的约定违背当事人的真实意思，司法行使干预则应当慎重。

二是违约方恶意违约。首先，要分析违约金的目的以明确违约金系惩罚性还是补偿性，违约金的目的是对恶意违约的制裁，一般视为惩罚性违约金。其次，惩罚性违约金不予调整要考虑违约方的主观过错程度、动机、赔偿能力等多种因素。实践中，当事人完全有履约能力，也具备履约条件，但为达其他目的故意违约，属于恶意违约。例如，以违约金不调整为承诺营造诚信履约的印象促成交易，后又主张违约金过高而请求酌减，企图摆脱高额违约金。具体到本案，一方面违约方抗辩违约金过高，后再次承诺高额违约金，该违约金具有惩罚性质，违约方的行为也视为放弃了违约金过高的抗辩；另一方面出具谅解协议但事后未依约履行，表明在主观上具有严重的恶意，违约方以赔偿金额过高为由请求调整金额应不予支持。

三是放弃调整有相应利益补偿。金额过高的惩罚性违约金有可能造成一方利用合同谋取不正当利益，有悖等价有偿原则。而预先放弃金额调整看似减损了寻求违约救济的权利，但根据契约正义原则，在其他方面获得利益或补偿，正常履约能够获得更多的利益，能够形成稳固的交易结构即合同稳定性和安全。本案中，双方对于房价重新确定，价格的提高一定程度上对放弃金额调整一方做出了相应补偿，司法则不宜再行干预。

本案中双方当事人在诉讼和解中放弃对违约金金额的调整符合上述三个要件，应予以尊重。本案裁判对于类案的审理具有指导意义。

编写人：江苏省无锡市中级人民法院　林中辉　卢文兵　周喆菁

46

主观恶意导致的违约，违约金不予调整

——李某某诉陈某某房屋买卖合同案

【案件基本信息】

1. 裁判书字号

福建省厦门市中级人民法院（2022）闽02民终2900号民事裁定书

2. 案由：房屋买卖合同纠纷

3. 当事人

原告（上诉人）：李某某

被告（上诉人）：陈某某

【基本案情】

2020年11月16日，陈某某作为出售人，李某某作为买受人签订《不动产买卖合同》约定，陈某某将某小区2217室房屋以320万元出售给李某某；讼争房屋已设定抵押，由出售人自行筹集解押款，于2021年7月20日前办理注销抵押登记事宜，并于2021年7月30日前办理完毕抵押注销手续；购房款分四期支付，合同签订当日支付30万元定金，2021年8月16日前支付65万元（不含定金），另双方于2021年7月20日前共同前往银行办理商业和公积金组合贷款手续，拟贷款金额为225万元，如贷款申请被拒贷或未足额批贷的，买受人应于贷款机构批贷或被拒贷后7日内以自行支付的方式补足差额购房款；2021年8月16日前，双方共同向不动产权属登记部门申请办理不动产权属转移登记手续。《不动产买卖合同》第六条“违约责任”约定，如出售人出现有“逾期履行本合同约定的义务超过十五日”情形的，构成根本违约，买受人有权以书面通知的方式解除不动产买卖合同，且出售人应在违约行为发生之日起15日内，以相当于该不动产总价款的20%向买受人支付违约金。买受人出现有相同违约行为的，作同等处理。

合同签订当日，李某某向陈某某支付定金30万元。2021年6月17日，在讼争房屋首次抵押尚未解押的情况下，陈某某再次以讼争房屋设定被担保主权数额为200万元的一般抵押。

因陈某某不配合办理贷款手续，也未按时注销房屋抵押登记，又将讼争房屋再次设定抵押导致合同无法继续履行，李某某诉至法院，诉讼请求经两次变更，李某某请求判令解除合同，退回购房款30万元，按房屋总价的20%支付违约金64万元，赔偿损失并承担相应逾期违约金。陈某某以李某某无法成功办理商业和公积金组合贷款手续，又未自行补足差额购房款为由，主张同时履行抗辩和不安履行抗辩，认为不构成违约。

【案件焦点】

陈某某应否承担违约责任以及应支付的违约金数额。

【法院裁判要旨】

福建省厦门市思明区人民法院经审理认为：按照《不动产买卖合同》的约

定，陈某某应自行筹集解押款，于2021年7月20日前办理注销抵押登记事宜，并在7月30日前将注销抵押登记事宜办理完毕。然而，在实际履行过程中，陈某某不但未于2021年7月20日前办理首押的注销抵押登记手续，反而于2021年6月17日对讼争房屋设定第二次抵押，且在约定解押期限届满后均未解押，甚至在李某某提起诉讼要求继续履行合同的情况下亦未解押。并且，陈某某在李某某通知办理贷款后既未予以配合，亦未与李某某协商购房款付款事宜，即便李某某不能立即贷出款项，陈某某也应当配合李某某办理贷款的准备手续，陈某某主张的同时履行抗辩和不安抗辩均不能成立。陈某某的上述行为导致讼争合同无法继续履行，已构成根本违约。

陈某某与李某某在《不动产买卖合同》中约定，因任意一方的行为构成根本违约的，违约金以不动产总价款的20%计算。合同解除后，陈某某应向李某某返还购房款（定金）30万元并依约承担违约责任。李某某请求陈某某支付违约金64万元（房屋总价的20%），符合合同约定。同时，陈某某未积极按照约定履行合同义务，也不配合相关手续的履行，再次将讼争房屋设定抵押，其行为具有主观恶意，有悖诚实信用。以实际损失为基础，兼顾合同的履行情况、当事人的过错程度以及预期利益等综合因素，根据公平原则和诚实信用原则予以判断，李某某依照合同约定主张的64万元违约金应予支持。

福建省厦门市思明区人民法院依照《中华人民共和国民法典》第五百零九条、第五百六十二条、第五百六十五条、第五百六十六条，《最高人民法院关于适用〈中华人民共和国民法典〉时间效力的若干规定》第一条，《中华人民共和国民事诉讼法》第六十七条之规定，判决如下：

一、李某某与陈某某签订的《不动产买卖合同》于2021年10月20日解除；

二、陈某某于本判决生效之日起7日内向李某某返还购房款（定金）30万元；

三、陈某某于本判决生效之日起7日内向李某某支付违约金64万元；

四、陈某某于本判决生效之日起7日内向李某某支付诉讼财产保全申请费

5000元及保函费8000元；

五、驳回李某某的其他诉讼请求。

一审宣判后，双方均提起上诉，后均撤回上诉。二审法院裁定准许撤回。

【法官后语】

1. 当事人约定的违约损失赔偿属于违约金条款

《中华人民共和国民法典》第五百八十五条对违约金制度进行了详细规定。从解释论的角度，第二款中规定的可予以调整的“约定的违约金”应理解为包括“一定数额的违约金”与“损失赔偿额的计算方法”。本案当事人约定的“按照不动产总价款320万元的20%支付64万元违约金”即为当事人关于损失赔偿额计算方法的约定，属于违约金条款。

2. 违约金条款的双重功能

理论上，违约金分为惩罚性违约金和赔偿性违约金两种类型。其中赔偿性违约金是当事人双方预先估计的损害赔偿总额，又叫损害赔偿额的预定。[①] 一般认为，《中华人民共和国民法典》第五百八十五条规定的违约金属于赔偿性违约金。在司法实践中，即便是赔偿性违约金，仍然有双重功能，一是惩罚性功能，二是补偿性功能。

（1）惩罚性功能

商事交易中，交易双方对赔偿性违约金的约定是一种确保合同履行的预先安排。发挥违约金条款惩罚性功能，对于督促合同各方诚信履行合同、促进合同目的实现，具有重要意义。因此，虽然根据《中华人民共和国民法典》第五百八十四条的规定，违约金属于以填补损失为主的赔偿性违约金，但仍需要给违约金赔偿性功能的发挥留有适度空间，赋予当事人在一定幅度内约定高于实际损失违约金的权利，提高违约成本，降低主观违约风险。

（2）补偿性功能

违约金条款主要功能在于通过预先约定违约造成损失赔偿额，在违约事实

---

① 参见韩世远：《合同法总论》（第3版），法律出版社2011年版，第658页。

发生时，债权人可直接主张违约金以弥补违约行为造成的损失。

3. 当事人过错程度对违约金条款双重功能发挥的影响

目前违约金调整的逻辑起点限定于损失填补原则，该原则强调当事人不能通过违约金获得超额利润。本案中李某某实际只支付了30万元定金，而64万元违约金比例高至房屋总价款的20%。对此，是否给予违约金调整，需要进行程序上和内容上的具体考量。

（1）程序上：违约金调整应以当事人申请为前提

从程序的角度出发，在法律没有特殊的规定下，违约金调整应以当事人申请为前提，没有当事人申请法院不应主动调整违约金，除非合同条款本身违法。法官不应用自己的主观判断去评判商事主体对商业违约风险的判断。本案中，陈某某并未就64万元违约金提出酌减请求，故程序上法官不宜主动进行违约金调减。

（2）内容上：当事人主观恶意导致违约的，应强化违约金惩罚性功能

根据《最高人民法院关于印发〈全国法院贯彻实施民法典工作会议纪要〉的通知》第十一条的规定，违约金数额应以损失为基础，兼顾合同的履行情况、当事人的过错程度等综合因素，根据公平原则和诚信原则予以衡量。我国立法规定的违约金整体性质上属于赔偿性违约金，但并不排除违约金惩罚性功能的适用。本案中，陈某某在房屋首押未解的情况下，再次对房屋设定抵押担保，导致合同无法继续履行，其行为具有极强的主观恶意，严重违反诚实信用原则。在此种情形下，法院应侧重违约金惩罚性功能的适用，即使存在实际损失数额远小于违约金数额，法院亦可以不予调整。

编写人：福建省厦门市思明区人民法院　朱晨

（五）其　他

47

《中华人民共和国民法典》中分期付款加速到期的特点及适用条件

——李某甲诉高某、贺某甲房屋买卖合同案

【案件基本信息】

1. 裁判书字号

北京市第二中级人民法院（2022）京02民终12100号民事判决书

2. 案由：房屋买卖合同纠纷

3. 当事人

原告（被上诉人）：李某甲

被告（上诉人）：高某、贺某甲

【基本案情】

贺某乙与李某乙于1991年8月10日登记结婚，后经法院出具调解书调解离婚。二人独子贺某丙由李某乙扶养。派出所出具证明信证明李某甲曾用名贺某丙。贺某乙的父母均先于贺某乙去世。贺某乙于2021年10月8日去世，未留有遗嘱。贺某甲与高某系夫妻关系。

2018年7月12日，贺某乙（甲方）与高某、贺某甲（乙方）签订房屋买卖合同，约定乙方购买涉案房屋。还款规划：乙方欠甲方购房款50万元整。每月还款4000元整。分期125个月还清房款。乙方于每月1日以现金或转账的方式向甲方付款。落款处有贺某乙、高某、贺某甲的签名捺印。后涉案房屋转移登记至高某、贺某甲名下。

2018年9月1日，高某、贺某甲（甲方）与贺某乙（乙方）签订房屋租赁协议，约定：甲方将涉案房屋出租给乙方使用。年租金为24000元，面积为43.39平方米。租金支付方式：现金支付，一次性支付月租金2000元整。落款处有贺某乙、高某、贺某甲的签名。

因贺某乙死亡，李某甲起诉要求高某、贺某甲一次性支付购房款424000元。

【案件焦点】

高某、贺某甲是否应当一次性支付购房款424000元。

【法院裁判要旨】

北京市大兴区人民法院经审理认为：遗产是自然人死亡时遗留的个人合法财产。李某甲系被继承人贺某乙的唯一第一顺位继承人，其主张继承贺某乙的遗产，法院予以支持。根据已生效判决和相关证据，贺某乙对案涉房屋具有一半的所有权。

根据高某、贺某甲与贺某乙签订的房屋买卖合同及租房协议，可见贺某乙与高某、贺某甲对尚欠房款的给付作出了明确的约定，并没有体现出贺某乙赠与房产的意愿，也没有体现出赡养的表示，故针对高某、贺某甲对该房屋系贺某甲对贺某乙进行赡养，贺某乙对其赠与的主张，法院不予采信。根据庭审意见及证据，贺某乙与高某、贺某甲对50万元房款给付作出的约定应为双方真实意思表示，法院予以确认。法院认定高某、贺某甲自2018年7月12日起每月支付贺某甲4000元房款，自2018年9月1日起，贺某乙每月支付高某、贺某甲2000元房租。李某甲认可高某、贺某甲为贺某乙丧葬事宜支付的费用，并同意在房款中扣除，法院不持异议。

针对高某、贺某甲提交的账本，李某甲在庭审中提出过笔迹鉴定，后因为提交对比样本较困难，又撤回申请。但是高某、贺某甲亦不能提供充分证据证实账本中的笔迹为贺某乙书写，也无法证明账目的资金来源、转账情况及款项用途。故对于高某、贺某甲主张账本上的款项系为贺某甲使用，法院不予认可。

根据李某甲提供的证据，李某甲向高某、贺某甲主张该款项，贺某甲明确予以拒绝，在庭审中，高某、贺某甲仍然答辩不欠房款，足见其不予偿还的表意，未按照约定如期分期进行还款，故高某、贺某甲已经明确表示不履行还款义务，对已到期和未到期的还款计划已构成违约。当事人一方明确表示或者以自己的行为表明不履行合同义务的，对方可以在履行期限届满之前要求其承担违约责任。故李某甲主张全部剩余款项，法院予以支持。

北京市大兴区人民法院判决如下：

高某、贺某甲于判决生效之日起10日内给付李某甲房款409471.67元。

高某、贺某甲不服，提起上诉。

北京市第二中级人民法院经审理认为：结合高某、贺某甲的上诉请求及各方庭审陈述，本案争议焦点有二，其一为高某、贺某甲支付李某甲购房款数额，其二为购房款是否应予分期支付。

第一，关于高某、贺某甲支付李某甲购房款数额问题。法院审理过程中，高某、贺某甲同意向李某甲支付购房款，贺某甲因贺某乙丧葬事宜支付的费用，各方亦均同意在应付房款中予以扣除，法院对此不持异议。就双方当事人存在争议的应付购房款数额问题，法院结合查明事实认为，合同约定的购房款应在减去已付款项和丧葬费用的基础上计算。一审法院查明高某、贺某甲自2018年7月12日起每月支付贺某乙4000元，自2018年9月1日起，贺某乙每月支付高某、贺某甲2000元的事实正确。一审法院据此并结合双方确认的丧葬费用数额，认定高某、贺某甲应给付李某甲房款409471.67元正确，法院予以确认。

第二，关于购房款是否应予分期支付的问题。贺某乙已经交付房屋，虽然合同约定的部分价款期限尚未到期，但高某、贺某甲在一审庭审过程中拒绝履行支付购房款义务，已经符合法律规定的明确表示不履行还款义务行为，一审法院据此判决高某、贺某甲一次性给付李某甲购房款有事实和法律依据，对该结果法院予以维持。虽高某、贺某甲在法院审理中同意给付李某甲部分购房款，但其不履行还款义务的行为性质不因此发生变化，其二人要求分期付款的上诉请求法院不予支持。

综上所述，高某、贺某甲的上诉请求不能成立，应予驳回；一审判决认定事实清楚，适用法律正确，应予维持。依照《中华人民共和国民事诉讼法》第一百七十七条第一款第一项之规定，判决如下：

驳回上诉，维持原判。

【法官后语】

为维护市场交易公平，维持债权人和债务人持续履行的合同目的，《中华人民共和国民法典》第六百三十四条第一款、第六百七十三条、第七百五十二条均规定了在债务人出现违约时，债权人可要求加速到期履行债务，即债务人可在债务未到期的情况下要求债权人履行到期债务。适用加速到期从以下几个方面分析：

1. 案件特点：交易过程需持续一段时间

在该类案件中，交易并非系某一个时间节点的交易，而系在一段时间内的交易，时间在交易中可以量化成价格。常见的有分期付款合同或者租赁合同、融资合同等。分期付款的时间、贷款实际、租赁实际等是此类案件的关键要素，此类交易不具有对等性，如在本案中，贺某乙需要将涉案房屋先交付贺某甲、高某，而后贺某甲、高某的债务需在后续时间逐步履行，债权人与债务人在一段时间内的债权债务失衡。债务人获得是时间收益，债权人获得是金钱收益，为了维护双方交易的公平，法律拟制了在债务人有一定程度违约的情况下，债权人可以加速获得原定的收益。如出租人可以请求支付全部租金、借款人可以收回全部借款、出卖人可以请求支付全部价款。

2. 加速到期与解除合同的区别

加速到期是指双方在合同中约定的分期付款期间不履行，期间提前到期，债务人需要提前履行的法律义务。解除合同系双方对合同的否定。加速到期与解除合同有着显著的不同，如在本案中，李某甲可以请求贺某甲、高某支付全部价款，涉案房屋归贺某甲、高某所有。如果是解除合同的情况下，则意味着李某甲可以选择收回涉案房屋或者要求贺某甲、高某支付全部价款。解除合同将导致合同提前终止，而非继续履行，在此情况下就不存在提前到期，因此不存在逾期的问题，解除合同之前相关利息按照合同约定来进行计算，而解除合同之后，利息应按照中国人民银行同期贷款利率来进行计算。

3. 加速到期是附条件的合同法定变更

加速到期条款的设定是为了让债务人履行债务更加自觉，把相关情况下的债权人不安抗辩权通过附条件的形式固定下来，以此稳定双方的交易秩序。如在本案中，为了让高某、贺某甲支付房屋价款，李某甲可以通过催告高某、贺某甲在合理期限内仍不支付价款的，让高某、贺某甲支付全部价款，以此约束高某、贺某甲。附的条件系合理期限内仍不支付价款，该条件成就时，房屋买卖合同变更为付款期限到期，高某、贺某甲应该支付全部购房款。

4. 加速到期需要催告或者宣布

债权人在适用加速到期条件时除需要满足《中华人民共和国民法典》中相关条件外，还需要经过催告或者宣布程序，如在本案中，李某甲向高某、贺某甲要购房款，需要提前催告，催告是法定程序，没有经过催告不能适用加速到期规定。本案中，李某甲向高某、贺某甲发出催告，要求支付涉案房屋购房款，在高某、贺某甲仍不支付的情况下，可以适用加速到期规定。

5.《中华人民共和国民法典》实施前的加速到期适用

《中华人民共和国民法典》实施前，相关法律和司法解释中亦有加速到期的规定，如《最高人民法院关于当前形势下审理民商事合同纠纷案件若干问题的指导意见》中规定，债务人履行能力明显下降且不能提供担保的，法院可以判决该债务加速到期。《中华人民共和国票据法》第六十一条规定的追索权在三种情况下也可以加速到期行使追索权。本案发生在《中华人民共和国民法典》实施前，可适用《最高人民法院关于当前形势下审理民商事合同纠纷案件若干问题的指导意见》的规定来进行裁判，庭审中，高某、贺某甲明确表示拒不支付购房款，在此情况下，可以适用加速到期规定。

编写人：北京市第二中级人民法院　曹华　王一洲

48

抵押人同意情形下带抵押房屋出售的法律分析

——王某某诉房地产开发公司房屋买卖合同案

【案件基本信息】

1. 裁判书字号

北京市朝阳区人民法院(2021)京0105民初66030号民事判决书

2. 案由:房屋买卖合同纠纷

3. 当事人

原告:王某某

被告:房地产开发公司

第三人:信托公司

【基本案情】

2019年9月19日,原告与被告签订《购房意向协议书》,约定原告自愿订购被告开发的涉案房屋,在原告获得北京市购房网签资格后签署《北京市商品房现房买卖合同》,签署合同后该协议自动终止。2020年1月8日,原告(作为买受人)签订《北京市商品房现房买卖合同》,该合同载明的出卖人为被告。合同约定原告购买涉案房屋,房屋已抵押,抵押权人为第三人。该合同未加盖被告印章,被告将合同交付原告,因销售人员未能盖章返回原告。原告认为,房屋买卖合同依法已成立生效,被告应当按该合同约定向原告履行交房义务。故此提起诉讼,要求被告、第三人配合过户,第三人注销房屋上的抵押登记。

被告称注销抵押登记需要抵押权人同意,抵押注销登记后同意配合原告办理房屋过户手续。

第三人称,原被告自始未建立任何商品房买卖合同关系,第三人对涉案房屋享有抵押权，原告亦未将购房款支付至被告销售收入监管账户，属于与被告恶意串通，无权请求注销抵押登记。

此外，2019 年涉案房屋所在楼宇办理抵押登记，抵押权人为第三人。第三人曾向房屋管理局出具《同意函》，载明被告向第三人申请了总计为 38 亿元的贷款，并以其所开发项目作为抵押物，办理了以第三人为抵押权人的抵押登记，第三人同意被告名下上述房屋在抵押状态下销售。

【案件焦点】

《中华人民共和国民法典》实施前后抵押人同意情形下的抵押物转让规则有无变化，抵押权仅仅及于转让价款还是及于抵押物本身。

【法院裁判要旨】

北京市朝阳区人民法院经审理认为：法律规定，承诺生效时合同成立。依法成立的合同，自成立时生效。根据本案查明的事实，原告已签署《北京市商品房现房买卖合同》，被告认可该合同并交付原告，且认可合同内容，因被告原因未能将加盖印章的合同返还原告，且原告已支付完毕全部购房款，实质上双方就涉案房屋买卖事宜达成一致意见，合同已经成立，且为双方真实意思表示，加之约定内容不违反法律、行政法规强制性规定，应属合法有效。

关于第三人应否配合注销抵押登记的问题。法院认为第三人同意在抵押状态下销售即意味着其对抵押物丧失了物上追及效力，在抵押物的交换价值实现之后，抵押权的效力仅及于转让所得的价金，而非抵押物本身。理由如下：一是“销售”必然意味着所有权的变动和流转，第三人同意被告销售抵押财产，意味着其对抵押财产所有权可能会转移至购房人手中明知且同意，事实上，通过财产流转获得价金以使债务清偿也正是其同意销售的目的。二是原告作为普通购房人，在抵押权人明确表示同意销售的情形下与被告签订合同，并将购房款支付完毕，取得房屋所有权是其基于合同约定和交易惯例所抱有的正当合理期待。三是原告作为普通消费者与作为专业信托机构的第三人在认知水平、风险防范意识和能力等方面均存在较大的差异。在原告善意且支付了全部对价的情况下，其合同期待权应优先于第三人的债权获得保护。据此，原告要求第三人注销抵押登记，协助将涉案房屋过户至原告名下的诉讼请求，法院予以支持。

北京市朝阳区人民法院依照《最高人民法院关于适用〈中华人民共和国民法典〉时间效力的若干规定》第一条第二款，《中华人民共和国合同法》第六十条、第一百零七条，《最高人民法院关于适用〈中华人民共和国民事诉讼法〉的解释》第九十条之规定，判决如下：

一、确认原告就涉案房屋签署的《北京市商品房现房买卖合同（住宅类）》已成立并生效；

二、第三人信托公司于本判决生效后15日内注销位于涉案房屋的抵押登记；

三、被告房地产开发公司于抵押登记注销后15日内协助原告王某某将涉案房屋转移登记至其名下；

四、被告房地产开发公司于本判决生效后15日内将涉案房屋交付原告王某某。

判决后，双方当事人均未上诉，本判决现已生效。

【法官后语】

抵押人转让抵押物的行为因同时涉及抵押权人的利益和买受人的交易安全，因而成为法律规制的一个重要问题。一方面，若是承认抵押权的追及效力，即抵押物可以自由转让且抵押权并不因转让而消灭，可能会给买受人的交易安全造成威胁，因为取得的标的物仍有被抵押权人追夺的危险；另一方面，若不承认抵押权的追及效力，而使抵押人毫无限制地进行交易，由于其物品流通带来的交易价值的不确定性，则有可能给抵押权人的债权实现造成影响。民法典中对抵押财产转让规定进行了大幅修改，结合本案案例，笔者将从《中华人民共和国民法典》实施前后，经抵押权人同意情形下抵押物转让的法律规则进行分析。

1.《中华人民共和国民法典》实施前，经抵押权人同意出售抵押物，抵押权及于所得价款

在《中华人民共和国民法典》生效之前，《中华人民共和国物权法》通过严格限制抵押物的转让甚至禁止抵押物的转让来实现对抵押权人的保护，即未经抵押权人同意，不得转让抵押物；即使同意转让，抵押人也应将所得价金提

前清偿或者提存。可见，是否允许抵押财产转让是抵押权人的权利。在此情况下，抵押财产物权发生转让时，抵押权人因行使抵押权可追及的财产就由抵押财产变更为转让所得价款。因此，在抵押物的交换价值实现之日，抵押权即丧失了物上追及力，自然抵押权人对原抵押财产就不再享有任何权利，在该种情况下不应由受让人代为清偿债务。在本案中，涉案合同于2019年签订，应适用物权法的规定。第三人向房屋管理局出具了《同意函》，明确写明了同意被告在抵押状态下销售，应视为放弃转让后对房屋本身的抵押权，只能对买受人支付的购房款行使价金代位权。此外，本案中，原告作为购买人欲取得的是房屋所有权，在明确抵押权人同意房屋转让，且已经支付对价的情况下，在交易中属于善意且无过失方；而抵押权人的权利属于担保物权，其优先的权利内容在于就抵押财产优先受偿，而非取得抵押物的所有权，如果再将抵押权实现的责任转移给购房人，显然会给作为普通消费者的原告增加负担。因此，法院作出了要求第三人注销抵押登记，协助将涉案房屋过户至原告名下的判决。

2.《中华人民共和国民法典》实施后，抵押物出售不需抵押权人同意，抵押权及于抵押财产

在《中华人民共和国民法典》实施后，抵押权获得了物上追及效力，即除非当事人之间另有约定，抵押人可以转让抵押财产，抵押权人的同意不再是抵押财产转让的法定前提条件。抵押财产转让的，抵押权不受影响，抵押权人仍有权就转让后的抵押财产行使抵押权，由受让人承受抵押财产上的权利负担。

不难看出，《中华人民共和国民法典》关于抵押财产转让规则进行的调整，是为了鼓励交易自由，促进抵押财产的交换价值最大化，进而保证债权人的债权实现。对于消费者来说，交易自由的扩大意味着其在物品买卖尤其是房屋、车辆等价款较高、性质特殊的商品买卖时应当承担更高程度的审慎义务，在交易过程中确认转让的标的物是否存在抵押，若确认存在抵押，则应结合主债权的数额、抵押人的还款能力、抵押财产的价值、交易对价的支付方式等因素确定商品的合理对价。

编写人：北京市朝阳区人民法院　王乐　刘美辰

49

双方未能就商品房改建内容及改建费用达成一致意见的，仍应当认为双方间系买卖合同

——物贸公司诉某银行扬州分行商品房销售合同案

【案件基本信息】

1. 裁判书字号

江苏省扬州市中级人民法院（2022）苏10民终3527号民事判决书

2. 案由：商品房销售合同纠纷

3. 当事人

原告（上诉人）：物贸公司

被告（被上诉人）：某银行扬州分行

【基本案情】

2011年11月2日，原告物贸公司与被告某银行扬州分行签订了《商品房买卖合同》一份，合同约定：原告物贸公司将其开发的A大厦出售给被告某银行扬州分行，该商品房合同约定的建筑面积为397.9平方米，单价为10052.777元，总金额为400万元。商品房交付后，产权登记面积与合同约定面积发生差异，以房管部门测量中心测量报告为准，正负误差在10平方米以内，不退不补，正负误差超过10平方米的部分，按单价多退少补。关于付款的约定为：买受人被告某银行扬州分行先付款380万元，余款20万元待出卖人原告物贸公司完成网签合同及办齐相关证照后付清。同时，原被告在合同附件四中又补充约定：由买受人（被告某银行扬州分行）负责向供电部门协调二层高度1米。

此后，原告将工程发包给他人进行施工并按被告要求变更设计，将内楼梯改为外楼梯，将案涉房屋二层高度增加 1 米并完成筑顶。施工完成后，因二层高度不符合供电部门安全标准，应被告的要求，原告又将增高的房屋拆除按原设计高度重建并完成筑顶后交付被告使用。

2014 年 10 月 30 日，被告某银行扬州分行向原告出具情况说明，内容为："我行购买的物贸公司 3 号楼，因我方实际需要，经与开发商协商，将原内楼梯改为外楼梯，特此说明。"

2020 年 7 月 13 日，案涉房屋办理不动产权属证书，证书载明案涉房屋建筑面积 379. 72 平方米，比合同约定的建筑面积 397. 9 平方米减少了 18. 18 平方米。权属证书办理完毕后，原告向被告索要房屋尾款 20 万元，被告经审核认为按合同约定面积正负误差在 10 平方米以内，不退不补，正负误差超过 10 平方米的部分，按单价多退少补，故被告在扣除 18. 18 平方米的房款约 8 万元后将案涉房屋尾款支付原告。原告对此不服，遂向被告提出要求支付变更设计改建以及二层拆除又重建等增加的费用，双方进行沟通但未能达成一致意见。2020 年 10 月，原告单方委托某项目管理公司对上述变更设计以及拆除重建的工程造价进行审计，认为被告应按审计价 211137. 59 元支付工程款及利息，被告拒绝给付，原告遂向法院起诉。

【案件焦点】

1. 本案的案由是建设工程合同纠纷，还是商品房销售合同纠纷，抑或是委托代建合同纠纷；2. 原告要求被告支付工程款 211137. 59 元及利息是否有事实和法律依据。

【法院裁判要旨】

江苏省宝应县人民法院经审理认为：对于争议焦点 1，法院认为原、被告之间是商品房销售合同关系。理由在于，原告系案涉房屋的开发单位，被告系案涉房屋的购买方，原、被告之间签订了《商品房买卖合同》，原告向被告交付符合合同条件的房屋，被告按合同约定支付购房款，双方之间是房屋买卖合同关系。原告并非案涉工程的施工方，被告也并非案涉工程的发包方，双方之间不存在建设工程合同关系，因此，本案案由不是建设工程合同纠纷。原告认为，原、被告之间是委托代建关系，对此，法院认为合同签订时，被告并没有取得案涉工程的相关权属，相反，原告作为案涉工程的开发单位，工程所必备的规划、审批、预售、施工等手续资料均由原告方办理、实施、持有，对尚未取得相关权属的工程，被告无权委托他人代建。虽然，被告对案涉房屋提出了个性化的定作要求，但这是双方在合同订立前和履行中协商一致的结果，这种个别项目的变更施工不能改变双方之间合同的性质，双方之间仍然是房屋买卖合同关系，而非委托代建关系。

对于争议焦点 2，原告要求被告支付工程款 211137.59 元及利息，无事实和法律依据。理由在于，被告所购买的是期房，合同签订时尚未开始建设，被告对局部区域提出了变更施工要求，原告也同意实施，但对变更施工以及此后拆除再重建增加的费用承担问题，原告陈述当时双方进行了口头协商，被告对此不予认可。案涉房屋在办理产权证之前已交付被告使用多年。2020 年 7 月，在案涉房屋办理了产权登记手续后，原告按合同约定向被告主张合同尾款 20 万元，被告因实际面积减少而在尾款中扣除了 8 万元左右，原告对此不服，故提出重建而增加的工程款问题，由此可知，争议工程款因被告扣除因面积误差而产生的房款 8 万元而引起，现原告主张案涉工程款应由被告承担，举证责任在原告，原告提供的证据不能证明双方当时就重建的费用协商一致由被告承担，事后双方也未达成补充协议，故原告该主张理由和证据均不充分，法院不予支持。

原告的诉讼主张无事实和法律依据，法院不予支持。据此，依照《中华人民共和国合同法》第六十条、第七十七条、第七十八条，《最高人民法院关于适用〈中华人民共和国民法典〉时间效力的若干规定》第一条，《中华人民共和国民事诉讼法》第六十七条，《最高人民法院关于适用〈中华人民共和国民事诉讼法〉的解释》第九十条之规定，判决如下：

驳回原告物贸公司的诉讼请求。

物贸公司不服判决，提起上诉。

江苏省扬州市中级人民法院经审理认为：一审判决认定事实清楚，适用法律正确，应予维持。依照《中华人民共和国民事诉讼法》第一百七十七条第一款第一项之规定，判决如下：

驳回上诉，维持原判。

【法官后语】

本案在立案时案由为建设工程合同纠纷，法庭在进行庭审后认为原被告之间并不存在建设工程合同关系。建设工程合同是承包人进行工程建设，发包人支付价款的合同，原告（上诉人）物贸公司作为案涉不动产开发商，并非接收被告（被上诉人）某银行扬州分行的发包对案涉房屋进行建设，而是独立办理了案涉房屋的规划、审批、预售、施工等相关手续，且某银行扬州分行亦不具备发包案涉房产的资格，故双方之间并非建设工程合同关系，而是买卖合同关系。物贸公司认为其是按照某银行扬州分行的要求进行项目工程的变更，然则是某银行扬州分行作为购买人对案涉房屋提出的个性化的要求，且在《商品房买卖合同》中予以列出，物贸公司作为开发商，对此项要求予以认可并在合同上签字，即表明对于某银行扬州分行提出的“由买受人负责向供电部门协调二层高度1米”所可能产生的风险（包括但不限于由此产生的返工、整改等费用）是应当知晓的，却并未就相关费用的承担进行约定，可以认为物贸公司没有尽到合格市场主体所应具备谨慎义务，又或者双方已达成共识，上述费用已包含在房屋购置款内。此外，根据庭审查明的事实，物贸公司也并未及时向某银行扬州分行主张过该笔费用，而是在某银行扬州分行支付合同尾款阶段，要求按照合同约定扣除因房屋面积误差而产生的房款8万元时，方提出要求某银行扬州分行支付案涉房产改建费用。

本案二审亦认为上诉人物贸公司要求某银行扬州分行支付改建费用，证据不足，不予支持。

编写人：江苏省扬州市宝应县人民法院　何玉

四、商品房委托代理销售合同纠纷

50

开发商与代销商关于不得代收购房款的约定不得对抗善意购房人

——房地产开发公司诉侯某某房屋买卖合同案

【案件基本信息】

1. 裁判书字号

江苏省宿迁市中级人民法院（2022）苏13民终2058号民事判决书

2. 案由：房屋买卖合同纠纷

3. 当事人

原告（上诉人）：房地产开发公司

被告（被上诉人）：侯某某

第三人：运营管理公司

【基本案情】

2018年5月25日，侯某某与房地产开发公司签订《商铺定购协议》一份，由侯某某购买房地产开发公司开发的商城201－208号商铺，总房款520万元。协议约定，首付款260万元（其中含已付定金40万元），于2018年10月28日付140万元，办理按揭时付80万元，剩余260万元做银行按揭。协议签订后，房地产开发公司即将商铺交付侯某某。侯某某向房地产开发公司支付145万元，向房地产开发公司的代销商运营管理公司支付110万元。侯某某于2021年9月28日收到房地产开发公司催收欠付首付款的律师函。房地产开发公司主张对于首付款260万元侯某某仅支付145万元，尚余115万元未付。请求判令：侯某某给付购房首付余款115万元及违约金（以115万元为基数，自2019年1月13日起至8月19日止，按中国人民银行同期同类贷款利率计算；以115万元为基数，自2019年8月20日起至实际给付之日止，按同期全国银行间同业拆借中心发布的一年期人民币贷款市场报价利率计算）。

【案件焦点】

侯某某向代销商运营管理公司支付的110万元能否视为向房地产开发公司履行购房首付款支付义务。

【法院裁判要旨】

江苏省泗洪县人民法院经审理认为：案涉商铺已交付三年多，房地产开发公司一直未对其所称的未依约付款问题提出异议，有悖常理。另外，因运营管理公司系房地产开发公司案涉楼盘的代销商，侯某某作为购房人基于合理信赖，其有理由相信运营管理公司有权收取购房款。即使房地产开发公司与运营管理公司之间有关于不得代收购房款的约定，亦不得以此对抗具有合理信赖的购房人侯某某。故侯某某支付给运营管理公司的110万元应认定为侯某某支付给房地产开发公司的首付款。

江苏省泗洪县人民法院依照《中华人民共和国合同法》第一百零七条、第一百零九条、第一百一十四条、第一百五十九条、第一百六十一条，《最高人民法院关于适用〈中华人民共和国民法典〉时间效力的若干规定》第一条，《中华人民共和国民事诉讼法》第六十七条之规定，判决如下：

一、被告侯某某于本判决生效之日起10日内给付原告房地产开发公司首付款50000元及违约金（以50000元为基数，自2021年9月29日起至实际给付之日止，按照同期全国银行间同业拆借中心发布的一年期人民币贷款市场报价利率计算)；

二、驳回原告房地产开发公司的其他诉讼请求。

房地产开发公司不服，提起上诉。

江苏省宿迁市中级人民法院经审理认为：行为人没有代理权、超越代理权或者代理权终止后，仍然实施代理行为，相对人有理由相信行为人有代理权的，代理行为有效。本案中，在两家公司会计以及销售人员存在混同的情况下，侯某某有理由相信运营管理公司有权收取购房款，侯某某将房款支付给运营管理公司主观上并无恶意。房地产开发公司虽主张其与运营管理公司之间有关于不得代收购房款的约定，但该约定系房地产开发公司与运营管理公司之间的内部约定，并不能对抗具有合理信赖的购房人侯某某。

江苏省宿迁市中级人民法院依照《中华人民共和国民事诉讼法》第一百七十七条第一款第一项之规定，判决如下：

驳回上诉，维持原判。

【法官后语】

现实生活中，开发商销售开发的商品房，主要有三种模式：自行销售、代理销售、包销。自行销售是指开发商自己对开发的商品房进行销售。代理销售是指开发商委托中介服务机构销售商品房的，受托机构应当是依法设立并取得工商营业执照的房地产中介服务机构。开发商应当与受托房地产中介服务机构订立书面委托合同，委托合同应当载明委托期限，委托权限，委托人和被委托人的权利、义务。包销是指开发商与他人（包销人）订立商品房包销合同，约定开发商将其建设的房屋交由包销人以开发商的名义销售。包销时还可以由数个包销商联合包销。

在上述三种销售模式中，自行销售模式，开发商往往需要组建自己的销售团队，而且需要对销售团队进行相应培训，以确保其具备相应的销售管理、运作经验，需要投入大量的人力、物力、财力。另外，开发商肩负开发和销售两项智能，容易顾此失彼，集聚风险。而代理销售和包销，解决了开发企业对销售管理、运作经验不足的问题，缓解了开发企业人力、财力、物力的不足，提高了开发企业的运作效率和效益，分散了开发企业的风险。在代理销售和包销中，又以代理销售较为常见。

本案中所涉开发商销售模式即属代理销售模式。对于自行销售、代理销售、包销等概念，普通购房人往往并无概念。购房人至开发商的售楼处购房时，其通常并不会意识到负责接待并与其磋商的系开发商的代销商，其朴素的认知就是向开发商买房。在代理销售模式下，开发商与代销商之间构成委托合同关系。根据《中华人民共和国民法典》第一百七十二条对表见代理的规定，行为人没有代理权、超越代理权或者代理权终止后，仍然实施代理行为，相对人有理由相信行为人有代理权的，代理行为有效。

本案中，开发商房地产开发公司与代销商运营管理公司在办公场所、公司会计以及销售人员存在混同的情况下，购房人侯某某有理由相信作为代销商的运营管理公司有权收取购房款。故运营管理公司收取购房款的行为构成表见代理，侯某某支付给运营管理公司的110万元应认定为侯某某支付给房地产开发公司的首付款。

编写人：江苏省泗洪县人民法院　姜波

51

“先开票后付款”模式下，不安抗辩权的合法行使

——网络科技公司诉房地产开发公司商品房委托代理销售合同案

【案件基本信息】

1. 裁判书字号

广东省佛山市中级人民法院（2022）粤06民终7258号民事判决书

2. 案由：商品房委托代理销售合同纠纷

3. 当事人

原告（被上诉人）：网络科技公司

被告（上诉人）：房地产开发公司

【基本案情】

房地产开发公司是某项目的开发商，其委托网络科技公司代理上述项目的商品房销售工作。且于2020年4月2日至4月22日、同年10月1日至次年5月1日期间，双方签订了《渠道合同》《补充协议一》《补充协议二》和《补充协议三》等，约定：（1）佣金结算方法；（2）房地产开发公司付款前，网络科技公司须向房地产开发公司开具发票；（3）房地产开发公司根据网络科技公司转介客户的实际成交套数，及网络科技公司月度签约完成率所对应渠道费档位进行支付等内容。在合同期内，网络科技公司为房地产开发公司售出172套单位，产生总渠道费7287096.36元，房地产开发公司已支付1754000元，尚欠网络科技公司5533096.36元。

案涉商品房的客户已全部签约，但办理银行按揭的资料均在房地产开发公司处，网络科技公司无法核实具体每个客户的按揭手续办理情况以及按揭放款情况，但是按照商品房的交易规律，银行一般会在签约后2-3个月内完成按揭审批并放款，而网络科技公司所代理的商品房销售均是2021年5月以前完成签约的，因此推算全部的交易已达到结算节点。

网络科技公司在起诉前已经向房地产开发公司交付了金额共计3594000元的发票。至2021年11月止，涉案成交的客户房屋尾款均已向房地产开发公司支付。

【案件焦点】

1. 涉案佣金是否达到付款条件；2. 房地产开发公司是否拖欠佣金，若拖欠，欠款的金额是多少；3. 网络科技公司主张保险费由房地产开发公司承担的依据。

【法院裁判要旨】

广东省佛山市三水区人民法院经审理认为：网络科技公司与房地产开发公

司之间的《渠道合同》及相关补充协议合法有效。网络科技公司为房地产开发公司提供中介服务，并促成了一定数量客户的成交，房地产开发公司应当依照合同约定，向网络科技公司支付相应佣金。虽然在合同中约定支付佣金前须开具发票，但网络科技公司在起诉前已经向房地产开发公司交付金额达 300 多万元的发票，房地产开发公司仍拒不付款。因此，对于网络科技公司未开具发票所对应的佣金，网络科技公司享有不安抗辩权，可以要求房地产开发公司同时偿还。房地产开发公司辩称佣金尚未达到支付条件，该辩解无法律依据，不予采纳。故网络科技公司关于佣金的诉请应予以支持。法院对违约金及保险费等处理意见分别作了论述。

综上，广东省佛山市三水区人民法院依照《中华人民共和国合同法》第六十八条、第一百零七条、第一百零八条、第一百零九条，《最高人民法院关于适用〈中华人民共和国民法典〉时间效力的若干规定》第一条第二款的规定，判决如下：

一、房地产开发公司向网络科技公司支付佣金 5533096.36 元，并支付该款自 2021 年 8 月 24 日起至清偿之日止，按全国银行间同业拆借中心公布的贷款市场报价利率计算的利息；

二、驳回网络科技公司的其他诉讼请求。

房地产开发公司不服一审判决，提起上诉。

广东省佛山市中级人民法院经审理认为：对一审法院认定的事实予以确认，并同意一审法院裁判意见，且认为房地产开发公司主张一审判决网络科技公司的佣金过高、应予调低，有违诚实信用原则，不予支持。根据《渠道合同》第七条第一款的约定，房地产开发公司应按照网络科技公司转介客户的实际成交套数进行支付，序号 119 和 120、序号 165 和 167 的成交房源均不相同，实际成交套数为 4 套，房地产开发公司主张同一买受人应仅结算一笔服务费理据不足，不予支持。房地产开发公司主张部分业主在本案起诉时尚未回款以及网络科技公司未提交符合约定的结算材料进行结算，但未提供相关证据予以证明，不予采信。

综上，广东省佛山市中级人民法院依照《中华人民共和国民事诉讼法》第一百七十七条第一款第一项之规定，判决如下：

驳回上诉，维持原判。

【法官后语】

在商业交易中，“先开票后付款”的模式非常普遍。在这种交易条件下，付款方常以“收款方尚未开票”为拒绝付款的理由。尽管不同的法院在处理这种争议时有不同的观点，但主流观点认为，如果合同明确定义了开票付款的先后顺序，则买方有权以出售方未开具增值税发票为由拒绝付款，最高人民法院也持相同的观点。尽管合同法和最高人民法院的相关案例都认可了“先开发票后付款”交易模式下，付款方在收款方未依照合同约定开具发票时有权拒绝付款，但对于付款方在这种交易模式下可能存在的违约行为，付款方是否仍享有先行履行的抗辩权仍需商榷。在本案的处理过程中，一种观点认为，通常开具发票只是合同的次要义务，不能成为拒绝付款的理由。但是当事人有特别约定时，开具发票就成为合同的主义务。如果违反约定不开具发票，应承担违约责任，即赔偿对方税款损失。在买卖合同或其他有偿合同中，如果不能取得合规的增值税进项发票，就无法在企业所得税税前扣除成本，同时增值税进项税额也无法抵扣，必然产生税款损失。因此，付款方可以将开具发票约定为付款条件。依法纳税是每个企业应遵守的法定职责，收款方先开具发票不会导致收款方损失，因此，在有约定“先开发票后付款”的情况下，收款方拒不开具发票的，不应支持其诉请合同相对方支付全部款项。

另一种观点认为，虽然双方当事人约定了“先开发票后付款”，但是前提是双方当事人必须严格按照约定履行合同，付款方才可以对方未开具发票为由拒绝付款。但若付款方已经先行违约，开具发票就成为合同的附随义务，其抗辩权不应优于对方基于付款方丧失商业信誉时所享有的无效抗辩权。开具发票虽然是收款企业的法定义务，但企业与税务机关的行政法律关系与本案基于合同产生的民事法律关系不应混淆处理。通说认为，无效抗辩权的适用条件如下：(1) 双方当事人因同一合同而互相负债，无效抗辩权是合同效力的一种体现，其成立需要双方当事人因同一合同而互相负债，并且该两项债务存在对价关系；

(2) 后支付债务人的履行能力明显降低，有不能为对待支付的现实危险，无效抗辩权制度保护先支付债务人是有条件的，只有在后支付债务人由于付款而面临实际危险并影响先支付债务人的债权实现时，才能行使无效抗辩权；(3) 有先后的履行顺序，享有无效抗辩权的人是先行履行义务的当事人；(4) 先行履行义务人必须有充足的证据证明相对人无能力履行债务；(5) 先行履行一方的债务已经届满清偿期；(6) 后行履行义务人未提供相应担保。由此可见，收款方已向付款方开具了300多万元的发票，但付款方只支付了170多万元的合同款项，付款方已经先行违约。虽然收款方有先行作为合同附属义务的开具发票的义务，但是收款方已经履行了合同的主要义务，而付款方仅支付了部分款项，然后将合同附随义务作为付款抗辩，这种做法显失公平，将使双方的权利义务失衡。因此，在付款方先行违约的情况下，其应当不能享有“先开发票后付款”的抗辩权。

编写人：广东省佛山市三水区人民法院　卢泽辉

五、农村房屋买卖合同纠纷

52

农村房屋买卖合同被认定无效后拆迁利益分配的司法认定

——宗某某诉范某某、臧某甲农村房屋买卖合同案

【案件基本信息】

1. 裁判书字号

北京市第二中级人民法院(2022)京02民终2076号民事判决书

2. 案由:农村房屋买卖合同纠纷

3. 当事人

原告(反诉被告、被上诉人):宗某某

被告(反诉原告、上诉人):范某某、臧某甲

【基本案情】

臧某乙与范某某系夫妻关系,婚后育有一子臧某甲。案涉142号宅基地系宗某某1999年申请获批的宅基地。2004年11月16日,宗某某与臧某乙签订《协议书》载明:宗某某把房基地一宗送给臧某乙盖房使用,盖房相应手续由宗某某提供。宗某某一家在房基地这一事上永不反悔,宅基地永远归臧某乙所有。臧某乙为了表示对宗某某一家的感谢,特送人民币25000元整。此协议一式三份,宗某某一份,臧某乙一份,证明人张某某一份。双方签字之日起生效。

证明人张某某亦在该协议落款处签名。臧某乙购买该宅基地后即在该址建房并实际居住至今。臧某乙去世后，范某某、臧某甲继续在涉案院落居住。

2017年8月12日，宗某某与村民委员会签订《北京市宅基地房屋腾退补偿安置协议》，认定被腾退人为宗某某，认定宅基地面积265.76平方米，认定房屋补偿面积265.76平方米，支付宅基地腾退补偿总价2543540元，宅基地腾退补偿款1716356元，其中宅基地区位补偿价1318368元，房屋价款281853元，装修设备附属物价款116135元，各项奖励费、补助费共计827184元。宗某某认购安置房2套，应支付购房款681840元。

【案件焦点】

1. 农村房屋买卖合同是否有效；2. 农村房屋买卖合同被认定无效后，拆迁利益如何分配。

【法院裁判要旨】

北京市丰台区人民法院经审理认为：违反法律、行政法规强制性规定的合同无效。宅基地使用权是农村集体经济组织成员享有的权利，与享有者特定的身份相联系，非本集体经济组织成员无权取得或变相取得。臧某乙通过买卖方式取得北庙村142号宅基地使用权，臧某乙并非涉案宅基地所在村的集体经济组织成员，不享有该集体经济组织的宅基地使用权，故臧某乙与宗某某签订的协议书违反了法律、行政法规的强制性规定，应属无效，故宗某某要求确认该协议书无效的诉讼请求法院予以支持。

合同无效后，因该合同取得的财产，应当予以返还；不能返还或者没有必要返还的，应当折价补偿。有过错的一方应当赔偿对方因此所受到的损失，双方都有过错的，应当各自承担相应的责任。本案中，宗某某应当知道其所出卖的宅基地属禁止流转范围，应对合同无效负主要责任，臧某乙应承担次要责任。案涉142号宅基地拆迁认定被腾退人为宗某某，因范某某、臧某甲仍在占用涉案院落及房屋，宗某某尚未实际取得拆迁补偿，但可以参照该宅基地的拆迁腾退补偿标准确定该宅基地及地上房屋的价值，并按照该价值确定赔偿损失范围。

涉案院落内房屋均为臧某乙购买宅基地后所建，故该院落内房屋及附属物而获得的拆迁补偿款应归范某某、臧某甲所有。

因合同无效，导致臧某乙失去了涉案宅基地增值部分的利益，故该宅基地所获得的拆迁补偿款应根据双方的责任酌情由臧某乙分得70%，由宗某某分得30%。各项奖励费及补助系以每宗宅基地为单位所获得的补偿，应由在此居住的实际居住人享有，虽经认定宗某某为该宅基地的被腾退人，但实际居住人为范某某、臧某甲，故该宅基地所获得的奖励费及补助费应归范某某、臧某甲所有，但期房补助费、独生子女奖励费、周转补助费系针对被安置人所给予的补偿，范某某、臧某甲无权要求分割。安置房屋亦系针对被安置人口确定享有的购房指标所购买的房屋，范某某、臧某甲亦无权要求分割。

北京市丰台区人民法院依照《中华人民共和国民法典》第一百四十三条之规定，判决如下：

一、宗某某与臧某乙于2004年11月16日签订的《协议书》无效；

二、宗某某于本判决生效之日起10日内退还范某某、臧某甲25000元；

三、范某某、臧某甲于本判决生效之日起30日内将案涉142号院落腾空并交还给宗某某；

四、宗某某于本判决生效之日起10日内赔偿范某某、臧某甲1977845.6元；

五、驳回宗某某的其他诉讼请求；

六、驳回范某某、臧某甲的其他反诉请求。

范某某、臧某甲不服一审判决，提起上诉。

北京市第二中级人民法院经审理认为：一审判决认定事实清楚，适用法律正确，应予维持。依照《中华人民共和国民事诉讼法》第一百七十七条第一款第一项之规定，判决如下：

驳回上诉，维持原判。

【法官后语】

农村房屋买卖纠纷案件一直是民事审判实务中争议较大的一类案件。北京市高级人民法院对此类案件的审判原则作出相应的规定，即对于农村房屋买卖合同的效力问题均规定以认定无效为原则，以认定有效为例外。

2016年11月30日，最高人民法院发布了《第八次全国法院民事商事审判工作会议（民事部分）纪要》，其中第十九条规定："在国家确定的宅基地制度改革试点地区，可以按照国家政策及相关指导意见处理宅基地使用权因抵押担保、转让而产生的纠纷。在非试点地区，农民将其宅基地上的房屋出售给本集体经济组织以外的个人，该房屋买卖合同认定为无效。合同无效后，买受人请求返还购房款及其利息，以及请求赔偿翻建或者改建成本的，应当综合考虑当事人过错等因素予以确定。"根据该会议纪要，本集体经济组织以外的当事人签订的农村房屋买卖合同，一般认定为无效，反言之，本集体经济组织成员之间的农村房屋买卖合同，可以认定为有效。

笔者认为，宅基地使用权是农村集体经济组织成员享有的权利，与享有者特定的身份相联系，非本集体经济组织成员无权取得或变相取得。根据"地随房走"的原则，农村房屋买卖合同在处分涉案房屋的同时亦处分了相应的宅基地使用权。根据国家政策，非本集体经济组织成员因购买农村宅基地或者房屋而与农民所订立的买卖合同应当认定无效。从裁判结果上看，各地法院处理农村房屋买卖纠纷时，裁判结果基本上符合会议纪要的精神。

根据北京市高级人民法院对这一问题处理的倾向性意见，合同被认定无效后的处理原则是：对于买受人已经翻建、扩建房屋的情况，应对其添附价值进行补偿；判决返还、腾退房屋的同时应注意妥善安置房屋买受人，为其留出合理的腾退时间，避免单纯判决腾退房屋给当事人带来的消极影响。在合同无效的原因方面，出卖人负有主要责任，买受人负有次要责任。如果案涉宅基地进行了拆迁，合同无效后，拆迁利益应该如何分配。

根据北京法院系统的实践，形成的裁判思路可以对类案提供参考。一般针对宅基地和地上物的补偿区别对待。第一，对于地上物一般按照贡献原则，即地上物谁建设、谁装修，相应的补偿款归贡献方，即按照贡献分配地上物拆迁利益。本案中，涉案院落内房屋均为臧某乙购买宅基地后所建，故该院落内房屋及附属物而获得的拆迁补偿款应归范某某、臧某甲所有。第二，对于宅基地的补偿分配按照合同无效过错比例确定，一般认定在合同无效的原因方面，出卖人负有主要责任，买受人负有次要责任。审判实践中，往往按照三七比例进行分配。本案中，因合同无效，导致臧某乙失去了涉案宅基地增值部分的利益，故该宅基地所获得的拆迁补偿款应根据双方的责任酌情由臧某乙分得70%，由宗某某分得30%。第三，按照拆迁政策，合理确定奖励费及补助费。拆迁政策认定归实际居住人享有的补偿，该部分利益应该归买受人；拆迁政策认定归被腾退人享有的补偿，该部分利益应该归出卖人。本案中，各项奖励费及补助费系以每宗宅基地为单位所获得的补偿，应由在此居住的实际居住人享有，虽经认定宗某某为该宅基地的被腾退人，但实际居住人为范某某、臧某甲，故该宅基地所获得的奖励费及补助费应归范某某、臧某甲所有，但期房补助费、独生子女奖励费、周转补助费系针对被安置人所给予的补偿，范某某、臧某甲无权要求分割。安置房屋亦系针对被安置人口确定享有的购房指标所购买的房屋，范某某、臧某甲亦无权要求分割。

编写人：北京市丰台区人民法院　张燕玲　徐全影

53

"房地一体"原则下宅基地使用权审批对房屋买卖合同效力的影响

——柳某、周某诉赵某房屋买卖合同案

【案件基本信息】

1. 裁判书字号

江苏省无锡市锡山区人民法院（2022）苏0205民初1172号民事判决书

2. 案由：房屋买卖合同纠纷

3. 当事人

原告：柳某、周某

被告：赵某

【基本案情】

1999年1月14日，周某与赵某签订协议书，约定赵某将二层楼房（该房屋建造在170号农村集体土地上）出卖给周某，价格为7600元，周某将7600元一次性付清，赵某将钥匙交给周某。

周某与柳某于1997年2月14日登记结婚。柳某、周某的居民身份证登记的住址均为170号，有效期限为2005年11月30日至2025年11月30日。2007年10月18日，柳某和周某均取得了村股份合作社的股权证。周某在农村商业银行开设涉农补贴专户。市征地保障安置人员缴费年限核定表对柳某、周某的农龄折算年限进行了核定。拆迁进度表将170号柳某户列入拆迁范围。柳某父亲的老房子已拆迁，安置在A处，现401室、402室安置房登记在柳某照、柳某云（系柳某的姐姐）、丁某中（系柳某云的丈夫）名下。

170号房屋的土地证登记在赵某名下，1991年8月的土地登记申报表载明土地使用人为赵某中（系赵某曾用名）。农村社员建造房屋用地申请书载明，赵某培于1974年8月申请建造房屋四间。赵某培系赵某的爷爷。现柳某持有集体土地建设用地使用证原件，发证日期1991年12月15日，用地面积105平方米，建筑占地80平方米，宅基地东面是赵某甲，西面是赵某乙。

柳某、周某向法院提起诉讼，请求确认周某与赵某于1999年1月14日签订的170号房屋买卖合同成立，赵某协助柳某、周某办理土地使用权报批手续等。

赵某认为，房屋买卖合同订立时，周某并非本村村民，不具备购买宅基地房屋的资格。宅基地取得需要办理审批手续，并非赵某不配合，而是周某、柳某始终未取得相应审批手续，故请求驳回柳某、周某的诉讼请求。

【案件焦点】

案涉农村房屋买卖合同的效力及相应的法律效果。

【法院裁判要旨】

江苏省无锡市锡山区人民法院经审理认为：周某与柳某系夫妻关系，二人户籍所在地在该村，又取得了村股份合作社的股权证，二人在双桥村享有失地农民安置利益，故法院认定柳某、周某属于双桥村集体经济组织成员，故周某与赵某于1999年1月14日签订的170号房屋买卖合同成立。

依照《中华人民共和国民法典》第五百零二条第二款的规定，依照法律、行政法规规定应当办理批准等手续才生效的合同，在办理了相关手续时生效。本案中，170号房屋属于农村宅基地房屋，宅基地使用权的主体限于农村村民。根据法律规定，宅基地所有权属农民集体所有，宅基地的流转原则上是有条件流转。根据“房地一并处分”原则和相关法律规定，房屋流转时宅基地使用权应当一并流转。买卖合同的效力要受宅基地审批的影响，也就是说，房屋买卖合同不能单独生效，要以宅基地使用权是否得到有权机关的批准而定。房屋买卖合同在没有违反《中华人民共和国民法典》关于合同有效的规定的情形下，受让人宅基地使用权获得有权机关批准，房屋买卖合同处于生效、可履行状态；受让人宅基地使用权没有获得有权机关批准，房屋买卖合同的效力不能判断为有效，合同也不可能得到履行。本案中，当事人在一审辩论终结前仍未办理批准手续，故法院认定周某与赵某订立的房屋买卖合同未生效。双方当事人应当向国土资源管理部门办理宅基地使用权流转的审批手续，由国土资源管理部门作出是否同意170号宅基地使用权从赵某户向柳某、周某户流转。

江苏省无锡市锡山区人民法院依照《最高人民法院关于适用〈中华人民共和国民法典〉时间效力的若干规定》第三条，《中华人民共和国民法典》第四百七十条、第四百八十三条、第五百零二条第二款，《中华人民共和国民事诉讼法》第六十七条的规定，判决如下：

一、确认周某与赵某于1999年1月14日签订的170号房屋买卖合同成立；

二、赵某应于本判决发生法律效力后 3 日内协助柳某、周某到国土资源管理部门办理宅基地使用权流转的审批手续，由国土资源管理部门作出同意或者不同意 170 号宅基地使用权从赵某户向柳某、周某户流转的审批意见；

三、驳回柳某、周某在本案中的其他诉讼请求。

判决后，双方当事人均未上诉，本判决现已生效。

【法官后语】

在“房地一体”的原则视野下，建设用地使用权和建造在其上的建筑物在权利归属和权利变动方面严格遵循一体化处理的原则。一方面，在权利归属方面，建设用地使用权与建筑物所有权的权利主体一般是一致的；另一方面，在权利变动方面，实行“房随地走”“地随房走”，以此保持流转后权属关系认定的一致性。那么，对于宅基地上的房屋买卖合同效力的司法认定，也应当遵循“房地一体”的原则，宅基地上房屋买卖合同的效力评价不能脱离宅基地使用权的特殊性。

第一，关于宅基地使用权的特殊性。宅基地使用权是农村村民对集体所有的土地享有的占用、使用的权利，农村村民有权依法利用该土地建造住宅及其附属设施。宅基地使用权的取得、行使和转让，适用土地管理的法律和国家有关规定。根据《中华人民共和国土地管理法》的规定，农村村民一户只能拥有一处宅基地，其宅基地的面积不得超过省、自治区、直辖市规定的标准。村民建设住宅经依法批准使用本集体经济组织农民集体所有的土地。农村村民住宅用地，经乡（镇）人民政府审核，由县级人民政府批准。由此可见，宅基地使用权的取得首先要符合“一户一宅”及“同一集体经济组织”的实体要件，其次程序上必须经过有权机关的审批。

第二，关于农村房屋买卖合同效力的考量。在一般情况下，房屋买卖合同在没有违反当事人意思自治和法律规定的情形下，应作有效评价。但是，农村房屋买卖合同效力需要结合对宅基地使用权的效力评价。首先，如果农村房屋买卖合同违反了宅基地使用权中的“一户一宅”和“同一集体经济组织”的实体要件，该房屋买卖合同因违反了法律的强制性规定而无效。其次，如果房屋买卖合同符合了“一户一宅”和“同一集体经济组织”的实体要件，但是受让人宅基地使用权没有得到有权机关的批准，该合同实际上不可能得到履行，合同系未生效合同。对此，《中华人民共和国民法典》第五百零二条第二款将未经批准合同效力的情形予以明确，规定了单独的未生效合同类型。也即把行政机关审批作为合同生效的特别要件，合同本身并不是无效的，只是合同成立欠缺生效要件而已，一旦经过批准，合同就发生法律效力。因此，宅基地上的房屋买卖合同的自主意思处分与宅基地使用权处分是密不可分的，对房屋买卖合同的效力考量需要结合宅基地使用权的实体要件及有权机关是否批准宅基地转让的程序要件，进而判断合同的法律效力。

第三，关于未生效房屋买卖合同的法律后果。未办理批准等手续影响合同生效的，不影响合同中履行报批等义务条款以及相关条款的效力，应当办理申请批准等手续的当事人未履行义务的，对方可以请求其承担违反该义务的责任。从维护合同有效性的角度出发，司法裁判方向应该是促进继续履行房屋买卖合同，即可以裁判债务人履行报批义务以实现合同的生效。当然，由于报批义务是否能够履行取决于有权机关是否予以批准，如果负有履行报批义务的当事人拒不履行该义务或履行该义务不能，致使合同无法生效的，应当承担损害赔偿责任，对对方当事人因此造成的损失，承担缔约过失责任。

编写人：江苏省无锡市锡山区人民法院　崔锋　柯菲菲

54

农村房屋买卖合同无效后的损害赔偿责任划分及房屋增值认定

——郑某某、谢某某诉陈某某、林某某农村房屋买卖合同案

【案件基本信息】

1. 裁判书字号

福建省厦门市中级人民法院（2022）闽02民终5906号民事判决书

2. 案由：农村房屋买卖合同纠纷

3. 当事人

原告（反诉被告、上诉人）：郑某某、谢某某

被告（反诉原告、上诉人）：陈某某、林某某

【基本案情】

2002年4月30日，郑某某、谢某某与陈某某、林某某签订房屋买卖合同，约定郑某某、谢某某将坐落于厦门市A组、用地面积242.17平方米的私有住房以12万元价格卖给陈某某、林某某。合同签订后，陈某某、林某某支付购房款，郑某某、谢某某交付相关产权证、土地证。

2021年5月13日，郑某某、谢某某诉至法院，认为其掌管案涉房屋钥匙并占有使用房屋，故房屋未实际交付、双方未实际履行合同，且案涉房屋占用范围内的土地所有权系郑某某、谢某某所在集体所有，陈某某、林某某非该集体经济组织成员，合同违反法律、行政法规的强制性规定，请求法院判令房屋买卖合同无效，双方返还购房款及产权证、土地证，本案诉讼费用由陈某某、林某某承担。

陈某某、林某某认为其已全额支付价款，郑某某、谢某某交付房屋及代表权利转移的相关证件，并办理委托公证以保障其对所购得的土地房产行使权利，案涉合同已实际履行。郑某某、谢某某明知房产转让受限，为实现经济利益主动要求转让房产，且办理公证委托规避法律限制，合同签订并履行20年后，为牟取利益又违反诚实信用原则主张合同无效，对合同无效造成的损失应承担主要过错责任。故陈某某、林某某提起反诉，请求判令郑某某、谢某某赔偿其购房款对应利息损失、补偿案涉房屋增值部分差额损失并承担诉讼费用。

诉讼过程中，法院先后委托6家鉴定机构评估鉴定案涉房屋及土地使用权价值，但均以无法评估农村集体土地房屋价值为由予以退鉴。陈某某、林某某提供厦门市相关拆迁政策文件及补偿安置方案，拟证明非集体经济组织成员在农村集体土地征地拆迁中实行"拆一补一"，选择货币补偿的，被征收房屋补偿单价为本征收项目的安置房市场评估价。

法院依据陈某某、林某某申请向某房屋征迁服务公司调取证据，该公司出具《情况说明》载明：案涉房屋位于某学校项目二期建设用地范围内，征收补偿方案中货币补偿情况下的安置房市场评估价为18118元（评估时点为2022年5月17日）。

【案件焦点】

1. 农村房屋买卖合同无效后，应根据双方过错、考虑诚实信用原则划分损害赔偿责任；2. 农村宅基地的房屋价值无法鉴定评估时，可以参考近期同区位征收项目的安置房市场评估价进行认定。

【法院裁判要旨】

福建省厦门市海沧区人民法院经审理认为：案涉房屋系农村宅基地房屋，根据房地一并处分的法定规则，因陈某某、林某某并非案涉房屋土地所在地集体经济组织成员，《房屋买卖合同》存在损害法律、行政法规以及国家政策所维护的社会公共利益的情形，应认定无效。合同无效后，因该合同取得的财产应当予以返还。

关于合同无效后的损害赔偿问题。首先，案涉房屋买卖至今已逾二十年，现房屋市场价值已远高于原购房价款，陈某某、林某某若仅收回原购房款必将遭受经济损失。郑某某、谢某某有违诚信，其收回房屋将获得巨大经济利益，若失信者因合同无效获益却不予赔偿对方的损失，显然有失公允。陈某某、林某某有权要求郑某某、谢某某按照过错程度承担损害赔偿责任。其次，虽案涉房屋系农村宅基地房屋无法进行市场价值评估，亦未被列入征迁范围，但案涉房屋具有合法产权，必然具有相应市场价值。陈某某、林某某主张参照某学校二期项目货币补偿标准即以该项目安置房市场评估价计算案涉房屋价值，法院认为两者均位于同一社区，评估时点为2022年5月17日，该主张具有合理性予以采纳。陈某某、林某某主张赔偿购房款的利息损失，存在双重获利的情形，不予支持。最后，郑某某、谢某某作为农村集体经济组织成员，应知道宅基地上农村私有房屋具有特定的身份属性，出卖农村房屋已存在相当过错，现又违背诚实信用原则主张毁约，在案涉合同无效的后果处理上应承担主要责任，酌定其承担60%的过错责任。陈某某、林某某自知非农村集体经济组织成员，仍购买农村宅基地房屋，应承担次要责任，酌定其承担40%的过错责任。

福建省厦门市海沧区人民法院依照《中华人民共和国合同法》第五十二条、第五十八条等规定，判决如下：

一、合同无效，双方当事人互相返还购房款及土地使用权证、房屋所有权证，郑某某、谢某某赔偿陈某某、林某某房屋差价损失1523181.19元及保全申请费1770元；

二、驳回陈某某、林某某的其余反诉请求。

一审宣判后，双方当事人不服，提起上诉。

福建省厦门市中级人民法院经审理认为：同意一审法院裁判意见，判决如下：

驳回上诉，维持原判。

【法官后语】

《中华人民共和国土地管理法》第六十三条规定，农民集体所有的土地的使用权不得出让、转让或者出租用于非农业建设。根据我国“房地一并处分”的原则，房屋买卖必然涉及宅基地的出让、转让，故购房人不具备所购房屋及宅基地所在的集体经济组织成员身份时，其签订的房屋买卖合同因违反法律、行政法规的强制性规定，当属无效。

近年来，房地产市场蓬勃发展，出卖人受高额房价、征地拆迁补偿等利益驱动，诉至法院请求确认农村房屋买卖合同无效的案件日益增多。司法实践中对此情况下的合同效力及产生的返还义务、损害赔偿责任等法律后果已形成较统一的裁判思路。本案则着重围绕此类案件损害赔偿责任中的损失认定及责任划分提供参考思路。

根据《全国法院民商事审判工作会议纪要》第三十三条之规定，合同无效后确定财产返还时，要充分考虑财产增值或贬值因素，在当事人之间合理分配获利或分担损失。价值认定应以平衡当事人过错及权益作为裁量的底层逻辑，结合本案案情，具体可采取以下思路：

1. 房屋目前市场价值可通过鉴定评估，无法鉴定时，应由损害赔偿主张方举证

本案法院先后委托的六家鉴定机构均以无法评估农村集体土地房屋价值为由退鉴。宅基地上房屋具有合法产权，无法鉴定评估并不否定其应具有的市场价值。根据“谁主张，谁举证”的证据规则，损害赔偿方应提供损失的计算方式及相应证据依据。若认定房屋价值所需的政策文件、规范标准等确系当事人举证能力之外的，法院也可调取相应证据，为事实查明提供充足依据。

2. 宅基地上房屋的市场价值，可比照目前安置类似房产所需费用予以认定

具体而言，可以参考近期同区位征收项目的安置房市场评估价予以认定。因宅基地房屋转让受限，其使用价值与周边商品房不具有相当性，以周边商品房价格计算可能存在价值认定畸高。因宅基地上房屋使用价值受限的情况与安置房类似，两者具有相当性，即使是未列入征拆范围的宅基地上房屋，也可通过近期与案涉房屋所在同一社区征收项目的安置房价格认定，且征收安置价格公开公示，当事人对此亦有一定预期，服判息诉效果相比较好。

3. 买受人同时以房屋增值部分、购房款同期的银行贷款利息主张损害赔偿责任的，应择一支持

合同订立当下，买受人与出卖人认为房款与房屋价值基本相当，买受人主张房屋增值部分作为损失时，实质上是就房屋在合同签订后、确认无效之前的对价利益进行主张。故买受人同时主张存在双重获利的问题，法院应择一支持。

4. 当事人承担的损害赔偿责任应根据其过错程度划分

通过类案检索，目前各地法院存在以下两种过错划分思路：一是认定买卖双方明知宅基地上农村私有房屋具有特定的身份属性仍买卖农村房屋，均有相当程度的过错，各对损失承担50%责任或双方损失互相抵销均不予支持。二是以双方对合同无效的过错程度为基础，再根据诚实信用原则划分主次责任。本案即采取此思路，对起诉方违反诚实信用原则作出了合理评价，在结果上更符合公平合理原则，且较好地发挥了司法裁判的引导功能，有利于弘扬诚实守信的社会主义核心价值观。

编写人：福建省厦门市海沧区人民法院　张晨玮　苏容

六、其　他

55

未经购房者同意，开发商无权以识别客户为由采集购房者人脸生物信息

——刘某甲诉房地产开发公司房屋买卖合同案

【案件基本信息】

1. 裁判书字号

江苏省盐城经济技术开发区人民法院（2022）苏0991民初2669号民事判决书

2. 案由：房屋买卖合同纠纷

3. 当事人

原告：刘某甲

被告：房地产开发公司

【基本案情】

2020年9月12日，原告在盐城某小区订购了一套商品房，房号为1602室。销售人员陈某某承诺如按期支付购房尾款并签订合同，在总房价968141元的基础上可以再优惠5000元。但后因2020年9月15日当日原告已被售楼处人脸识别设备抓取生物信息，系统自动判定原告为“自访客户”而非“中介客户”，

不能享受销售人员陈某某曾向原告表示通过中介渠道购买可获得房屋总价 1%的折扣，即 9681.41 元的优惠。

【案件焦点】

原告是否有权要求开发商删除本人及家属的个人生物信息、拆除人脸识别设备及书面道歉。

【法院裁判要旨】

江苏省盐城经济技术开发区人民法院经审理认为：根据《中华人民共和国个人信息保护法》第二十六条之规定，在公共场所安装图像采集、个人身份识别设备应当为维护公共安全所需。被告售楼处作为公众出入的公共场所，其称设置人脸识别的目的是“分辨案场客户来源”“作为被告与中介单位判定客户的依据”，违反了个人信息保护法的强制性规定，但被告的侵权行为并非具有继续性，售楼处也并非原告日常出入的场所，原告不具有请求被告拆除相关设备的诉的利益，法院对此不予支持。被告违反法律规定处理个人信息，所采集的信息应当主动删除。但在本案中，原告并无证据证明被告采集了原告及家属的信息对原告本人造成了不利影响，原告要求被告承担赔礼道歉的民事责任应当与其行为的具体方式和造成的影响范围适当，法院对此不予支持。

江苏省盐城经济技术开发区人民法院依照《中华人民共和国民法典》第一百七十条、第四百九十六条、第一千条、第一千零三十四条、第一千零三十五条、第一千零三十七条，《中华人民共和国个人信息保护法》第十三条、第二十六条、第四十七条，《最高人民法院关于适用〈中华人民共和国民法典〉时间效力的若干规定》第二条、第三条，《中华人民共和国民事诉讼法》第一百四十五条、第一百六十五条之规定，判决如下：

一、被告房地产开发公司于本判决生效之日起 10 日内支付原告刘某甲房屋优惠款 5000 元；

二、被告房地产开发公司于本判决生效之日起 10 日内删除原告刘某甲及亲属的个人生物信息；

三、驳回原告刘某甲的其他诉讼请求。

判决后，双方当事人均未上诉，本判决现已生效。

【法官后语】

人脸识别技术已经广泛应用于商业领域，这一项新技术在带来便利的同时，也带来了个人信息安全、隐私保护等方面的风险隐患。商事主体运用人脸识别系统的合法性边界以及对人脸信息的储存、使用等问题引起了社会公众的高度关切。房地产企业控制营销成本无可厚非，但手段方式应当合理合法。人脸信息作为生物识别信息，属于个人信息的范畴，应当严格遵守法律规定。本案中，开发商为了防止中介“撬客”，以人脸识别系统获取的人脸信息作为区分自访客户或渠道拜访客户的依据，本来属于企业自主经营行为。开发商既未征得购房人或来访人的同意，亦未对运用人脸识别系统进行采集、储存、使用等事项如实告知，其行为构成侵权，应当承担侵权责任。

编写人：江苏省盐城经济技术开发区人民法院　席飞

56

房屋买卖合同对税费负担无明确约定的情况下，税费负担的确定问题

——王某某诉郑某某房屋买卖合同案

【案件基本信息】

1. 裁判书字号

福建省泉州市鲤城区人民法院（2021）闽0502民初4570号民事判决书

2. 案由：房屋买卖合同纠纷

3. 当事人

原告：王某某

被告：郑某某

第三人：街道办事处

【基本案情】

2004年7月10日，N公司与街道办事处签订《拓改工程住宅折迁补偿安置补充协议书》，街道办事处因折迁取得502室（122.79平方米）等安置房屋。

2004年10月25日，街道办事处与郑某某签订《转让房屋合同书》，将502室转让给郑某某，并约定房屋产权证手续由郑某某自行负责办理，街道办事处提供有关手续，并协助办理。

2005年4月17日，郑某某（甲方）与王某某（乙方）签订《房屋转让合同书》，该合同书主要约定：经双方同意，甲方把502室转让给乙方，有关事项达成如下协议：（1）该房屋面积122.79平方米，每平方米转让价2300元，折合282417元；（2）乙方付给甲方262417元（以收条数额为准），甲方当面现金如数收讫，其余额（2万元）待过户手续办理完整时付清，付清房款时502室的房屋产权归乙方所有，甲方对此不再提任何异议；（3）甲方应于房地产开发商移交钥匙之日起3日内转交给乙方；（4）甲方应于政府允许办理过户手续时，及时负责办妥该房屋的过户手续证交给乙方，若需过户手续费用4000元以内由乙方承担，超过4000元时由甲乙双方各承担一半。

2005年4月17日，郑某某出具收条，表示收到王某某购房款262417元，余下购房款，待办理过户手续时当时结清。2011年3月21日，王某某付清余下购房款。

2005年，郑某某将案涉房屋交付给王某某后，该房屋迟迟未能具备办理过户登记的条件。2020年1月9日，王某某诉至法院，请求确认王某某与郑某某之间的房屋买卖合同合法有效，并要求判令郑某某将案涉房屋权属登记到王某某名下，街道办事处、N公司配合协助办理。法院经审理，判决郑某某、街道办事处、N公司应于判决生效之日起30日内协助将502室房产的权属登记至王某某名下。

判决生效后，王某某于2020年8月13日向法院申请强制执行。后王某某至房管部门办理房屋权属证书，并缴纳相应的税款，其中缴纳纳税人名称为郑某某的地方教育附加、教育费附加、城市维护建设税、个人所得税、增值税、契税合计121591.28元，缴纳纳税人名称为街道办事处的印花税、契税、教育费附加、城市维护建设税、土地增值税、增值税、地方教育附加合计126889.16元，缴纳纳税人名称为王某某的契税22071.52元。

2021年7月7日，王某某向法院提起诉讼并请求判令：(1) 郑某某偿付王某某垫付的税款等款项共计288546.44元及自起诉之日起至实际偿付之日止按全国银行间同业拆借中心公布的一年期贷款市场报价利率（年3.85%）计算的利息；(2) 街道办事处对其依法应当缴纳的税款166955.6元承担偿付责任；(3) 本案诉讼费用由郑某某承担。

【案件焦点】

二手房买卖合同对税费负担无明确约定的情况下，税费负担的确定问题。

【法院裁判要旨】

福建省泉州市鲤城区人民法院经审理认为：税法是税收机关征税和纳税人据以纳税的法律依据。虽然我国税收法律、法规对于各种税收的征收均明确规定了税种、税率、税额及纳税义务人，但对于实际由谁缴纳税款并未作出强制性或禁止性规定。本案王某某向税务机关缴纳了纳税义务人为郑某某和街道办事处的相关税款便可印证该点。因此，买卖双方在合同履行中应由谁实际承担税费的问题，不应简单地以税法的规定约束，而应根据双方的约定及合同法的规定合理确定双方的合同权利义务。关于王某某与郑某某签订的《房屋转让合同书》是否对税费承担作出约定的问题。王某某认为合同书第四条约定的手续费包括税费，郑某某予以否认。《中华人民共和国合同法》第一百二十五条第一款规定："当事人对合同条款的理解有争议的，应当按照合同所使用的词句、合同的有关条款、合同的目的、交易习惯以及诚实信用原则，确定该条款的真实意思。”案涉合同书第四条约定“甲方应于政府允许办理过户手续时，及时负责办妥该房屋的过户手续证交给乙方，若过户手续费用需4000元以内由乙方承担，超过4000元时由甲乙双方各承担一半”。该条约定并未明确手续费用包含税费，而税费是办理过户登记必然产生的费用，但此条款中“若需”两个字表明，双方对于办证时是否会产生手续费用是不确定的，因此，手续费用应认定为不包含税费。在双方未约定税费由谁承担的情况下，依法应按照合同有关条款或者交易习惯确定。因税费是房屋买卖交易过户登记中不可避免产生的费用，双方在确定房屋成交价格时，必然需要考虑税费的负担问题。若由卖方承担税费，则卖方必然将税费计算在房屋价款之内。现实中，由买受人承担过户税费、出卖人取得房屋净价，是房屋买卖常见的交易方式。

本案中，双方交易的房屋系拆迁安置房，交易时尚不具备办理过户登记的条件。从合同书第四条“甲方应于政府允许办理过户手续时”可知，王某某对此是知情的，对于能否办理产权证书及何时能办理产权证书是不确定的，对因此存在的交易风险也应是有所预见的。在尚无法确定是否能办证的情况下，卖方确定合同价款时显然无法将税费计算在内。且，虽然合同书约定购房尾款2万元待过户手续办理完整时付清，但王某某在未能办理过户登记的情况下于2005年9月6日、2011年3月21日分两次付清了尾款。可见王某某支付购房款并不以房屋能否办理过户登记为条件，双方约定的购房款应是不包含税费的净价，若能办理过户登记手续，税费应由王某某自行承担。再者，案涉房屋在2005年已交付王某某使用，该房屋的增值部分由王某某享有，税务机关根据现行税收政策及房屋现价值计收税费合计20余万元，若该税费由仅收取购房款282417元的郑某某承担，显然有违公平原则。综上，王某某在房屋具备办理过户登记的条件后，为取得案涉房屋的不动产权属证书，凭借人民法院相关文书等材料，自行办理并已缴纳了纳税人为郑某某及街道办事处的相关税费，现王某某要求郑某某偿付税款288546.44元及利息，要求街道办事处对其中的税款166955.6元承担偿付责任，缺乏合同依据及法律依据，法院不予支持。

福建省泉州市鲤城区人民法院判决如下：

驳回王某某的诉讼请求。

判决后，双方当事人均未上诉，本判决现已生效。

【法官后语】

根据我国税收法律、行政法规的规定，房屋出卖人依法应当缴纳个人所得税、土地增值税、教育附加费等，而房屋买受人依法应当缴纳契税、印花税等，但买卖双方在合同履行中应由谁实际承担税费的问题，不应简单地以税法的规定约束，而应根据双方的约定及民法的规定合理确定双方的合同权利义务。尽管《中华人民共和国税收征收管理法实施细则》第三条规定，负有纳税义务的单位或个人必须依照法律规定履行纳税义务、缴纳税款，其签订的合同与税收法律、行政法规相抵触的、一律无效，但是，该条款主要针对双方当事人通过合同约定免除或逃避纳税义务，导致国家税收减少，损害国家利益的情形，我国税收法律、行政法规对税款实际由谁缴纳并未作出强制性或禁止性规定。

本案是一起二手房买卖交易过程中因税费由谁承担的问题引发的纠纷，一般情况下，二手房买卖合同双方当事人对交易过程中的税费负担未约定或约定不明，经协商不能达成补充协议的，应按照税务部门对各类税种及纳税义务人的明确规定确定税费承担人，但具体到本案，则不应作上述简单的判断。本案买卖合同签订的时间距离办理房屋过户登记及缴纳相应税款的时间长达 15 年之久，办证时房屋的价值也远超房屋买卖合同签订时房屋的价值，显然不能简单地直接以税法规定来分配双方的权利义务。对税费的负担，应把买卖合同双方当成理性的经济人，按照合同所使用的词句，结合相关条款、行为的性质和目的、习惯以及诚信原则，确定双方的真实意思表示。

本案的判决既维护了个案公正，又拓宽了房屋买卖合同对税费负担无明确约定的情况下，税费由何人负担的判定思路，保护了市场交易的主体不至于因合同权利义务约定不清，而承担远超预期的义务，维护了法律的权威和社会的公正。

编写人：福建省泉州市鲤城区人民法院　史赠莹　林清波

57

一方当事人自行协商阶段提出的赔偿金额能否作为裁判依据

——田某某诉置业公司、夏某某房屋买卖合同案

【案件基本信息】

1. 裁判书字号

湖北省鄂州市中级人民法院（2022）鄂07民终第666号民事判决书

2. 案由：房屋买卖合同纠纷

3. 当事人

原告（上诉人）：田某某

被告（上诉人）：置业公司、夏某某

【基本案情】

2010年6月21日，田某某与置业公司签订了《商品房买卖合同》。合同约定："田某某购买置业公司开发的某小区1703号房屋，建筑面积为82.88平方米，单价为2311.82元，总金额为191604元；置业公司应当在2012年5月28日前交付房屋给原告。"上述合同还约定了其他事项。2010年6月21日，田某某向置业公司支付第一笔购房款57604元。2013年1月7日，在置业公司的要求下，田某某又向其提前支付了房屋购房尾款134000元；以上款项共计191604元。合同约定的交房期限届满，置业公司一直未交付房屋。2021年9月30日，置业公司将1703号房屋出卖给第三人并办理了不动产登记。2022年2月23日，置业公司向田某某退还了购房款191604元，未向其支付任何赔偿款。双方就赔偿款事宜未达成一致意见，遂形成诉讼。

【案件焦点】

一方当事人自行协商阶段提出的赔偿金额能否作为裁判依据。

【法院裁判要旨】

湖北省鄂州市华容区人民法院经审理认为：田某某按照合同约定支付全部购房款，依法应该享有案涉房屋的所有权及房屋带来的市场价值，置业公司未经田某某同意擅自将案涉房屋出售给案外人的情形已构成违约，故田某某向置业公司主张房屋溢价损失的相关请求符合法律规定。置业公司于2022年2月23日将田某某缴纳的购房款191604元退还至田某某账户，综合考虑田某某的合同履行情况、房价的波动以及合同关于违约金的约定等情况，以及结合双方之间聊天记录中田某某要求置业公司赔偿损失350000元，故酌情认定置业公司还应向田某某赔偿房屋溢价损失共计350000元（含已支付的191604元），至于田某某主张的超出上述金额范围以外的溢价损失，不予支持。

湖北省鄂州市华容区人民法院依照《最高人民法院关于审理商品房买卖合同纠纷案件适用法律若干问题的解释》（2003年）第八条，《中华人民共和国民法典》第五百八十三条，《中华人民共和国民事诉讼法》第一百四十五条的规定，判决如下：

一、田某某与置业公司签订的《商品房买卖合同》于2022年3月18日解除；

二、置业公司于本判决生效之日起10日内向田某某赔偿房屋溢价损失158396元，夏某某对上述债务承担连带清偿责任；

三、驳回田某某的其他诉讼请求。

田某某、置业公司、夏某某均不服一审判决，提起上诉。

湖北省鄂州市中级人民法院经审理认为：《最高人民法院关于适用〈中华人民共和国民事诉讼法〉的解释》第一百零七条规定："在诉讼中，当事人为达成调解协议或者和解协议作出妥协而认可的事实，不得在后续的诉讼中作为对其不利的根据，但法律另有规定或者当事人均同意的除外。"一审所依据的田某某与置业公司聊天记录中主张赔偿的损失350000元系双方在提起本案诉讼前协商过程中田某某为解决房屋赔偿问题自行提出按照 350000 元处理，但是从双方后续聊天内容看，双方并未就 350000 元达成一致意见，一审依据上述金额径直作为田某某主张的损失系将田某某为促成调解做出妥协提出的赔偿金额，明显缺乏事实和法律依据。因案涉房屋已经由置业公司出卖给第三人，置业公司通过一房二卖行为获得的利益金额是具体明确的，基于市场经济的发展，房屋价格处于整体上涨趋势，田某某同样可以基于案涉房屋取得房屋价值上升的利益，故置业公司出售给第三人所获取的房款，扣减前期已归还的购房款之外，多余房款亦应当支付给田某某。置业公司通过一房二卖行为实际获取房屋价款 300000 元，案涉房屋溢价 108396 元（300000 元-191604 元）为田某某可预期的利益损失，置业公司应予以赔偿。

湖北省鄂州市中级人民法院依照《中华人民共和国民法典》第五百六十三条、第五百八十三条、第五百八十四条，《中华人民共和国公司法》第六十三条，《最高人民法院关于审理商品房买卖合同纠纷案件适用法律若干问题的解释》（2020 年）第二十一条第二款、第二十四条，《中华人民共和国民事诉讼法》第一百七十七条第一款第二项之规定，判决如下：

一、维持鄂州市华容区人民法院（2022）鄂 0703 民初 665 号民事判决第一项；

二、撤销鄂州市华容区人民法院（2022）鄂 0703 民初 665 号民事判决第二项、第三项；

三、置业公司于本判决生效之日起 10 日内赔偿田某某房屋溢价损失 108396 元，支付资金占用利息 90532.34 元，夏某某对上述债务承担连带清偿责任；

四、驳回田某某的其他上诉请求；

五、驳回置业公司、夏某某的全部上诉请求。

【法官后语】

诉前调解或和解的过程是当事人双方平等协商，依照自愿合法的原则处分其实体权利，在互谅互让的基础上解决民事纠纷的过程。当事人在自行协商阶段作出妥协而认可的事实，并非仅限于案件客观事实，还包括与该事实相关的实体权利的处置，比如提出较少的赔偿金额，以求最快诉讼达成调解合意，解决纠纷。根据《最高人民法院关于民事诉讼证据的若干规定》及《最高人民法院关于适用〈中华人民共和国民事诉讼法〉的解释》的规定及其精神可知，当事人为求纠纷及早解决，在和解过程中会对自己的实体权利作出让步，如果允许该种妥协在其后的诉讼中作为对其不利的证据使用，则有违当事人真实意思表示，有违公平原则。

本案中，田某某在起诉前主动与置业公司协商解决房屋赔偿问题，自行提出按照350000元处理，但从双方后续聊天内容看，双方并未就350000元达成一致意见，遂形成本诉。根据《最高人民法院关于适用〈中华人民共和国民事诉讼法〉的解释》第一百零七条“在诉讼中，当事人为达成调解协议或者和解协议作出妥协而认可的事实，不得在后续的诉讼中作为对其不利的依据，但法律另有规定或者当事人均同意的除外”的规定，既然在诉讼过程中为调解作出妥协而认可的事实都能作为后续诉讼中对其不利的根据，该立法精神同样可以延伸至诉前调解，田某某在诉前为达成调解协议作出妥协而认可的事实，不得在后续的诉讼中作为对其不利的根据。一审法院在未促成双方成功达成调解的情况下，径直将田某某在双方诉前协商过程中为促成调解作出妥协提出的赔偿金额作为田某某主张的损失依据，明显缺乏事实和法律依据。

因一方违约行为导致合同无法履行产生的违约金，应当以违约造成的损失为基准，全面权衡合同的履行程度、当事人的过错、预期利益等因素，根据公平和诚信原则予以处理。

编写人：湖北省鄂州市中级人民法院　金燕玲

58

注销户口后迁往国外的被告主体是否明确的认定标准

——吴某诉胡某、凌某乙房屋买卖合同案

【案件基本信息】

1. 裁判书字号

重庆市第一中级人民法院（2022）渝01民终10702号民事裁定书

2. 案由：房屋买卖合同纠纷

3. 当事人

原告（上诉人）：吴某

被告（被上诉人）：胡某、凌某乙

第三人：建设投资公司

【基本案情】

2010年1月5日，吴某与凌某乙的父亲凌某甲签订《房屋交易委托代理合同》，由吴某购买建设投资公司开发的某小区4号房屋。合同签订后，吴某按合同约定履行了付款义务，并装修入住，但未办理过户登记手续。此后，凌某乙的父亲去世，因无法联系继承人凌某乙，一直未能办理过户登记手续。

因小孩入学需办理户口迁移，吴某遂将继承人胡某、凌某乙、第三人建设投资公司诉至法院，要求办理房屋过户登记手续。一审审理中，经向公安机关和出入境管理局查询显示，凌某乙已于2016年1月迁往国外，并在国内公安机关注销了中国的身份信息。吴某称除了凌某乙注销前的身份信息外，其已多方查找，无法提供凌某乙迁国外之后的身份、住址等信息。

【案件焦点】

被告凌某乙是否为“明确的被告”。

【法院裁判要旨】

重庆市沙坪坝区人民法院经审理认为：《中华人民共和国民事诉讼法》第一百二十二条规定，起诉必须符合下列条件：（一）原告是与本案有直接利害关系的公民、法人和其他组织；（二）有明确的被告；（三）有具体的诉讼请求和事实、理由；（四）属于人民法院受理民事诉讼的范围和受诉人民法院管辖。经调查，被告凌某乙已于2016年1月15日迁往国外，凌某乙的身份信息已在公安机关注销，原告未提供被告凌某乙在国外的具体身份信息，属于被告身份信息不明确。原告提起的本案诉讼不符合起诉条件，应予驳回。

重庆市沙坪坝区人民法院依照《中华人民共和国民事诉讼法》第一百二十二条，《最高人民法院关于适用〈中华人民共和国民事诉讼法〉的解释》第二百零八条第三款的规定，裁定如下：

驳回原告吴某的起诉。

吴某不服，提起上诉。

重庆市第一中级人民法院经审理认为：被告是否明确应当按照可识别标准认定，根据原告提供的信息能够将被告特定化，足以使被告与他人相区别的，应当认定为有明确的被告。本案中，凌某乙在中国的姓名、性别、出生日期等户籍信息和注销户口并迁往国外等信息组成信息集合体，赋予了其特定的身份标签，指向具有唯一性，已经达到明确程度。吴某提起本案诉讼，符合《中华人民共和国民事诉讼法》规定的有明确的被告的起诉条件，一审法院立案受理后应当继续审理。

重庆市第一中级人民法院判决如下：

一、撤销重庆市沙坪坝区人民法院（2021）渝0106民初3959号之一民事裁定；

二、本案指令重庆市沙坪坝区人民法院审理。

【法官后语】

虽然《中华人民共和国民事诉讼法》第一百二十二条第二项明确了原告提起诉讼的条件之一为“有明确的被告”，《最高人民法院关于适用〈中华人民共和国民事诉讼法〉的解释》第二百零九条第一款对如何判断“有明确的被告”作出了解释。但是，在司法实践中，诸如本案中的被告凌某乙注销国内户口后迁往国外的情况日益增多，在此种情况下，原告起诉是否以提供被告迁往国外后的身份信息为前提条件，即原告不能提供被告迁往国外后的身份信息的，被告是否为“明确的被告”，存在观点分歧。一种观点认为，被告“明确”应该是姓名、住址、联系电话等信息明确具体，被告注销国内户口后迁往国外的，原告不能提供迁往国外后的身份信息，属于被告信息不明确。另一种观点则认为，被告注销国内户口后迁往国外的，虽然原告不能提供被告迁往国外后的身份信息，但在起诉阶段，根据现有信息可以确定被告是“可识别”的特定化主体，属于有明确的被告。

被告主体身份信息的确定决定着诉的启动，直接影响原告诉讼权利的行使和实体权利的维护。因此，被告“明确”的认定至关重要。在认定被告是否明确时，既要考虑原告提供的被告信息具有唯一指向性，能够有序推进诉讼进程；又要考虑原告的举证能力，不能让原告承担超过一般正常人的信息搜集义务，进而影响原告诉权的行使和实体权利的维护。

作为起诉要件之一，只有被告“明确”，不与其他任何人发生混淆，诉争主体才能确定，才能推进诉讼程序。《最高人民法院关于适用〈中华人民共和国民事诉讼法〉的解释》第二百零九条第一款明晰了“可识别”审查标准，规定只要原告提供被告的姓名或者名称、住所等信息具体明确，足以使被告与他人相区别的，可以认定为有明确的被告。在被告注销国内户口迁往国外后，原告不能提供被告迁往后的身份信息，但能提供迁往前的身份信息时，对作为被告的自然人而言，姓名、出生日期、户籍注销并迁往国外等信息组成信息集合体，就任何单一信息而言，无法与被告发生特定关联，但作为信息集合体，协同赋予被告特定的身份标签，指向具有唯一性、主体可以锁定，从而将其个人特定化，已经达到了“明确”程度，应当认定符合“有明确的被告”的起诉条件。

从目的解释角度来看，《最高人民法院关于适用〈中华人民共和国民事诉讼法〉的解释》第二百零九条系对民事诉讼法第一百二十二条第二项“有明确的被告”的解释。该条款是在立案登记制改革背景下于2015年新增的条款。新增该条款的立法目的是充分保障当事人的诉权，明确登记立案阶段只需要从形式上审查被告是否明确。对社会公众而言，当事人以诉讼作为争议解决方式往往是私力救济未果之后的选择。作为原告的当事人，信息搜集能力有限，在其已尽力查询，且经有关机关查询后仍不能获取凌某乙迁往国外的住所地等信息的情况下，人民法院以被告不明确不符合起诉条件为由裁定不予受理或驳回起诉，将导致原告不能行使诉权，进而切断了原告的救济渠道，其实体权利将难以得到维护。相反，综合原告提供的具有唯一指向的信息，认定符合起诉条件，受理原告的起诉并进入实体审理，才能充分保障原告的合法权利，取得良好的法律效果和社会效果。

需要说明的是，被告迁往国外后的身份信息不确定，可能会影响案件及时送达和强制执行，但不影响登记立案。人民法院立案受理后，如有必要，也可以根据我国与迁往国之间签订的国际条约通过委托调查取证等国际司法协助的方式查明被告的身份信息。

此外，需要注意被告明确与被告适格的区分。登记立案阶段主要是启动诉讼程序，经过对起诉条件的形式审查，被告达到特定化、可识别的程度，即为起诉阶段的被告“明确”。在登记立案后的审理阶段，主要是对诉讼标的的实质审查与判断，经过实体审理才能判定被告是否“适格”。因此，不能以被告适格替代被告明确，或者将二者混为一谈。

编写人：重庆市第一中级人民法院　王坤　吴克坤

59

办理房屋权属证书的测绘费、登记费、评估费等费用承担的正确认定

——韩某某等诉置业公司房屋买卖合同案

【案件基本信息】

1. 裁判书字号

山东省淄博市中级人民法院（2022）鲁 03 民再 51 号民事判决书

2. 案由：房屋买卖合同纠纷

3. 当事人

原告（上诉人、再审申请人）：韩某某、高某某、刘某某

原告（上诉人）：魏某、董某某等 15 人

原告：张某某、杨某某

被告（被上诉人、再审被申请人）：置业公司

【基本案情】

2009 年至 2011 年期间，原告等 20 人分别与置业公司签订《商品房买卖合同》，购买了被告建设开发的某营业房。2012 年 6 月 2 日被告分别给原告等业主送达收取房屋办证费用通知书，为业主办理房屋产权证书，原告等按其要求的金额交纳办证费用。被告承诺收取原告的办证费用多退少补。但被告给原告办理完房屋产权证后，原告等 20 人的剩余办证费用总计 463735.70 元至今尚未退还，给原告造成一定的经济损失。故诉至法院。

【案件焦点】

办理房屋权属证书的测绘费、登记费、评估费等费用应由谁承担。

【法院裁判要旨】

山东省淄博市周村区人民法院经审理认为：韩某某等与置业公司双方签订的《商品房买卖合同》系当事人的真实意思表示，且不违反法律禁止性规定，合同合法有效。根据法律规定，当事人应当按照约定全面履行义务，并应遵循诚实信用原则，根据合同的性质、目的和交易习惯履行协助等义务。本案中，置业公司将办证所需费用以书面形式通知韩某某等业主，业主按照通知规定向置业公司足额缴纳并由置业公司履行相关办证事宜，现合同目的已实现，根据双方的履行情况，双方对于办证费用的承担已达成一致。对于评估费、代理费、测绘费及登记费等费用置业公司提供发票证实上述费用均已实际支出，契税、印花税系按规定向税务部门缴纳的税费，韩某某等要求置业公司退还上述费用无事实及法律依据。暖气开口费及管理费在办证过程中并未实际支出，置业公司应将上述两项费用返还韩某某等业主。综上，对于韩某某等的诉讼请求部分予以支持。

据此，山东省淄博市周村区人民法院依照《中华人民共和国合同法》第六十条，《中华人民共和国民事诉讼法》第六十四条之规定，判决如下：

一、置业公司分别返还韩某某等 20 位业主相应金额的暖气开口费及管理费；

二、驳回韩某某等其他诉讼请求。

韩某某等 18 人不服一审判决，提起上诉。

山东省淄博市中级人民法院经审理认为：当事人对自己提出的主张，有责任提供证据加以证明，不能提供证据或所提供的证据不足以证明其事实主张的，应承担举证不能的法律后果。首先，韩某某等 18 位业主主张置业公司应当返还评估费、测绘费、登记费、代理费各项费用，但根据置业公司提供的证据，其已将以上款项实际支出，以上款项并非由其占有，韩某某等主张由置业公司返还以上费用没有事实及法律依据，本院不予支持。其次，一审判决置业公司应当返还的暖气开口费及管理费系因政策调整不再需要向相关部门缴纳，并非置业公司原因给韩某某等业主造成的损失，韩某某等 18 人主张自以上款项交付置业公司之日的经济损失，不予支持。

山东省淄博市中级人民法院依照《中华人民共和国民事诉讼法》第一百七十七条第一款第一项之规定，判决如下：

驳回上诉，维持原判。

韩某某等 3 人不服二审判决申请再审，山东省高级人民法院指令淄博市中级人民法院再审本案。

山东省淄博市中级人民法院经审理认为：双方当事人争议的焦点为办理房屋权属证书的测绘费、登记费、评估费、代理费应由谁承担。双方签订的房屋买卖合同及补充协议是双方真实意思表示，是合法有效的合同。根据山东省物价局、国家发展改革委、财政部、国家土地管理局、国家测绘局、国家物价局、财政部的相关规定，测绘费由开发企业承担，登记费由购房者承担。补充协议中双方约定，由买受人交纳办理房屋权属证书的相关费用，出卖人办理相关权属证书。本案中，买受人已交纳相关费用，出卖人已实际支出、履行了相关办证事宜。本案双方诉争的测绘费、登记费、评估费、代理费，应根据有关法规的规定及合同的约定处理。虽然本案的再审申请人仅为 3 人，但包括该 3 人的原审原告 20 人的情况相同，应对相关费用一并作出处理。根据上述规定，登记费应由韩某某等 20 人承担，测绘费应由置业公司承担。对于评估费、代理费，韩某某等并未提交证据证实应由置业公司承担，该两项费用置业公司按照合同约定已实际支出办理相关权属证书，并未占有，韩某某等要求置业公司返还该两项费用无事实和法律依据。故应在原审判决置业公司返还暖气开口费及管理费的基础上，再返还韩某某等 20 人相应的测绘费。另外，再审申请人以外的当事人主张的利息损失问题，不属于本案再审范围。综上所述，韩某某等 3 人的再审请求部分成立，部分予以支持。

山东省淄博市中级人民法院依照《最高人民法院关于适用〈中华人民共和国民法典〉时间效力的若干规定》第一条，《中华人民共和国合同法》第六十条，《中华人民共和国民事诉讼法》第二百一十四条、第一百七十七条第一款第二项、第六十八条的规定，判决如下：

一、置业公司分别返还韩某某等20位业主相应金额的暖气开口费、管理费及测绘费；

二、驳回其他诉讼请求。

【法官后语】

本案主要涉及商品房买卖合同中办理房屋权属证书的测绘费、登记费、评估费等费用承担的正确认定问题。

对于一般家庭而言，房产的购买是家庭的重要事项，根据法律规定，不动产物权的设立、变更、转让和消灭，经依法登记，发生效力；未经登记，不发生效力，故过户登记是取得房屋所有权的必经程序。在进行过户登记办理房屋权属证书时有一些费用需要缴纳，如测绘费、登记费、评估费等，在这些费用应该由谁来承担的问题上，房地产商与业主经常发生纠纷，本文将对上述问题根据相关法律规定进行辨明，希望对今后的类案裁判提供参考意见。

本案中，业主向置业公司缴纳费用大致包括契税、印花税、物业维修基金、测绘费、评估费、登记费、暖气开口费、代理费、管理费等。其中契税是指不动产产权发生转移变动时，就当事人所订立契约按产价的一定比例向产权承受人征收的一次性税收；印花税是对经济活动和经济交往中书立、领受具有法律效力的凭证行为所征收的税种，契税和印花税均有明确规定，由产权承受人即本案的各业主承担。物业维修基金是指大修更新储备基金，是专项用于物业共用部位、共用设施设备期满后大修、更新、改造的资金，根据《住宅专项维修资金管理办法》第六条的规定，物业维修基金应该由业主承担。至于测绘费和登记费，基于本案中的情况，可以适用山东省物价局对上述费用的具体规定，新建商品房交付使用前，开发企业应当委托测绘机构实施测绘，测绘成果用于购房人办理房产权属登记手续，测绘费用由开发企业承担，不得向购房人收取；购房人申请预购商品房预告登记的，由申请人向登记机构缴纳房屋登记费，故本案中测绘费由开发企业承担，登记费由购房人承担。对于其余代理费、评估费等费用，本案业主与置业公司协商后签订了补充协议，双方约定由买受人交纳办理房屋权属证书的相关费用，出卖人办理相关权属证书。另暖气开口费与管理费因政策调整不再需要向相关部门缴纳，故法院判决置业公司予以返还。

办理房屋权属证书需要缴纳的费用种类繁复，而且因为涉及房屋业主，更应仔细甄别费用类目，作出正确的认定。对于维护社会稳定，提升人民群众的认同感意义重大。

编写人：山东省淄博市中级人民法院 荣明潇 杨富元
山东省淄博市周村区人民法院 张蓓

ISBN 978-7-5216-4368-8

图书在版编目（CIP）数据

中国法院2024年度案例. 房屋买卖合同纠纷/国家法官学院，最高人民法院司法案例研究院编. —北京：中国法制出版社，2024.5

ISBN 978-7-5216-4368-8

Ⅰ. ①中… Ⅱ. ①国… ②最… Ⅲ. ①房地产-买卖合同-经济纠纷-案例-汇编-中国 Ⅳ. ①D920.5

中国国家版本馆CIP数据核字（2024）第054854号

策划编辑：李小草　韩璐玮（hanluwei666@163.com）
责任编辑：孙静　　封面设计：李宁

中国法院2024年度案例. 房屋买卖合同纠纷

ZHONGGUO FAYUAN 2024 NIANDU ANLI. FANGWU MAIMAI HETONG JIUFEN

编者/国家法官学院，最高人民法院司法案例研究院
经销/新华书店
印刷/三河市紫恒印装有限公司
开本/730毫米×1030毫米　16开　　印张/18　字数/215千
版次/2024年5月第1版　　2024年5月第1次印刷

中国法制出版社出版
书号 ISBN 978-7-5216-4368-8　　定价：75.00元

北京市西城区西便门西里甲16号西便门办公区
邮政编码：100053　　传真：010-63141600
网址：http：//www.zgfzs.com　　**编辑部电话：010-63141787**
市场营销部电话：010-63141612　　**印务部电话：010-63141606**

（如有印装质量问题，请与本社印务部联系。）

中国法院 2012～2024 年度案例系列

国家法官学院　最高人民法院司法案例研究院　编

简便易用、专业实用——打造“好读有用”的案例

1. 专业的作者：国家法官学院自 2012 年起推出“中国法院年度案例丛书”，至今已有 13 年，旨在探索编辑案例的新方法、新模式，以弥补当前各种案例书的不足。自 2020 年起，丛书由国家法官学院与最高人民法院司法案例研究院共同编辑，每年年初定期出版。

2. 强大的规模：23 本含传统和新近的热点纠纷，这些案例是从全国各地法院收集到的上一年度审结的近万件典型案例中挑选出来的，具有广泛的选编基础和较强的代表性。

3. 独特的内容：高度提炼案情和裁判要旨，突出争议焦点问题，主审法官撰写“法官后语”，展现裁判思路方法。

4. 数据库增值服务：2024 年继续推出数据库增值服务，凡购买本书，扫描前勒口二维码，即可在本年度免费使用往年同类案例数据库。

《中国法院 2024 年度案例系列（全 23 册）》

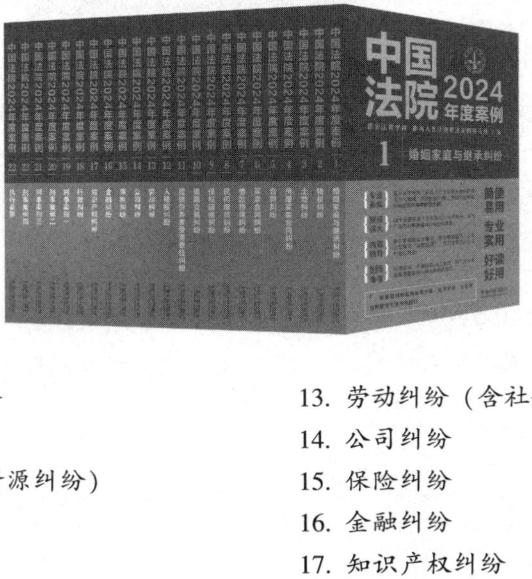

1. 婚姻家庭与继承纠纷
2. 物权纠纷
3. 土地纠纷（含环境资源纠纷）
4. 房屋买卖合同纠纷
5. 合同纠纷
6. 买卖合同纠纷
7. 借款担保纠纷
8. 民间借贷纠纷
9. 侵权赔偿纠纷
10. 道路交通纠纷
11. 提供劳务者受害责任纠纷
12. 人格权纠纷
13. 劳动纠纷（含社会保险纠纷）
14. 公司纠纷
15. 保险纠纷
16. 金融纠纷
17. 知识产权纠纷
18. 行政纠纷
19. 刑事案例一
20. 刑事案例二
21. 刑事案例三
22. 刑事案例四
23. 执行案例